海上丝绸之路

DIE MARITIME SEIDENSTRASSE

by

RODERICH PTAK

［德］罗德里希·普塔克 Roderich Ptak ◎著

史敏岳◎译

◎ 中国友谊出版公司

前　言

本书出版的2007年本来可能是值得铭记的一年，因为四个半世纪之前的1557年（中方资料为1553年），葡萄牙人在澳门半岛南部建立了欧洲人在东亚的第一个据点，这也是最后一个回归中国的租界（1999年），比香港（1997年）晚了两年。澳门据点的建立是和平的，关于这点，专家们已有共识，但关于澳门建立的年份仍不时有怀疑之声，因此直至今日，这一事件所引起的注意依然有限。

然而，历史的其他时期却早已成为公众注目的焦点。15世纪初，中国的巨舰曾航行在东南亚和印度洋，到过霍尔木兹、亚丁和东非。这些活动全部由郑和率领，他于1405年第一次出海，在距今六百年前的1407年成功返航回到中国。在当时，中国自视为海上强国，葡萄牙人的亚洲之行尚待启程，而欧洲的扩张也还未开始。

在某种程度上可以说，郑和及其时人结束了一整个时代。在这个时代里，东亚和西亚之间——包括到地中海——的各条航线始终掌握在亚洲人手中。这就谈到了我们的主题，即葡萄牙在绕过好望角之后开始探明的"海上丝绸之路"。葡萄牙向着印度和远东摸索前行，建立自己的殖民地体系，在某种意义上是在效仿海上强国中国。因此，对许多人而言，一个崭新的时代在这里发轫，似乎直到今天才余音渐逝。

长久以来，中国就时常着重强调：我们可能真的已再度踏入了一个历史过渡阶段。明朝的海上活动的主旨是和平，基础是和谐与宽容，不同于美国人和英国人的矮化压迫政策。他们甚至认为中国的各种传统与价值，完全可以长期替代在他们看来完全被英语国家所滥用的那些观念和理想。在中国，自豪地谈论"郑和精神"的传统由来已久，而与之关联的是追求开放性、多元化、经济活力的愿望和一种更公正的国际世界秩序。

通过有意识地转向海洋——这期间中国政府甚至还设立了一个"全国海洋宣传日"——中国正在推动对那个远在葡萄牙人出现之前的时代的回忆：海上丝绸之路的那几个黄金世纪。因此这个话题依旧具有现实意义。在亚洲的各种沿海文化当中，类似趋势几乎到处可见：要爱护海洋遗产，目的是拓展新的历史认识，在各处进行一些略微不同的阐释，往往还会加以美化。在这个过程中，文学与考古的诸多元素常常合二为一，构成一种令人耳目一新的共生关系。

也许正因为如此，本书的问世才适逢其时。无论如何，我们都可将其看作描绘过去事物的一种简朴的尝试，其方式有时非同寻常，却大概切合时代之精神（Geist der Zeit），无论后者有一天将具备哪些特征。

罗德里希·普塔克

2007 年 3 月于慕尼黑

目　录

第一章

导　论

第一节　地中海模型

　　"传统"历史学家研究的课题是国家或区域。大多数情况下，在描述中论及海洋时，他们就像坐在各自所在区域正中的一条矮凳上，从陆地望向大海。同样，那些看重海洋历史的学者则蹲坐在一艘船上，以相反的方向，从海洋眺望陆地，尤其是沿海地带。

　　地中海是海洋历史学家的"经典"研究领域。投身于该地区研究的学者主要是布罗代尔（Ferdinand Braudel）。顾名思义，地中海四周被陆地包围，在他看来，它几乎构成了一个封闭的整体。它仅通过直布罗陀海峡与大西洋相连，经由塞得港与苏伊士运河之间的狭窄通道以及横穿两河流域的古代商路，而与连接印度洋的红海和波斯湾相通。黑海可视作地中海的附庸，几乎是其"子海"。

　　当然，布罗代尔所重视的，并非地中海"本身"，而是它的诸多港口、海岸和岛屿。在某种程度上，他自己选择的研究领域表现了内部结构的相似性。这使得他的研究变得轻松。某些共性——当然还有差异——可以看作是物理因素，而其他异同则可理解为文化维度，直接或间接受自然条件等其他要素的影响。布罗代尔尤其致力于阐明文化因素具有某种持久性，应当被归类为

长时段现象（longue durée）。①在过去，想要把地中海地区的历史看作一个内部最大程度同质化地区的历史，就意味着在描述各港口和帝国兴衰这类事件时，必须过滤掉那些如同中流砥柱般兀立于事件流之中，并或多或少无损地经受住了变迁的那些因素。恰恰是这些因素在背景中影响深远，尽管我们有时还无法一下在表面上察觉到其作用。

那么，海洋历史学家显然不得不承认，历史的"创造"终究依附于陆地，而不是在海上。换言之：作为事件发生的平台，海洋在功能上从属于海岸，在有历史记载以来，局部地征服海洋——假如它还可以被控制——从来就不是目的本身。凡出海者，都对风险有过计算；无论是商贸、考察、出使，还是出于军事动机的探险或和平的朝圣，他"活动"的积极后果都会转而作用于陆地，影响其出发港的人们，影响目的地，或同时作用于二者。更进一步说：陆地区域的历史偶尔或可不需考虑海洋，但海洋地区的历史却无法完全舍弃陆地。

让我们暂且讨论一下空间的控制方面。在古代，陆路极易被某个强国控制。穿过峡谷或经过陡峭山口的道路以及大面积的平地都可以用军队封锁，但海峡和公海的类似情况却罕见得多，因为过去大多缺乏这么做的必要技术条件。海港入口较宽，即使占据战略位置的重炮也不能真正确保其安全。而那些时代，人们在海战时和在陆地作战一样，只能强登敌船，奋力砍刺，结果控制海洋的可能性就更小了。这自然也有其积极之处：各海峡、海域

① 布罗代尔是法国年鉴学派的代表人物之一，他提出历史存在三种时间，其中的长时段指历史进程在时间上最缓慢的发展形式，如地形、气候的变化及社会结构、文化的变迁。本书中脚注均为译注，以下不再特别标明。

和完整的各大洋都在最大范围内开放，船只常常能够逃避敌人的观察。这样，某些港口和沿海地方就有机会互相接触，它们常常绕开陆上列强的限制，转到其背后，或逃离潜在对手的贪婪目光。距离在其中往往并不重要；几百年间不断兴衰的关系网错综复杂，有时达到了"洲际"水平，或跨越多个中间站点。相比于陆地，海洋有时提供了更多机遇，因为通过直达航线，即使最遥远的地方之间也可以建立起"桥梁"。

但通常来说，海上交通有一个方面比陆路更脆弱：它依赖诸多外部条件，取决于帆船和人力驱动的船只都无法避开的风浪。人们一般可以更快地应对陆上的不利环境，即便是大雪封锁的隘口也并非无法逾越。陆上的远途商贸并不一定要听凭季节变动的制约。

然而，海上的季节波动（当然，地中海的变化比印度洋或太平洋的波动要小）同时也有其优势：它符合某种节律。懂得适应节律者，就能降低遭受损失的风险。因此，海上航线和海上活动与周期性反复的条件高度相关；也就是说，大海洋空间的历史——例外存而不论——某种意义上可理解为显著受到自然恒定节律影响的各种事件的序列。当然，我们了解地质断层和河口沉积物造成了海岸线的缓慢变化，也知道曾有过毫无征兆的大灾难，但这类"震荡"对于事件的"脉搏"几乎从未产生过持久的影响。

在这里，让我们把目光投向亚洲的海洋，投向小小的欧洲地中海另一边的世界：在印度洋和东亚、东南亚海域的广阔部分，季风是一切事件的起搏器。没有季风，航海活动将发展出完全不同的一种形态，出海返程时间也必将另行计算，船只也不会在固定的时间驶入站点"过冬"，等待有利风况。另外，逐渐形成海港的海岸前沿和边缘地带，也同样依季节而变，与季节相适应。乘"流行"季而来的不仅有商人，也许还有海盗和强寇，而其他月份则几乎无事可做。所以安全预防措施并无必要。人们关心通往海岸背后腹地的通道，从事建筑工程，为下一个贸易周期和其他事务未雨绸缪。

用作锚地的众多港口和海湾，相当于复杂神经网络当中的结点，连接着海洋和陆地，有些甚至比几百年的无常世事更经久，因此本身就已几乎可算是**长时段**现象了。与港口或海湾相连的海路，虽受外部物理条件的约束，却可在几乎恒定不变的纲领框架下进行修正，适应新状况，当然也可能并非如此。如果经济原因使某个地方的命运高度依赖另一个远隔重洋之地，两地之间相应的"交流关系"通常会变得很重要。

布罗代尔的另一个核心观念是各海岸与港口之间的联系。他认为，这种联系基于**交流**（échange），基于一切种类的交换关系，不限于经济，还包括政治和文化层面。因此，地中海是一个复杂的关系综合体，一个几乎无法看透的整体，始终处于变化之中，但那些缓慢演变而几乎无法察觉的联系却能够刻画其特征。

综上所述，布罗代尔对地中海的构想，某种程度上建立在一种等级秩序的模型上：几乎不变的空间与地理恒量构成了基本框架，同时也造就了最深的层次。那种长期可见的长时段现象，比如经济发展周期，就可嵌入这种框架。而单纯的事件历史则形成了最浮泛的表层，实际上并不重要，与之相关的许多人物，在缓慢变化的舞台上轮番登场，几乎可以随意替换。

这种景象往往被挪用至其他海洋区域，其目的在于把上述的这种统一性赋予这些区域。这种统一涉及时空，但尤指空间。这就提出了一个永恒的问题，至多只能得出一个结论：海洋历史学家的目光究竟可以深入陆地多远？其研究领域究竟止于何处？直觉的答案可能是：止于海岸线及其港口逐渐变为腹地，腹地开始变得"更重要"的地方，或者海岸线与腹地之间能确定的共同点多于不同沿海地区之间的地方。大概在那里，主要对海洋问题感兴趣的人恰好越过向他延伸过来的边界。若论及交换关系或经济发展周期，我们的表述可以更自由：若海上交流在频繁度、重要性和持续性上超过沿海地带与腹地之间的连接通道，则海洋历史学家自知仍在自己的研究领域。

当然，因为研究无法量化，又始终可能偏离"规则"，本书依然无法尽如人意。此外，互相的联系存在于多重交互作用之中，只有在极少的情形下方能真正厘清头绪。但有一点已经阐明："区域相关的学术"，即所谓传统的**区域研究**（area studies）和海洋历史并非完全对等。两者在空间上最易在沿海地区重合。

第二节 亚非海域

我们已经说明，上述的某些思想已经走出学术界，转移到印度洋和东亚。考古可以证明，早在古代，大小船舶就已航行在波斯湾和红海之上，把西亚各部分和印度、斯里兰卡沿海地区联系到了一起。瓜达富伊角（Kap Guardafui）以南和索科特拉岛（Sokotra），向南到索法拉（Sofala），不仅存在商贸往来，还出现了最广泛意义上的文化"传播"，尤其在伊斯兰时代。在远东，千百年间，主要是东海和南海构成了相互碰撞的空间。最晚从8或9世纪开始，中国沿海省份浙江、福建和广东就扮演了关键角色。在日本，所有对外关系都交汇于南部的九州岛。在相当长的一段时间里，甚至朝鲜和琉球群岛的地位也很突出，成为海上交流框架下的重要成员。

类比上文所论，我们对经过东海的一切此类交流的思考，都必须终止于中国沿海地带向内陆过渡的地方。再举一例：长久以来，西高止山脉将印度次大陆的马拉巴尔（Malabar）海岸与分布着许多强大内陆政权的德干高原分开，这道山脉背海的一面就已经不再是阿拉伯海研究专家的世界了。不过，划分界线并非永远这么容易：东南亚海域的研究是否要包括加里曼丹岛（婆罗洲）内陆地区？或者，海洋历史学家是否能以该地与岛上各沿海大国及港口之间鲜有重要互动为由，将这块偏僻之地排除在外？要明确地回答这些问题，恐怕并非易事。

在过去的四五十年中，学者对亚洲的海洋历史（maritime Geschichte）提出了无数问题，也进行了不胜枚举的专题研究。尤其是在印度洋问题上，不乏敢于以鸟瞰视角，由上至下展现全景的尝试。图桑（Auguste Toussaint）[①]的《印度洋历史》（1961年）通常被视为此类研究的重要开端。另一部至今仍常被人征引的著作（1985年），作者是乔杜里（Kirti N. Chaudhuri）。[②]该书主要论述了从伊斯兰教诞生到18世纪中叶的历史，重点是经济交流。有

---

① 毛里求斯历史学家，研究其本国的马斯克林群岛和印度洋。
② 1934年生于加尔各答，印度历史学家、作家、制片人，此处所指的著作应为《印度洋的贸易与文明：伊斯兰兴起至1750年的经济史》（*Trade and Civilisation in the Indian Ocean: An Economic History from the Rise of Islam to 1750*）。

意思的是，乔杜里的研究完全符合布罗代尔的主张，他试图清晰地区分纯粹的"事件史"和**长时段**现象，并在专题章节中对后者进行了概述。古普塔（Ashin Das Gupta）和皮尔森（Michael Pearson）出版过一部颇受注目的作品。但其选集《印度与印度洋》（*India and the Indian Ocean*，1987年）主要想把印度推向中心，时间上也局限于1500年和1800年之间。与此不同的是麦克弗森（Kenneth McPherson），其表述文辞优雅，该书的研究范围从史前史延伸到我们的时代，几乎把整个印度洋作为宏观区域来介绍。最后几部大综述之一《印度洋》（*The Indian Ocean*，2003年）则又是皮尔森所著。

如果没有布罗代尔的启发，上述的某些作品必然难以成书，至少其内容会有所改变。以上学者，包括许多在此限于篇幅而未能深入介绍的作者，都会尝试把布罗代尔式的范畴运用到自己的研究地区印度洋上，但却无法隐瞒其中存在的某些概念性困难。因此，不时有人指出，印度洋在空间上本不构成封闭的海域，而且其海岸也从未被某一势力独占（这与曾经是罗马帝国内海的地中海不同）。此外，还有论据称，蒸汽轮船航行的兴起使得古老的季风规律失去了效力，从此以后，人们就不能再把印度洋及其一切海岸、岛屿理解为独立的整体，而要将其视作由世界海洋所构成的巨大的、独一无二的连续统一体（Kontinuum）的一部分。

尽管布罗代尔的观念在印度洋世界的应用仍有待商榷，但不久前在奥地利出版的另一本书的标题《作为文化和经济空间的印度洋和亚非地中海》（*Der Indische Ozean, das afro-asiatische Mittelmeer als Kultur-und Wirtschaftsraum*，2004年）表明，这个话题仍未过时。但这些著作当中的大多数都没有就移用的可能性

（Übertragungsmöglichkeit）进行深入讨论，它们所呈现的通常只有一些方法上的基本思想，以便进而探究"具体"细节问题。一部全面的研究论著必须考虑到霍登（Peregrine Horden）[1]与普赛尔（Nicholas Purcell）[2]合著的《堕落之海》（The Corrupting Sea，2000年）。但目前为止，这样一部宏大之作仍付阙如。

　　然而，尽管零星分散，现在至少已初步形成一种意见，提醒我们历史细节的重构大多仅流于图像，结束于不断更新的对所谓真实的趋近，而对这种真实的描述往往遵循一种其自身独有的动态（Dynamik）。简而言之，一个新的研究分支似乎已在这里出现：这项研究描述我们所**感知**（wahrnehmen）的印度洋历史，类似于写作的一种变体，旨在寻求一种恰当的方式，努力理解自身。在这里，探讨构思上的补充和其他选择的可能性，研究华勒斯坦（Immanuel Wallerstein）[3]、卢格德（Abu Lughod）[4]抑或其他人的拟设，深入**交叉历史**（Histoire croisée/entangled history）、"流传"、"变迁"、"跨地区性"等关键词，似乎都没有意义。至今，考察印度洋的历史学家仍然很少使用这类（部分）不同的模型，其中比较重要的原因之一，大概是这些模型经常像竹签一样混乱地相互交错，且精细、脆弱、无法接近。

　　相反，我们需要思考的是另外一个更加具体的问题，借鉴众所周知的、从西方向东方延伸的那些传统研究：印度洋在多大程度上触及东南亚乃至东亚－太平洋世界？因为在今天，许多印度

---

① 伦敦大学皇家哈洛威学院中世纪历史学教授，主要研究领域为中世纪的地中海城市和医学。
② 牛津大学坎顿古代历史教授。
③ 当代美国社会学家和社会历史学家。
④ 美籍巴勒斯坦裔学者，哥伦比亚大学人类学及性别研究教授。

洋研究者都在他们的考察中囊括了今属印度尼西亚的那些地区，其研究范围甚至还经常濒临太平洋边界。在研究中，即使是泰国湾、南海，甚至北至浙江的华南地区，有时也会被当作某种广大的印度洋"地中海"的边缘地带。

人们也许并不能处处认同这种方式所暗含的东扩现象，不过，正如上文所述，印度洋同样也向西方"开放"。在这个意义上，就形成了与东扩类似的情况：通过其子海红海和波斯湾，印度洋和欧洲的地中海之间始终存在着密切的联系。换言之，我们虽可明确定义印度洋的自然边界，但历史叙事却倾向于越过给定的边界，向外展望。但在印度洋和其南部边缘的关系上，情况却几乎完全相反。尽管印度洋南部接近南极，但关于马尔代夫群岛南侧的广大区域，研究却几无涉及。同样情况的还有澳大利亚西海岸，因为这些地方对古代海运而言并不重要。此处需要指出：好望角航线的开发也是近世的一个现象，直到15世纪晚期，人们才将印度洋和"大西洋世界"联系起来。

然而，普遍意义上的考虑仍然不足：空间终究是构建起来的，从相反的方向组织海洋历史也未尝不可。朝鲜、日本、琉球群岛和中国有自己的传统，因此，相应的描述往往由北到南，至东南亚，再从东南亚展望印度洋世界。云南通往缅甸的陆路，缅甸和云南与环孟加拉湾商贸的联系同样不容低估。一切与这类话题相关的著作汗牛充栋，大多用东亚语言写成。与印度洋历史的著作不同，这些书很少在理论上有吸收和兼容。即便是布罗代尔式的理论范畴，也很难在那些致力于探讨东亚海洋之内的海上交流，或研究中国、印度和西亚关系的文献当中找到定位。

作为介于本属印度洋的"地盘"和东亚世界之间的宏观区

域，对东南亚来说，上述内容自然并不成立。龙巴尔（Denys Lombard）①一再提出，特别在东南亚岛屿部分历史的研究上，要重视布罗代尔的思想遗产。这些建议大多数受到欢迎，被学者接受，最近的有以阿尔维斯（Jorge M. dos Santos Alves）为代表的葡萄牙历史学家。当然，这里也同样缺少真正深入探究和认识各种理论可能性的总览性著作。

上文界定了三种海洋发展模型（Szenarien）：东亚、东南亚和印度洋。把这三者系统地聚合起来的研究还比较少见。卷帙浩繁的文献和其他史料来源，诸多迥异的学术传统和方法上的顾虑，也许是导致这个现象的最重要原因。在该语境下，有意思的是，我们经常赋予作为文化和经济空间的印度洋某种同质性（Homogenität），却很难对整个东亚海洋世界作如是观。也许这个世界的个别海域，如渤海湾和东海，难免多少有些类似微型的地中海，它们在内部形成了不同程度的、统一而封闭的交流空间。这可能意味着，只有很少的分类体系（Kategorie）能够将整个亚非空间定义为统一体。

与此相连的是另外一种思想。长期以来，学术上就提出"海上丝绸之路"（maritime Seidenstraße）的概念，取类于内亚连接中国和黎凡特（Levante）的整套陆路体系。在许多人的眼里，"海上丝绸之路"这个表达几乎已经被浪漫地美化了，它在某种意义上代表从东亚经东南亚和印度，再到西亚和东非海岸的巨大的总空间。我们可以把这条海上丝路看作一条巨大的通道，以今天印度尼西亚东部海域航路等众多经济通道作为辅助。

---

① 法国著名亚洲研究专家，致力于南亚、汉学和亚洲海洋史的研究。

我们还有两种重要思想需要补充。没有"海洋"这个定语的"丝绸之路"，一方面指陆路和海路网络，另一方面则仅指陆路。刘迎胜写了一部与此相关的两卷本著作，一卷关于海洋，另一卷则探讨陆路。[①]更进一步，有关"海上丝绸之路"的少数概论尽管把经济和文化等一切种类的交流关系当作话题，却避开了理论前提。这些著作大多是文集，内容驳杂，与上文所述意旨略有相符之处，仍然致力于指出该空间的统一（Einheit），或者至少为此营造一种意识。

第三节　模型的局限

在这里，让我们再次回到在历史书写中扮演核心角色的不同考察方式之中。那些研究东南亚历史，自认为是东南亚学者，也许甚至就来自这片区域的人，倾向于强调东南亚独立的传统和文化。其他人则对东南亚广大地区几百年来所受的周期性外来影响更感兴趣。人们为马来世界研究和东南亚大陆研究所树立的标准也往往不同。我们还不能忘记，"东南亚"这个在我们看来已经理所当然的概念，其实是一个相对新近的构想，在20世纪的前几十年才开始传播。因此，东南亚历史学家反对今天研究印度洋的专家或从北方来观察该地区的学者夺走其研究对象。鉴于不断变化的政治经济局势，这是完全可以理解的。

---

① 指《丝路文化·海上卷》和《丝路文化·草原卷》。

　　类似的思考也适用于东亚：该区域往南延伸可达多远？鉴于围绕南海诸多群岛存在争端，是否必须顾及政治诉求？如何看待类似"大中华区"（Greater China）这样的口号？也许我们可以用"大东南亚"（Greater Southeast Asia）来与之分庭抗礼。当然，对这些以及类似问题的回答会各不相同，这毕竟与各作者看问题的视角相关。

　　大概没有人能够摆脱一定程度的片面性。历史学家的工作往往无意识地借助于意象，发明出新的陈词滥调，不少情况下还误以为离自己认为的真相又近了一步。人们一再批判布罗代尔，说他关于地中海的观点是北方的，没有充分考虑奥斯曼帝国的元素。莫非此处发展出的构想，最终只是声称从鸟瞰的角度阐明看似同质的事物，只是看似均衡公允、不偏不倚，而实际上却依然不能摆脱欧洲的"思想层面和上层视角（Metaebene）"，从而陷入某种偏颇？布罗代尔及其先驱写作的那个时代，其政治等方面的发展，是否与地中海理念存在着某种关系？我们是否可以想象，有一天亚洲也将谈论一个大整体、一个内部统一的海洋区域，以便抬高自己，对第三方发出自己的诉求？

　　无疑，国家层面的单独行动随处可见，但却似乎很少能够证明有把布罗代尔的思想任意工具化的现象。印度的历史学家们知道自己的次大陆位于印度洋的中心，有时几乎将印度洋看作自己的"独占"之地，但地中海的思想并不必对此真正负责。西方专家曾不得不咽下批评的苦果：有人指责他们在印度洋的早期历史中过度强调了希腊－罗马元素。再举第三个例子，曾有人批评荷兰人和英国人，称西北欧的贸易公司绝不像他们有时声称的那样富有创新性。

如果能够重建特定范畴和概念的形成史，情况就更加复杂。这可以通过旧的空间构想来阐释。印度洋大约很早就被理解为一个地理上的整体，但更重要的是，它被切分为多个子海。中国宋代（960—1279 年）的文本包含着各子海的相应名称，其来源可追溯到阿拉伯语当中的原型。当时的人会把相关名称及海域本身和什么联想到一起呢？海岸和港口、贸易往来、季风，还是文化交流？

即使如汉语中的"南洋"这样通行的概念，也值得特别注意。它指的是东南亚的大部分地区，但大多数情况下所指并不精确。比如，老挝这样的大陆地区是否亦属其中，关于南洋这个区域往南、往东和往西究竟延伸多远，也并无清晰的定义。就像我们所面对的是不是这样一种宏观框架：在较古的时代，它就因各种交流关系而被说成具有某种统一性，但在地理定位上却保持开放和灵活？在这种构思和其他一些地名背后，是否可以发现与当下流行的地中海模型相似的特征呢？或者，各种语义是不是最终仍受到更高一级的中国思维模式，也即所谓的"北方视角"的约束呢？

无论答案如何，如果我们将布罗代尔某些思想简化为某几种元素，那么我们可以发现在较早的时代里，很可能已经出现一些与布氏类似的观点。如果确实如此，那么在极端情况下，由欧洲地中海模型导出的亚非地中海（das afro-asiatische Mittelmeer）的现代构想，无异于古老观念的继续发展。但评述这些内容并非鄙作的关切。要进行评判，必须得有一场全面完整的理论指导之下的讨论。只有一个基本论断是确凿无疑的：这里讨论的空间虽然留下了物理常量的烙印，但作为文化和交流空间，它却是建构的产物，在不同的时代有着不同的定义。严格地说，我们的描述也仅仅是一种建构，别无其他。

第四节　本书之目的及特点

在这么多铺垫之后，现在是时候来谈谈本书究竟想要做什么，以及它的特点在何处了。上文已经指出，本书探讨的是在那个巨大的海洋连续体之内，以海洋为基础的各种关系的历史。这片区域从东非延伸到日本海，是由环绕印度洋北部和西部的海岸、东南亚海滨以及东亚海洋所定义的海洋空间。在论述中，本书遵循了地中海模型的一些预设，但绝没有全盘接受，而是在字里行间仿佛以一种印象主义的方式与之保持着一定距离；此外，本书也没有尝试模仿地中海模型错综复杂的特性。在简短的介绍性论述的框架下，这几乎是不可能完成的。因此，人们本来早就必须向"海洋亚洲学"索取的、在理论上迫切的原则性论辩，本书亦未能提供以飨读者。

这意味着，本书要涉及的那个海洋空间，其统一性问题仍未经过充分讨论。但其他的一些体系标准似乎能够支持我们对海洋作一统观（Gesamtschau）。其中最简单易懂的，上文已略有提及：商品和思想从欧洲和西亚（此处的西亚指今伊朗、阿拉伯半岛和它们以西的区域）流出，不仅到达印度和东南亚，而是继续从那里流向中国、朝鲜和日本。反过来，东亚的产品也流入西亚世界和欧洲。由此，这整个区域就被囊括为一体，在地理上有着明确定义。

这个事实同样刻画了"海上丝绸之路"的普遍面貌。然而，在海上运输的，除了中国丝绸之外，还有很多货物。在这个意义上，"丝绸之路"这个名称自然不够理想，它同样可以叫"海上香料之路"或者"海上陶瓷之路"，因为众所周知，特别是后两种货物，在东非和日本之间的几乎所有地带都找得到主顾。而要找出用别种方式使该区域连为一体的其他元素，至少在某些时代，并非难事。

因此，"路"这个表达方式就暗示了这里将要描述的整体框架的内在关联性，因为道路是将不同地方联系到一起的沟通线，意味着流通和运动。但由于道路经过多个站点，所以同时也将空间划分为各部分，而单独的部分彼此之间并不一定完全相同。把这个事实转移到亚洲的海洋上，那么也就是说，我们面对的是数量众多的此类区域，它们虽然是一个巨大的连续统一体，却也由相互连接的子空间所构成：波斯湾、红海、瓜达富伊角以南的东非海岸、阿拉伯海、南印度和斯里兰卡之间的马纳尔湾、孟加拉湾、安达曼海、马六甲海峡以及与之平行的包含巽他海峡的苏门答腊岛西岸、爪哇海到班达海之间的区域、南海、苏禄海、苏拉威西海、台湾海峡、东海和黄海、渤海湾、对马海峡、日本海，等等。如刚才所述，这些区域中的某些也许可以看成是比较统一的、类似地中海的结构，但要将它们全体理解为同质化的整体，可能就相对困难，学术界对此也尚无定论。

无论是自西向东还是从东向西，上文的列举都打开了意料之外的视角：泰国湾、马六甲海峡、安达曼海各海峡，这三处之中，两处属于印度洋，一处位于南海。如果说这三个区域沿岸地带之间的相似性比安达曼海和印度洋其余部分之间要大，那么有什么可以反驳这个观点呢？当然，这似乎取决于对标准，即看待问题方式的选择，但这个结论说明，我们仍在原地转圈，没有进展，因为永远不可能存在一种具有约束性的终极名录，可以规定相应的探讨标准。将这些地区在松散的联系之中逐一排列，有两个好处：一方面可以保持不受约束，另一方面也许也不必在这些地区之间划出明确的界限；这样，作为贸易、文化和交流空间的印度洋往东延伸至何处，以及南洋地区的南端在何处这种问题也就成为多余的了。

在某种更广泛的意义上说，这就几乎允许了本来不能允许，但却又不得不承认的事实：这里所谈及的并不是一个宏观区域（Makroregion），而是许多依次排列的图像，是众多的小区域。换言之：那种关于巨大整体的幻想崩塌成了零散的小型镶嵌画碎片，它们都保持着不完整的状态，因为每一幅画被拼接为一体的过程都存在着一定程度的任意性。因此，海上丝绸之路的历史，或者说亚洲海洋空间的历史，也仍旧是一种想象；它虽然有真实的内核，但最终相当于不同时代和地区的众多图像所构成的序列，以及多种事实情况的互相联结，其中，对图像的察觉和认知具有选择性，许多事实也经过历代研究者的过滤筛选。

从其他方面看，图像和印象也起着作用：历史学家们倾向于从西方的角度出发，来阐述印度洋历史。古希腊－罗马的遗产和后来从欧洲出发、绕过好望角的航线可能与此不无关系。本书选择了相反的观察方向，从东方出发。在论述过程中，作者不能完全否认自己戴着汉学色彩的眼镜。这也许会令人诧异，但却同样可能让人"耳目一新"。如果这种对德国读者而言不同寻常的视角能够激发思考，则以下章节至少达到了其诸多目的中的一个。

上文所述主要涉及空间－地理维度。现在必须补充时间维度。实际上，自海上交流诞生之际，年代学上的计时就应该开始了，但确切的发端早已无法查明，这一点无须赘述。如果有可能，最理想的情况是这个发端恰好位于考古上还能重构的那些年代里。这历史上的初章也就相应地模糊不清，研究者虽然努力要使自己的脚踩在"坚固的甲板"上，却也将在寥寥数段的论述之后，转向可考性更好的历史阶段。因此，从一个小岛走向另一个小岛、难以断定年代的移民和迁徙活动，正如东南亚从前经历过的那样，几乎没有什么重要性。

至少从理论上看，我们阐述的历史始于有明确证据证明两个及以上地点或区域之间存在或多或少的交流关系的时代。最初是以文本或考古根据为基础的碎片，短暂的瞬时记录，时而涉及这片海域，时而又与另一片海域相关。经过十分缓慢的过程，这些部分才逐渐共同构成我们将要描述的连续统一体，也就是整体中含有许多分支的亚洲海洋空间。这引发了一个新问题：如何划分其他的年代？是根据以国家为本的朝代和政治条件，还是根据其他标准？

地理因素，尤其是海上的风场和流场状况参与塑造亚洲海洋历史的时间可能最久。这些因素始终遵循着相同的节律，所以几乎保持恒定。与此不同的是新殖民地开拓所带来的后果。如果沿海空间布满了据点，则其居民必须能够养活自己。有些定居点忽而依赖基本食物或奢侈品的输入，而另一些则转变为输出货物的生产地。因此，人类造成的自然空间变化也导致了分批出现的经济转变。这类逐步的发展甚或中断，只要确实伴随着持续性的影响，这类逐步的发展甚或中断可能会为进一步划分叙述材料提供依据。

交流最初就与贸易联系在一起，和价值的结算相关，这个猜想无可避免地和上述内容相关，但此观念是否真的适合用来划分时代呢？诚然，该论点也许恰与我们自身所处时代的"经济中心主义"相符，对应据说永远影响着人类的那种利益最大化思想；但谁能向我们保证这些就是真相，谁能肯定我们没有拘泥于现代的虚构之中呢？试想新宗教的兴起以及它们的逐步传播，难道思想的变化不能给出更好的时代标记？我们是否应该追溯制度的变迁，或者更理想一点，探寻几种因素的综合？

在这里，想象似乎没有边界，但长久以来却受到早先论著的引导。比如乔杜里，他相信环印度洋各**市场**（emporia）港口的勃兴，因而也就信奉从某个时期开始的贸易空间划分。麦克弗森把**商业帝国主义**（commercial imperialism）的概念用于中世纪的大部分时间。此外，**商业时代**（age of commerce）这个关键词也已被引入，主要指大约1450年之后受国际贸易支配、尤以强劲的经济增长为特征的时代，在东南亚尤其如此。而刘迎胜避免了清晰的时代划分，但他把"海上丝绸之路的繁荣时期"归于15世纪，主要考虑了三点：郑和的远航、广泛分布的贸易流和伊斯兰教的传播。

我们可以迅速地找出关于时代划分的其他建议，但这里没有全部探讨的必要。更重要的是，它们尚未僵化为死板的惯例。本书虽然重视前人的思想，主要以政治和经济的关联性为先导，而非文化意象，但也经常走自己的路。正如相关段落的展示，通行的古代与近代的交界面完全是"弱化的"。有些事实来自遥远的腹地，对沿海地区乃至海外联系产生反作用，有时也会成为本书划分时代的依据。这虽然与从自身出发来阐释海洋世界的理念构成了一定程度的矛盾，但其优势在于能利用读者熟悉的图像。

至少要交付讨论的另外两个问题才具有根本的性质：葡萄牙人的出现（1500年前后）是否如有时声称的那样，让亚洲的航海格局经历了深入的质变？如果是，又是以何种方式？众所周知，这在学术上并无共识。今天，即使是1600年前后荷兰人在亚洲开始的航海，所受评价也不尽相同。对于包括英国人、法国人、斯堪的纳维亚半岛人等在内的其他欧洲人而言，情况也类似。但有一点是明确的：随着绕过好望角的航线，以及之后不久跨太平洋航线的开发，当时存在的海洋整体，即古代海上丝路走廊，又多了两条新的外部联系。

欧洲人的高歌猛进和随之肇兴的"全球化"（在亚洲世界、大西洋世界和太平洋世界逐渐相互联系的意义上），同样给本研究最后讨论的那个时区留下了印记。对于某些人而言，这里选择的尾声就像一个开放式结局，而对另一些人来说，开放也许是理所当然的。此外，本书最后部分还有一个比较中葡航海的短章，希望不但能以新的方式烛照读者心中两者之间的断裂，同时也重新阐明作者再三权衡之后提出的两者间的诸多延续，这会引发争议和分歧。

本书的描述形式所根据的是单纯的传统编年史的组织方式，但却以由后（东方）至前（西方）的顺序写成，其结构布局亦非完全正统。其中一个原因在于本书的重点，本书要揭示的是被称为"海上丝绸之路"的那个空间的各部分融合的过程和方式，展现这个过程所形成的是哪些组织（Struktur），以及这些组织受到哪些变化进程的决定。这也解释了中间标题的选择，它们构成了认知的一种特殊形式。无论乍看之下可能多么矛盾，同时在这里起作用的，还有某种未必是布罗代尔意义上的动态，必要时也许不得不通过一系列（**长时段**）主题篇章来容纳它。但本书没有做这个工作。只有界定地理范围的海洋空间一章和为了辅助阅读而非阐释静态情况的简短附录指出了其他可能存在的探讨方式。

与其他的历史写作一样，海洋历史也串联了应反映事实的许多图像。但海洋的"动态捕捉"（Kinematographie）和"基于陆地"的历史之间仍然有着微妙的区别：前者常常在不同地点和不同海岸之间来回跳跃，把来自彼此间隔遥远地区的信息碎片拼接成块，主要因为在现实中，这些地区也往往通过同样的大网格网络相互连接。本书尝试在可能的范围内减少整体上的拼凑，限制地理上的跳跃，并忽略过于边缘化的内容。此外，文中所附的略图也许可以让阅读稍微变得容易些。如果读者有时对书中各种名字和事实的交错仍然感到陌生，也应当原谅作者，因为毕竟这是大海的错，我们终究无法改变它那些高深莫测的隐秘特征……

第二章

海　域

第一节　东亚海洋：渤海、黄海、东海

　　北美大陆东侧的气候受到赤道暖流、墨西哥湾暖流和常在温暖月份升级为飓风的大西洋各种风的共同决定，与此类似，欧亚大陆东侧多少也暴露在各种节律性自然力量之下。从最古老的时代开始，它们就极为深刻地影响着跨东亚海域及中国、朝鲜和日本沿海地带的商路系统。从菲律宾群岛、台湾岛和日本东侧流过的黑潮是一股既温暖又强大的洋流，但在这里并不重要，因为在麦哲伦之前，新大陆和马尼拉之间尚未建立起频繁的联系，太平洋并没有被纳入亚洲的海上贸易体系之中。虽然在琉球群岛和朝鲜海峡的西侧，黑潮的一些支流依然强劲，但影响着中国和朝鲜沿海水域的洋流并不总是恒定的，更多的是随季节而变化。例如，在7月，海水的流向有利于经台湾海峡向北而行，冬季的状况则相反。随后，所谓的中国沿岸流经过越南，一直流入泰国湾和爪哇海。

　　风况也受比较固定的节律控制。受蒙古高原直至赤道区域及澳大利亚北部的气压梯度决定，大多数情况下，从11月起，有时也有早晚，来自北方的大陆风就吹过中国和东亚海域。这段时间内，帆船惯于从中国向东南亚航行。一般来说，东南季风起于3

月，从太平洋把温暖湿润的气团推向日本、朝鲜和华东沿岸地区。夏季，南海也被南风控制，它越过菲律宾，也可能从西南方向吹来。在古代，这曾是往北航行的季节。借助风势，又得益于洋流，船只往往可在不到两个月之内从新加坡飞驰至长江入海口。在冬季月份里，反向航行也同样畅通，从一部中国古代文献中可知，明朝使者郑和（15世纪早期）仅用两个半月，就从福建抵达了爪哇，还算上了在越南中部海岸停留的约四十日。

不过，让我们回到亚非海域开始的东北方，即渤海湾和辽东湾，今天往往合称渤海湾。这个类似于内海的构造几乎可以称为黄海的附庸，因而也可称为东海的附庸，它往东以渤海海峡（德国以前的地图又称其为直隶海峡）与外界相隔。位于港口大城旅大①和山东北侧之间的狭窄入口，在中国早先的地图上常被标出，一个重要原因是该入口被众多岛屿分成多个“下级通道”，其中不乏险路。多条航线经过此地，从中国中部到北部的稻米运输往往沿海而行，也经常依赖这条通道。

如果忽略冬季的浮冰、偶尔的风暴以及大河入海处的浅滩，渤海本身内部几乎没有阻碍航海的因素。由于距离并不遥远，帆船往往只要数日即可渡海。从今天的唐山和天津到辽东半岛，陆路异常难走，因此，由西向东渡过渤海成了另外一个选择。南北向的通道也如此。从辽东到山东，人们更愿意舍陆路而走海路。

黄海北部的朝鲜湾则要棘手得多。许多河流，尤其是中朝界河鸭绿江，就在此入海。一部分海岸线上遍布岛屿的地带，宽达七十千米。这块区域常有海盗盘踞，曾发生战事，史料证明曾多

---

① 今中国辽宁省大连市。

次有人尝试武力控制该地区。这一点很重要，因为从中国直接通往朝鲜西北部的道路就经过这片海域。

朝鲜半岛本身全境向西开放，其前方同样分布着众多岛屿，有人将其作为栖身的庇护所，有人则唯恐避之不及。这些岛屿的垦殖历史大多由朝鲜半岛的研究者们重构。古代，在这些岛屿分布带（Inselgürtel）之外，有一条重要的航道从此经过，从济州岛延伸到五岛列岛，后者位于九州西侧，已属日本。在朝鲜半岛崎岖的西南侧，尤其重要的是位于今木浦周边的区域。在被我们归入中世纪或近代早期的那些年代里，这些地方一再受到侵扰，侵扰大多来自日本的武装帮派。在短时期内，他们甚至让整个沿岸地带不得安宁。这段时间，对马岛、壹岐岛以及刚才提到的五岛列岛和济州岛，在政治和经济上扮演关键角色的时候很多。

与对马岛同一纬度的地带，联系着朝鲜和日本的还有其他直接航线，但穿越日本海，大致在本州岛漫长海岸线中北段和朝鲜东北部之间，相应的航线却相对稀少。朝鲜东海岸有高山阻隔，使进入半岛内部的路程十分艰难。而且在东侧，几乎没有大规模贸易点赖以发展的河流入海口。在该海岸线北段直到图们江入海口，以及往符拉迪沃斯托克方向，情况也并无大异。粗略地翻阅一下文献就可以证明，人们对日本海的广阔海域以及库页岛另一侧只有模糊的认识，在这片海域航行的至多只有渔民、使者和少数商人。在亚洲航海线路的总体框架之内，这些区域并无作用，因而大部分可以略过。

让我们把目光转回黄海。济州岛作为黄海东南方的岸墩，不仅是朝鲜和日本之间诸多航线之一的标记，而且也是通向浙江和江苏航线的定位点。往来于中国和日本之间的船只大多从南侧经

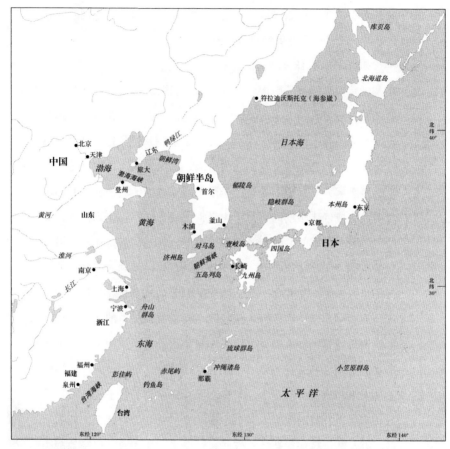

东亚海域

过济州岛。这条海路究竟开发于何时，自然已不可知。公元前3世纪秦始皇发起的行动早已被传说笼罩，这些行动也许与这条航线有关。很久以后的宋代（960—1279年），中国皇帝的一位使者前往朝鲜，他的记录极为详尽地描述了此次东渡，但其中的许多地名，主要是朝鲜海岸线附近各岛屿，已经无法明确证实了。此外，他的记载还说明这次旅途绝非风平浪静，若天公不作美，则尤其危险。

黄海的西半边同样危机四伏，黄河及淮河水系的许多支流在此汇入浅海。沉积物形成了巨大的沙洲，沙洲的轮廓在千百年里不断变化，成了许多舟船的葬身之所。因此，大多数情况下，如果要从华中到华北，向东绕过这片浅滩更加安全。直到山东南海岸才有避风浪的港湾。一般来说，绕威海以东的山东海角航行并没有什么困难。而且从那里出发还可以渡海抵达朝鲜。

黄海往南，过渡至东海。在这里，历史学家踏入了一个空间，它虽然经朝鲜海峡、台湾海峡和琉球群岛之间的许多通道而与相邻的海域紧密相连，但显得自成一体，就像一片小地中海。如果把黄海也包含在内，则尤其如此。古代经过这片地界的海路和经过黄海的航线一样，也完好地沉积在文本、地图以及考古发现之中。

在东海的所有航道之中，使用最为频繁的大概就是从福建经浙江到长江入海口的线路了。由于沿途海岸线遍布河流入海口、海湾和多山的岛屿，所以这里能形成许多长期依靠海上贸易而生存的地方。然而，在此处航海的困难却不容小觑，尤其在舟山群岛海域。为了从福建抵达杭州，人们不得不穿过定海以南的群岛，长江入海口方向的海路则呈凸起的弧线状通往北方。无论如何，单是特殊的洋流情况，就要求航海者非常了解当地情况。同样，面对长江入海口的众多沙洲，形势也没有两样。

相比之下，沿琉球岛链往台湾岛北部方向，再从那里到东海对面的福建的航线则要更加冷门一些。琉球群岛一度藏匿于历史的阴影之中，但从14世纪末开始，它对国际贸易的意义逐渐重大起来，使得关于主岛冲绳与其他地方之间往来航线的知识也开始细化。到了16世纪，已有关于从福建往台湾北端，再从那里经彭佳屿、钓鱼岛和赤尾屿前往冲绳通道的精确描述。那霸与九州南端之间的航线及其延伸（沿九州和四国海岸线的各航道）所构成的整张网络，都有充分的记载。沿浙江与冲绳之间的直接航线横渡东海的记录似乎相对较少，但正如上文所述，曾常有船只从日本驶向浙江。

第二节　南海与苏禄海

台湾岛把守着原来东海与南海之间的过渡空间：台湾海峡。台湾岛西部相对平坦，向中国大陆敞开，而东部则高山阻隔，几无供船只避风的海湾，这一点也许并非无足轻重，这使得从东海下南海的船只更倾向于取道海岛西侧。当然，与时变化的各种洋流也不无影响。因为洋流与相应的海风共同作用，夏季有利于经台湾海峡往北的航行，而冬季则有利于由北向南的航行。与之不同，台湾岛东侧的黑潮永远向北涌动，使得船只在冬季难以南下。因此，在欧洲人到来的时代之前，几乎没有定期使用东侧航线的痕迹。

南海一直延伸到马来半岛和苏门答腊岛，在古代，这片海域内部的航线走向受到一个根本因素的决定：无数暗礁和环礁的存在。在北纬15°和18°之间，西沙群岛和中沙洲及中沙岛礁封锁着这片大海的中心地带，继续往南，南沙群岛呈宽阔的带状，铺开在沙捞越的海岸之前。因此，从广州直接前往文莱的航线十分危险，航海者往往趋避。东西向航线稍微安全一些，这条航线从越南中部到中沙地区以南和南沙地区以北的吕宋岛及民都洛岛。早在宋代，就有一些文献提到了这条海路，但总体上似乎用得不多。

沿南海边缘的南北向各航线一直比上述路线重要。其主线位于西侧，沿福建、广东和海南海岸延伸，直通越南的核心地区占婆。使用这条航线的人必须要注意从西沙群岛的西侧通过。这条路线接下来的部分一直抵达位于越南东南角的昆宋岛。从那里出发，船只可继续驶入泰国湾，驶向新加坡所在的地带，或者经过纳土纳群岛前往加里曼丹岛西北部。经由勿里洞岛以东的加里曼丹海峡，船只就可到达爪哇海周边港口。正如从海南到昆宋岛的一段，要走完这条跨越南海的漫长道路的最后一段，航海者必须精准了解当地情况，因为新加坡东南海域分布着一系列岛屿和浅滩。

南海西部边缘的航线很早就处于"运营状态"，因此也常常有文献提及，有时甚至还有相当准确的描述，但与此同时，沿东部边缘的第二条南北航路却默默无闻数百年。该航线同样从广东和福建出发，经过东沙群岛或台湾岛南端，最终到达吕宋岛。从那里出发，船只可到民都洛岛，进入苏禄海，继续驶向菲律宾群岛之内的目的地，或继续南下。同样，也可以沿狭长的巴拉望岛前往文莱，并进一步向达图角（Kap Datu）进发。在加里曼丹岛西北角的达图角，西侧航线系统中的相应支线和东线交汇。

这两条航线还以其他形式书写了历史。千百年来，特定的海洋空间经由这两条航线，联结到一起。例如，中国史料中的"西洋"和"东洋"，分别由西航路与东航路两个词而来。因此，把南海以及在南边与之相连的空间划分为两大区域，在某种意义上说是由航路而导出的，而有些对海洋高谈阔论的地理学家却并不一定知道这两条航线环绕的是同一片区域，而且在加里曼丹岛北部汇作一处。然而也有例外：16世纪之后的航海指南给出的说明细致入微，证明当时的人拥有非常精确的空间知识。殖民报告和地图也说明了这个问题。有意思的是，葡萄牙人的著作也说南海的诸多岛屿和暗礁危机四伏，这与中国史料毫无二致。而在阿拉伯语的文本中，能找到的相关材料则少得多。阿拉伯文献指出了沿

南海、苏禄海与印度尼西亚东部海域

西航路去中国的道路，当然方向刚好相反，但舍弃了对航海细节的描写。

越南北部湾和泰国湾几乎构成了南海的两个独立分区。前者位于西航路一侧，但通过红河与腹地的各部分相连，从而构成了越南北部与南海本体之间的连接区域。此外，从广州经琼州海峡可比较直接地到越南北部，但在古代，人们认为这条通道并不安全。

千百年来，泰国湾可能是东南亚最繁忙的区域之一。其边缘地带发展出了许多重要的国家和港口。中国史料是这方面的唯一信息来源。此外，考古学家在一系列遗址上使古代文物重见天日，对我们理解古代远途路线非常重要。

显然，这片区域很早就通过陆路与马来半岛的西侧相连，这也是其另外一大特征。常有传言称，克拉地峡高处往往有勾连两侧海岸的定期交通。其原因很多：随北季风从中国向南航行的船只无法立刻绕过马来半岛，必须在半岛"南端"或沿苏门答腊岛海岸等待南季风。只有南季风起时，这些船才能够往西北方向通过狭长的马六甲海峡。而且，要穿越今天新加坡以南的岛屿世界，也是危险重重。由于浅滩众多，洋流状况危险复杂，船只需要有熟悉当地情况的海员领航。因此，至少对某些人来说，陆路提供了一种更舒适的选择。虽然陆路要经过丛林和陡峭的山坡，但却一直可以通行；再者，陆路还可节约时间、节省花销、避免风险。

尽管如此，要重构穿越马来半岛的陆路依然困难。因此直到今天，这个话题仍旧存在争议。而且我们也不清楚前欧洲时代（voreuropäische Zeit）人们对泰国湾和北部湾的认识。正如上文所述，中国文献根据路线来划分南海，据此，北部湾与泰国湾这两片所谓的"子海"均属"西洋"流域，但同时流传着一些更古老的关于海区的概念。今天仍然通行的"南海"一词即为一例，早有记载。但在不同时代人的观念中，南海的边界究竟在何处，已经很难确定。另外一种表达方式——"涨海"，显然是指南海的北半部，但也指泰国湾。而关于北部湾，也曾另有说法，称"交趾洋"，但有时这个名称似乎也把更南边的越南沿海地带包括在内。"七洲洋"（意为七小岛之海）一名，则指海南岛以东及以南海域，得名于七座小岛，航海者在向南航行时，常将其作为重要的方向标志。最后，昆宋岛周围海域有时被称为"昆仑洋"。此外，还有"小西洋""小东洋"等名字。在14世纪早期，若选择西航路，必须先横渡"小西洋"，即马来西亚东海岸前沿地带，尔后才能驶入"大西洋"（今印度洋）。

这些边界模糊的区域当然也曾有过阿拉伯语和其他语言的称法。比如，"涨海"令人想到"Sanj海"①（包括其变体），两者之间似有语音上的联系。"Sundur Fulat"②出现在多个文本当中，虽写法略有出入，但大约指向海南地区。此外还存在"马哈辛"（Mahal-Sin）一词（也有许多变体），同样指南海的某些部分。

下面让我们再次稍微将目光投向东方。与西航路类似，东航路从中国出发，经吕宋岛，往苏禄海而去，首先经过至少在金元时期被称为"小东洋"的苏禄海，尔后再抵达"大东洋"。所谓"大东洋"，指的是勿里洞岛到和新几内亚之间的不同海域；但苏拉威西海属于何处，却并不清楚。根据中国的其他设想，有一条想象中的南北轴线，大致经过文莱，这条线以东的整块区域构成了一片自成一体的大区，即所谓东洋地区。

---

① "Sanj"是古代波斯的一种打击乐器，有时也转写作"Zang"，意为钟鼓。
② "Sundur Fulat"是阿拉伯语文献中对海南岛的称法，其中"Fulat"意为岛。

第三节　印度尼西亚东部的海洋

各航海群体一定很早就知道印度尼西亚东部的海洋的各个部分，但总体而言，这些海域后来才逐渐从历史的晦暗之中浮现，比西航路沿线的海域要晚得多。最早的记载依然出自阿拉伯和中国文献。世界上现存最早关于该地区的简述（并非只是提及），包括对帝汶岛、班达群岛、北马鲁古海、北马鲁古群岛、苏禄群岛，可能还有苏拉威西海上的克拉巴地区的描写，均出自中国的文献。

在此逐一描述印度尼西亚东部的所有海域，几乎是不可能的。相反，我们应当做的只是一些基本性的评述。要想前往东方盛产香料的各个著名岛屿，一般要经过爪哇海、班达海、弗洛勒斯海，或者还可以选择所谓的婆罗洲航线，从达图角起航，经文莱到巴拉巴克海峡，再渡过苏禄海和苏拉威西海，最后经马鲁古海直到特尔特纳岛或蒂多雷岛。这样，在今天的印度尼西亚东部和新加坡－马六甲地区之间，曾经有两条"横向"的连接线。其中的南线不仅更加有名，而且还有在必要时可绕开马六甲海峡的优势，因为走苏门答腊岛和爪哇岛之间的巽他海峡同样可以抵达印度洋。

当然，我们还必须探讨阿拉斯海峡、龙目海峡等马来岛屿世界其余的"门户"，但这些海峡一直处于次要地位，因此直到近代依然大多不见记载。东南亚岛屿世界外缘的航海活动也是如此，比如沿松巴哇岛或帝汶岛南岸的航线，塔宁巴尔群岛和阿鲁（Aru）群岛另一侧的航线，塞兰海内部和马鲁古海以东的航线，以及塔劳群岛、棉兰老岛、萨马岛和吕宋岛更东边的地方。某种程度上，到了这个地方，我们要讨论的区域就结束了，而在古代，

马鲁古海北部诸岛。哈马黑拉岛以西分布着一条主要由火山运动形成的岛链，包括特尔纳特岛、蒂多雷岛、莫蒂岛、马亚乌岛。特别是直径只有约五千米的特尔纳特岛和蒂多雷岛，在中世纪晚期和近代早期曾因出售丁香花干而著称。此处的描绘出自1636年前后雷森德斯（Pedro Barreto de Resendes）的《葡属印度记录》（*Livro de Estado da Índia Oriental*）。

这里也是人们熟知的世界之尽头，因为在上文勾勒的线条后面，就是其他世界开始的地方。这些不同的世界与东南亚世界有着松散的联系（只需想想各种迁移理论［Migrationstheorien］），但却又区别于东南亚，至少古代的各种传统如此认为。

第四节 马六甲海峡、安达曼海与孟加拉湾

现在，让我们转向印度洋，准确地说，是印度洋东北部的支脉：马六甲海峡、安达曼海、孟加拉湾以及苏门答腊岛西侧。马六甲海峡在历史上和今天都是亚洲航海框架下的核心区域之一。海峡两侧形成了许多主要依赖海洋贸易为生的地方，而且它们互相之间成为激烈竞争对手的现象也不鲜见。同时，整个海岸线的各段都有海盗侵扰，并不太平。其中，海峡南口附近的今柔佛（Johore）地区、廖内（Riau）群岛和林加（Lingga）诸岛首当其冲。在这片不可预测的地区之内，我们还不完全清楚人们在何时使用过哪些航线。在千百年中，地理很可能发生了变化，至少各种地图都指出过不同的航道，而且航海书籍上的指示也五花八门。不稳定的洋流状况造成的沉积、浪潮、受海啸和地震影响的地势起伏等都可能是形成这种情况的原因。虽然位于白礁（Pedra Branca）和卡里门群岛（Karimun）之间的新加坡海峡可能曾是原本的主干道，但远途交通似乎已经适应了不断变化的各种自然条件。

马六甲海峡向北过渡到安达曼海。在安达曼海的大部分船只沿着苏门答腊岛海岸航行，而临近亚齐（Aceh）——位于苏门答腊岛西北部——的多个小岛，构成了通往斯里兰卡之路上最后的重要地标。在这些岛屿的背后，横渡广阔大洋的航行就开始了。因此，阿拉伯、中国以及其他地方的无数文献都提到过这些小岛，而且有准确的定位。相比之下，沿马来半岛西侧，位于吡叻（Perak）地区北部的航线就没有那么常用。丹那沙林（Tenasserim）整条海岸线前沿的丹老（Mergui）群岛潜藏着许多

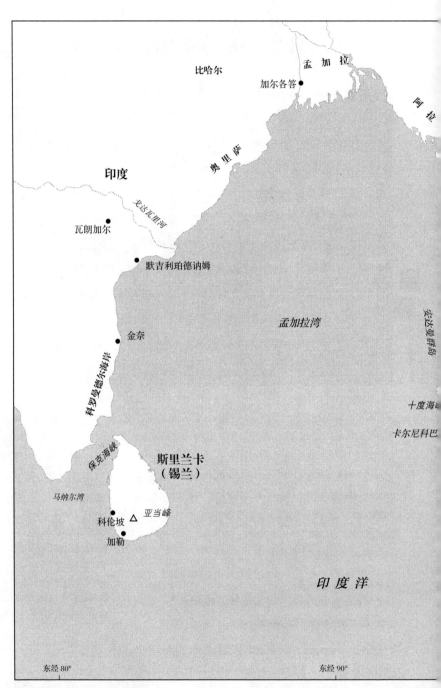

孟加拉湾、安达曼海和马六甲海峡

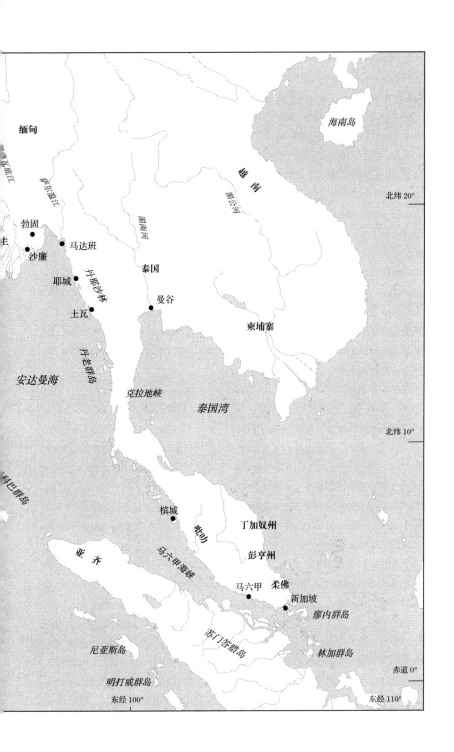

风险，因此人们很可能更倾向于规避。只有土瓦（Tavoy）、耶城
（Ye）、马达班（Martaban）、伊洛瓦底江（Irawadi）三角洲处的
勃固（Pegu）等地还有一定意义。

在印度洋的贸易史上，尼科巴群岛（Nikobaren）和安达曼群
岛（Andamanen）几乎没有任何作用。阿拉伯和中国等地的记载，
甚至欧洲文献，都把这两处群岛描述为野人居住的偏远之地，其
中甚至还有食人族，但无论如何，这些地方可提供水源和储备。
由苏门答腊岛"垂直"驶向孟加拉湾的商人经常经过这些岛屿，
但却从未真正对其进行过开发。至少阿拉伯人曾通过所谓"十度
海峡"（Zehn-Grad-Straße）或卡尔尼科巴岛（Kar Nikobar）以南
更窄的通道，由东向西横穿这些群岛，并留下了记录，但使用过
这条航线的船只数量似乎不多。与此相反，我们必须考虑到，经
陆路来到丹那沙林的货物如果直接经过安达曼和尼科巴群岛构成
的带状区域，就能以最快的速度抵达斯里兰卡和印度南部。

在今亚齐地区的西北角前沿，上文所描述的经过马六甲海峡
的航线与第二条重要航线相遇，即从巽他海峡出发，沿苏门答腊
岛西岸而行的线路。通过各种地图和文本可知，这条航道附近的
许多岛屿，如恩加诺岛（Enggano）、明打威群岛、尼亚斯岛等，
在古代就已非常有名。但至于船只更喜欢从这些岛屿的西侧还是
东侧通过，并无定论。但无论如何，此处一直位于赤道无风带。
需要考虑的还有，在赤道以北地区盛行东北季风、有利于由北向
南航行的月份里，纬度更低的地区往往吹着反方向的风。苏门答
腊岛西侧的航海活动不如马六甲航线繁忙，这种风向带来的不利
状况也许对这种现象的形成起了推波助澜的作用。孟加拉湾曾经
没有值得一提的障碍，其北岸深受丰饶而复杂的恒河三角洲及布

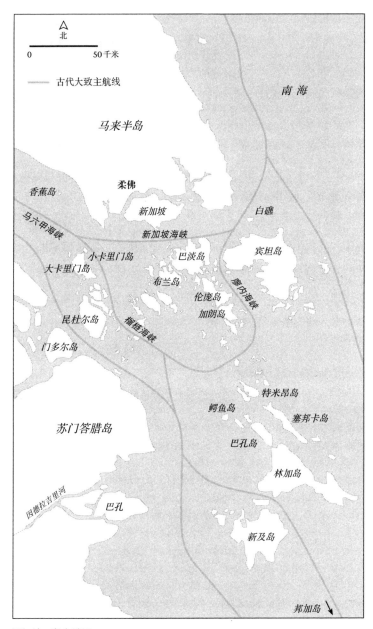

北

0　　　　　50千米

—— 古代大致主航线

南　海

马来半岛

香蕉岛

柔佛

马六甲海峡

新加坡

白礁

新加坡海峡

小卡里门岛

巴淡岛

宾坦岛

大卡里门岛

布兰岛

廖内海峡

伦庞岛

加朗岛

昆杜尔岛

榴梿海峡

门多尔岛

特米昂岛

鳄鱼岛

塞邦卡岛

苏门答腊岛

巴孔岛

林加岛

因德拉吉里河

巴孔

新及岛

邦加岛

新加坡–廖内地区

拉马普特拉河三角洲影响。千百年来，此处曾形成多个重要港口，可从海上经各河支流而抵达。当然，这要求航海者准确熟悉地情，此外，因为沉积和洪水，三角洲的面貌一直处于变化之中，因此对这些区域的记载也五花八门。

往北方和西方看，富饶的孟加拉地区一直和南亚次大陆腹地保持着联系，是连接海洋世界和"其他"世界的纽带。若开邦和奥里萨邦（Orissa）的海岸在南边相接，但对航海而言，其重要性略逊一筹。但随着踏入奥里萨以南的戈达瓦里河三角洲和马苏利帕特南（Masulipatnam）另一侧地区的脚步，我们再次进入了文化和商贸上影响远播的一些地区。从这里的科罗曼德尔海岸开始，有多条航道直接到苏门答腊岛。这些航线同时与那条联系孟加拉地区和斯里兰卡东侧及南侧的大航线相连，从而最终与科摩林角另一侧的各地区合为一体。

当然，从北边出发，同样可以经保克海峡，抵达印度南端，但这条航线的关键之处水体很浅。在古代，此处常有海难的记载。因此，吃水较深的船开向马纳尔湾（斯里兰卡和印度之间，连接保克海峡的海区）时，大多从南方或东方而来。然而，即便是斯里兰卡岸边也存在许多障碍，主要是暗礁，这点必须引起注意。对此甚至中国的一些文献也有过记载。但这里最与众不同的地方要数加勒地区和所谓的亚当峰。

印度南部与斯里兰卡

第五节 阿拉伯海与东非海岸

冬季月份是从斯里兰卡向喀拉拉（Kerala）航行的最理想时间，这段路需要途经科摩林角。无论是干燥的东北季风，还是赤道洋流，都有利于这一时期的航海。夏季，风大多从西南方吹来，赤道洋流也改变了方向，沿着一条从东非到印度西海岸的弧线运动。由此我们就进入了印度洋西北部，这里的海域主要是阿拉伯文献中记载十分详细的阿拉伯海。

在这片海域的东南部，喀拉拉海岸边分布着拉克代夫群岛（Lakkadiven）和马尔代夫群岛。要穿过这些群岛，可以通行的地方很少，通行地带主要分布在与米尼科伊岛（Minicoy）相当的纬度。想从卡利卡特（Kalikut，也称科泽科德）直接去东非或者亚丁的船只经常选择这条路。相反，尤其是在马尔代夫海域，"征服"浅滩和广阔的环礁要困难得多。各条通道的准确开发时间已经无法重构。但有一点是无可争议的：极少有船从马尔代夫（有时被阿拉伯人叫作"al-Dib群岛"）出发直接去东非（沿着北纬5°或6°以南或经过赤道的多条航线）。同样少见的还有往来于斯里兰卡与东非之间，因而必须从马尔代夫群岛之间穿过的航程。虽然这些选择在文献中有所提及，而且人们也知道塞舌尔群岛（Seychellen）与查戈斯群岛（Chagos），但是这些相对偏僻的地区对国际航海并无作用。直到欧洲人到来，人们才开始系统地探明穿过印度洋中部，以及后来穿过印度洋南部的"对角线"航道所具备的优势。比如，荷兰人就曾从好望角出发，向东经过马达加斯加岛，最后抵达今天印度尼西亚的巽他地区。

现在我们再向北出发，进入阿拉伯海。围绕着这片海域以及亚丁湾存在着许多定位点，自古以来，人们在航海中常靠这些位置来判断方位，比如沿马拉巴尔海岸的一些海湾和岬角、今孟买地区、印度西北部卡提瓦半岛（Kathiawar）附近的第乌岛（Diu）。印度河入海口区域则只在某些时节才真正重要。即使是通往波斯湾门户霍尔木兹的莫克兰地区（Makran），也只发挥着次要作用。但阿拉伯半岛不同。阿曼海岸边有一条重要的航线，可通往哈德角（Ra's al-Hadd）。从那里往亚丁方向行驶的船只将经过马西拉岛（Masira）东侧、迈德赖凯角（Ra's Madraka）、库里亚穆里亚群岛（Kuria-Muria）、费尔泰克角（Ra's Fartak）等地。从亚丁和哈德拉毛（Hadramaut）沿岸各港口出发，最终可直接抵达柏培拉（Berbera）海岸，或者到达索科特拉岛。

索科特拉岛恰好位于多条航线的交汇点。从果阿沿印度西海岸向亚丁航行的人，无论从北方还是从南方出发，都会经过这个岛屿。从哈德拉毛海岸往东非去的道路同样要从该岛西侧经过，人们大多从费尔泰克角出发，经瓜达富伊角和哈丰角（Ra's Hafun）南下。而从东面绕岛的路线似乎没有这么受欢迎，此路从迈德赖凯一直到索马里海岸的中段和南段，十分漫长。这条路线从瓜达富伊角出发，沿海岸而行，从一个海湾到另一个海湾，也许风险更小。不过，沿着一条在索科特拉岛以东约三百千米处经过的"对角线"，人们还走过从古吉拉特邦（Gujarat）或果阿去东非的多条直接路线。

中国的航海家们似乎也早已知道从印度南部出发到东非去的多条直接航线。在一些古代典籍中，这片海域被准确地称为"东大食海"，逐字翻译即为"东阿拉伯海"。此外并存的名称还有"西南海"，大概是指阿拉伯海的南半部。中国文献还笼统地提到了索科特拉岛、柏培拉和东非。但阿拉伯语文献对哈丰角以南各地区的记载不仅更多，而且更加准确，这是自然而然的。由此处南下的路上，重要站点主要有摩加迪沙（Mogadischu）、巴拉韦（Brawa）和马林迪（Malindi）、桑给巴尔（Sansibar）和马菲亚（Mafia）岛（船只显然大多从此二岛西侧驶过）、基卢瓦（Kilwa），在前欧洲时代，甚至还包括德尔加杜角（Kap Delgado）

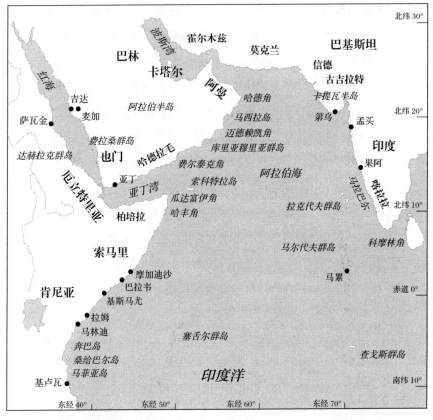

印度洋西部海域：阿拉伯海、波斯湾、红海

另一侧的一些地点和地区，如莫桑比克、基里马讷（Kilimane）或赞比西河口。

　　有时，从奔巴岛或桑给巴尔出发的船也会开往科摩罗群岛（Komoren）甚至马达加斯加，但我们很难证明定期存在这类航行。这种活动大概很少有经济意义。在马达加斯加或索法拉（Sofala）地区以南，曾经"熟悉"的世界逐渐过渡到未知的广阔天地。虽然古代文本和地图，包括甚至吸收利用了阿拉伯人知识的中国文本和地图，可以让我们断定古人已经知道非洲南端，但相应的描述却始终模糊不清；因此，从这些材料当中，我们无法得出清晰的地理说明。

当然，与受东南信风控制的那些区域相比，南非洲附近的风况与洋流状况差异显著。正如上文所述：直到欧洲人来此，人们才系统地开拓了回归线以南以及原本信风带以南的地区，并将其与印度洋的剩余部分连到一起；此前，这里对我们来说都只是**几乎未知之地**（terra quasi incognita）。马达加斯加与毛里求斯及留尼汪岛（Réunion）之间的区域，还有后来从东非向澳大利亚方向行进的航行都属于这种情况。不过，这些问题和副极地带地区的开辟一样，并不在我们的话题范围之内。

第六节 波斯湾与红海

在大多数航海家眼中，作为阿拉伯海西北"门户"的波斯湾，与红海同属独立结构。海湾之内，沿伊朗海岸有沟通霍尔木兹海峡与巴士拉（Basra）的最短路径，而多座岛屿为这条海岸镶上了边，有些岛屿面积很大，却非常荒凉。尽管如此，有几座岛屿依然形成了重要港口，它们互相竞争，同时与伊朗腹地保持着联系。但对面海岸的情形则截然不同，虽然海面平静，许多地方却难以通行，因为众多小岛、浅滩和暗礁封锁了通往陆地的航线。而且在某几段海岸线上，沙漠一直延伸向海里。只有商路交汇、舟船可行、海盗禁绝之处，货物集散地才能繁荣起来。

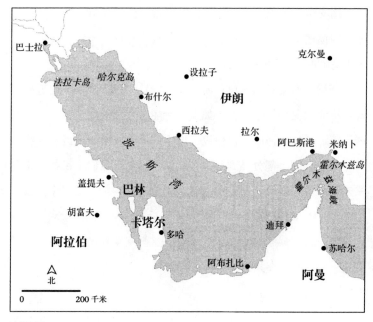

波斯湾

　　从红海南端（今天被称为曼德海峡）开始，直到苏伊士湾的路线，大约与果阿和费尔泰克角之间的直接路线等长。但由于受到无数岛屿和珊瑚礁的制约，在红海之内辨明方向要比横渡阿拉伯海艰难得多。曼德海峡之北就坐落着几座岛屿，如要到达荷台达（Hodeida）地区，必须从其东侧经过。在该地区与吉达（Jidda）之间，阿拉伯半岛全部被其他岛屿环绕；其中最大的岛屿，位于费拉桑群岛（Farasan）之内，敢于驶入其间的船只极为罕见。大多数船试图在这片海域正中沿西北方向前进。而在另一侧的非洲海岸也潜伏着类似的危险。对于厄立特里亚附近危机四伏的达赫拉克群岛，航海者选择向东绕开，而大多数情况下，他们也会避开环苏丹南部的岛屿世界。但要前往苏丹港附近的萨瓦金（Suakin），两个方向均可通行：从红海的"中心航线"出发，或者遵循经过盖斯尔角（Ra's Qasar）的沿岸路线。

来自印度或更遥远地区的船只一般只会航行至吉达为止。从那里到苏伊士地区的道路要穿过红海北部，这需要航海者具备特殊的航海知识，而更熟悉红海南段的领航员并不总是能满足这个条件。所以，与埃及以南的地区相比，埃及海岸就构成了一个不同的"航海水域"。这与风况不无关系：无论冬夏，北部永远受到北风的影响。只有在冬天，船只才有可能从南方而来，北上推进至吉达。因此，吉达以北地区，帆船无法进入，唯有橹舰等靠人力驱动的船只方可北上。如果条件理想，航海者完全有可能在夏季经亚丁和印度抵达马六甲或更远的地区，但返程却往往要漫长得多。

这片地区的另外一个特征又将我们引回到阿拉伯半岛。这里的货物可以不必经过大海，而是经陆路从东南运至西北，反之亦可。红海北部航线几乎始终伴有逆风，在某种程度上，相对于海路，从麦加经麦地那（Medina）往约旦方向去的陆上商道提供了另外一种选择。除此之外，特别是翻越多山的半岛西侧，直到海湾围绕、地势平坦的半岛东侧，还存在其他的陆上"通衢"。可见，乳香等珍贵货物不仅靠船只输送，也依赖役畜驮运。但总体而言，此地海陆配合的情况与马来半岛不同。马来半岛上的陆路相对更短，有时能节省许多时间，但在阿拉伯半岛上，穿过大漠的商路异常艰难耗时。而且，横穿阿拉伯半岛的各条道路不仅为各处海岸的港口服务，同时还兼顾内陆各地的供应。由于马来半岛东西距离短，和阿拉伯半岛之间的可比性也就大大降低了。

第三章

海洋的百衲毯（从远古到公元元年）

第一节　汉代之前的东亚海岸

周代以前

前几章已经提过，我们的描述从东方开始，逐渐向西方探索。那么就让我们先把目光投向东北亚。东亚沿海地带的考古发现（从朝鲜到华南地区）已经揭示，早在基督诞生数千年前，这里就存在海上活动。比如，通过挖掘出来的文物可以断定，今天山东和辽东半岛（今属辽宁省）的本土文化之间存在相似性，而沿渤海西岸整理出来的物品却往往有着完全不同的特征。由此可以推断，山东和辽东之间存在跨海交流。至于可能是何种交流，自然不在我们的知识范围内，因为这段古史并无书面记载。

此外，新石器时代的许多发现似乎支持这种观点：辽东和山东地区与沿朝鲜海岸的发掘地乃至符拉迪沃斯托克地区之间存在各种联系。华南地区的情况也类似。根据福建以及广东沿岸大量出土的物件，一些科学家认为可以得出这些地区存在多个古代"沿海文化"的结论。

自公元前第2千纪中期开始，甲骨刻字和青铜铭文不断增多，一般而论，这些资料完全没有提到过海洋、海岸和航海，然而，起源于所谓"轴心时代"（Achsenzeit）①的多部中国文献却对海洋话题做出了许多暗示，其中不乏有趣之处。不过，与世界各地一样：直到今天，我们都无法推定这些古代文本的时间，对其作者也大多一无所知，或者莫衷一是，尤其是严格来说，文献中许多说明都漂浮在神话传说与"真实"历史之间。即便名著《诗经》或《尚书》提到过海洋，甚至还略述过中国的核心地带（大致即当时周王朝的疆土）与其他区域之间存在着海上联系，这些提示还是过于模糊，仍然无法进一步帮助我们。

我们也不知道那个时代大小船舰的真实面貌。无疑，最初的船只形态很可能是竹筏和独木舟，与许多其他在河流、海岸和海洋中航行的文化相同。此外，人们还发现了船形陶器，但其他的一切内容最终都只是猜测而已。关于船形棺木的问题也是如此。船形棺木为何被用于中国内陆地区的葬礼之上，至今是个谜团。只有关于公元前1世纪的事件，我们能够查明的资料才更多了一些。这时，文本偶尔会将地点和人物与造船和航海联系起来。比如，某一处文献记载，齐景公（齐国是当时统治山东大部分地区的诸侯国）曾出海六个月。只要历史有一个真实的内核，那么齐国也许拥有可远洋航行的工具。许多以吴越两国（涉及上海和杭州所在地区）为核心的文献也讨论过航海。据说，越国建造过许多船只，其中还有战船，即所谓楼船，其上有高层建筑。此后的文献也一再提到过楼船，却从未给出该船型的真实描述。史书进一步记载，公元前468年，越国率一支强大的船队，领兵士八千人，向北迁都至山东东南部的琅琊。无论这部历史还是其他历史

---

① 德国哲学家卡尔·雅斯贝尔斯（Karl Jaspers）根据世界主要宗教背后的哲学几乎同时发展起来的现象而提出的理论，指公元前800—前200年。

听起来多么美好，我们在享用之时却要非常谨慎，其中一个原因就是这些文本今版往往系后来编纂而成，最初版本却始终不为人知。

秦代与汉代早期

进入秦汉，我们就逐渐进入了一个书面记录更完善的时代。根据今天的理解，秦自西向东统一了中国的各封建国家（公元前221年），不仅成功地攻占了齐国和其他沿海诸侯国，而且还吞并了延伸至长江以南很远的楚国的疆域。接下来，秦朝试图把今天的广东省甚至海南岛的北岸纳入自己的控制之下。在这个过程中，军队再次使用了船舰。

秦朝甚至还与朝鲜半岛建立了联系，不过大多数是通过陆路，延续了更早以前通过当时独立的燕国领土而维持的商贸关系。更惊人的显然是通过大海与"神山"之间的接触，因为该现象在历史上是"新"的，至少书面文献中没有比这更早的记载。中国首部正史——司马迁的《史记》——记载，齐人徐市被派往神秘的东方仙岛，命人搜寻仙药。皇帝为的是长生不老药，这是可能的。徐福究竟去了何处，他到底有没有上路，我们都无从得知，但他的目的地可能是日本的一些岛屿。毫无疑问的是，有人不时造访这些岛屿，大概多数情况下从朝鲜出发，经对马岛到日本，因为来自日本的考古证据确实证实了日本受到过亚洲大陆的早期影响。

汉朝（公元前206年—公元220年）也对其外围海洋表现出了兴趣，在这方面，汉与前朝一样具有类似的扩张思想。简而言之，大汉朝廷曾致力于将朝鲜半岛纳入统治范围，与日本建立联

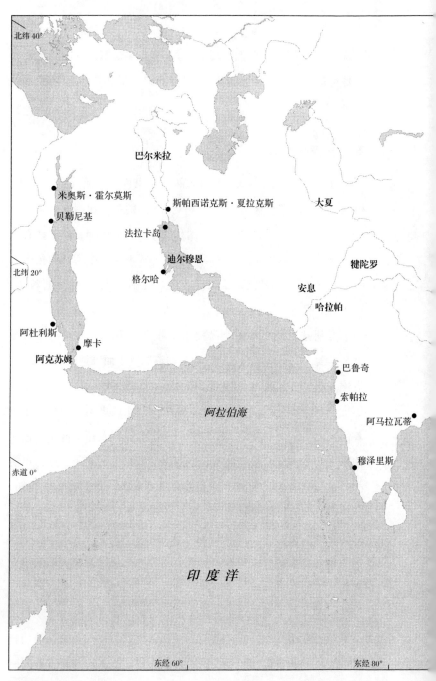

北纬 40°

巴尔米拉

米奥斯·霍尔莫斯

斯帕西诺克斯·夏拉克斯

大夏

贝勒尼基

法拉卡岛

犍陀罗

迪尔穆恩

北纬 20°

格尔哈

安息

哈拉帕

阿杜利斯

巴鲁奇

摩卡

索帕拉

阿克苏姆

阿马拉瓦蒂

阿拉伯海

穆泽里斯

赤道 0°

印 度 洋

东经 60°

东经 80°

海洋的百衲毯

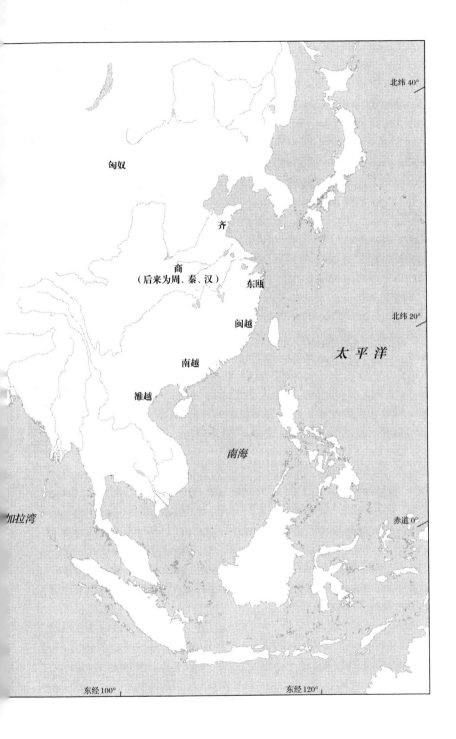

匈奴

齐

商
（后来为周、秦、汉）

东瓯

闽越

南越

雒越

太平洋

南海

加拉湾

北纬40°

北纬20°

赤道0°

东经100°

东经120°

系，并在军事、行政、经济和文化上控制遥远的南方。各类文献再次提到国家曾投入大量航海工具，甚至包括整支船队。其中一例是公元前109年海陆并行的行军：楼船将军杨仆曾率军从山东出发，渡过黄海，向朝鲜海岸进军。

学界已经证明，商贸交流通过大海，把中国控制的乐浪（位于朝鲜半岛）与日本联系起来。考古资料记录了这些连接路线。然而，在往西的地方，这些路线很可能大多是通过陆地，仍需经过渤海北边的燕地。

依前文所述，汉朝已经在沿着北边的"海滨之地"展开了某些活动，尽管如此，无论在经济上，还是在政治上，对汉而言，沿海空间一直处于次要地位。朝廷的目光更多投向亚洲中部和北部，它感兴趣的是陆上的商路，在北部边疆抵御匈奴及其他游牧民族（他们的核心领地位于今天蒙古草原内）。在汉朝的都城看来，海洋世界位于帝国最偏僻的边缘，极度远离中心。在那个时代皇帝的考量中，甚至今天属于中国的某些沿海地区，都几乎长期被排除在外。比如，当今福建省所在地区以及与之隔海相望的台湾岛就是如此。

南方的沿海地区

让我们在南方的沿海地带停留片刻，在时间上稍微地往回走一些。有些历史学家认为，来自腹地的第一批大迁徙浪潮之后不久，这里就已经开始一定程度地转向海洋了。但移民究竟何时以及在何种情况下导致了这里第一批政权的建立，至今存有争议。秦国在北方扩张之际，我们却在南方发现了几乎完全独立的结构：今天浙江沿海的东瓯、福建的闽越、广东的南越和越南北部的雒越。公元前221年之后，秦试图兼并包括上文列举的这些领土在内的南方某些部分，但它对这些地方的统治并未持续很久。因为随着秦汉易代，这些原本独立的地区不久又再次走上了自己的道路。

此后一个世纪，上述地区与汉帝国，包括上述地区自身之间，发生了多次战争。这些战争主要发生在武帝时期，当时的汉朝效仿秦朝，向南方扩张。有些细节见载于史册，但我们不能忘记，这些毫无例外地全部是中国文献，因而流行的文本难免失之片面。不过，仍然有一系列事件引人注目：比如有记载称，闽越曾从海上进攻面积微小的东瓯。汉朝方面为此派遣了一支船队，原先大概屯于长江口，以便援助东瓯（公元前138年）。后来，闽越又支持强大的汉朝攻打南越，将一支船队开到了广东的东部。此外，还有史料称，南越国王在国都被汉军攻下之后，带着多艘船舰西逃，但被汉朝船队追击，终至全军覆没。

以上的例子说明，早在公元前2世纪，水上交通工具就已频繁地用于战争运输。其前提条件是一定的后勤保障体系、技术经验和航海知识。但当时绝不可能在大洋之上进行战争。更可能的情况是，大小船舰在内部水域及沿岸地区作战，同时作为陆地作战行动的延伸。其策略之目的在于登上敌船，像在陆上一样，用简单的武器杀死敌人。

由于军事的发展，在较长的一段时间内，沿海地带都处于汉朝的行政管理之下。显然，多处锚地因此而变得格外重要，主要是作商贸之用。据说，作为重地之一的东冶，就维持着与倭（日本）及其他地区之间的联系。但此处所指究竟为哪些地区（也许是台湾或琉球群岛）却争议不断，因为相应的地名所指不尽相同。

船上的战斗场景。中国公元前 2 世纪铜镜上的装饰纹，1935 年在河南出土。其中所表现的事件可能是指吴越之争。

　　在汉帝国向南方和海洋世界扩张的语境下，南越国构成了最有意思的例子，尤其是近年来的考古发现使它一再进入公众视野。其中心地区番禺，大致在今天广州的位置，似乎很久以来就与亚洲大陆西南方向更远处的地区保持着联系，包括雒越。值得注意的是：一系列文本记载称南越在朝贡关系的框架之下曾向汉朝进贡象牙、玳瑁、鸟羽、珍珠等贵重之物。其中许多东西可能来自南越本土的沿海地带，但有些物品很可能出自更遥远的地方，而恰恰是这一点暗示可能存在远及马来半岛或更远地区的各条航线。

　　据推测，海南和闽越及东瓯的许多地带也参与到了这些航线之中。同时，在今天中国的某些地方，当时服务于商贸的造船业似乎十分繁荣。航海方面的知识也取得了进步。而且，受到环境的决定作用，无论是汉朝还是其他国家，可能都在自身驾驭海洋的努力之中启发和促进了对方。汉朝在此过程中进步迅速，《汉书·艺文志》收录了各种书籍的目录，从这些书目中可知，皇家图书馆保存了多种显然与海洋和天文问题相关的著作。也许其中就已包含借助星辰来为航海提供简单指示的手册。

汉代文献同样表明，在和东南亚海域以及印度洋的某些相邻地带进行交流的过程中，当时的中国已经积累了一些经验。相应的一些地名足以说明这点。因此，让我们在下一段落中先把视线转移到我们猜想中的东南亚的发展上。

第二节　东南亚：未知世界

远古时期

到今天为止，这一地区早期的垦殖历史都未能完全澄清。但我们知道，大约从公元前4—5千纪开始，就出现了许多将此地作为目的地的迁徙运动，且程度不断增强。这些迁徙活动的出发点往往位于今天的华南地区。迁徙至此的人群分散到了马来群岛的许多岛屿上，直至马鲁古群岛，甚至还往东到达了更远的地方，深入太平洋世界。在公元前的第2千纪，随后而至的是南亚语系和南岛语系各族，他们显然带着新石器时代的文化元素。

在不同的迁徙浪潮中，有些人群还到了台湾岛，后来又从这里到了菲律宾群岛。其他人则更喜爱位于大陆区域或者马来世界西部的地带。如此，一种"跳岛战术"（Inselspringen）就开始了，因为许多族群在最终定居下来之前，总是从一个岛屿迁徙至另一个岛屿。然而，关于各种运输技术，无论是海洋上的还是陆地上的，都没有什么确切的说法。

　　但有一个特点值得注意：根据语言上的指示特征，基本已经证实，那个时期已有人从今天印度尼西亚所在区域出发，到马达加斯加进行垦殖。这就表明，当时的人们已拥有良好的航海知识、与之相适应的船只、先进的组织形式。然而，大多数的细节又不为我们所知。在这段远古时期，辽阔的印度洋究竟是如何被人征服的，已经不再能够完全说得清楚了。我们无法知道当时的人们究竟是勇敢地横渡公海、穿过马尔代夫群岛和查戈斯群岛所在纬度，还是沿亚洲海岸线航行、最终从东非渡海至马达加斯加西侧

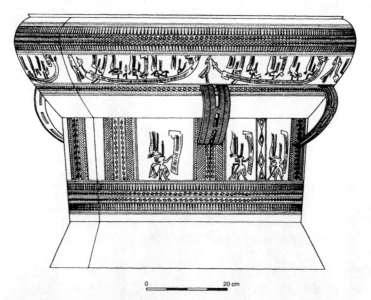

饰有船纹的青铜鼓。在华南地区和越南北部，人们发现了许多带有几何装饰图案和表现船只与战士场景的类似物品。这些被归入东山文化的文物往往可追溯至公元前的最后几百年。

和北侧。同样，在时间断代上也存在不同观点。

东南亚本身出土的陶器和金属物件证明了各种新文化形式的逐渐兴起，特别是在公元前的第2千纪，可以证实，主要是今天的泰国和越南在这一时期同时受到了来自北部（商周时代的中国）的多重影响。各种青铜器说明这些影响是存在的。不过，对这方面的传播机制，我们只能猜测。至于定期交流究竟达到了何种程度，无论是海上交流、沿海定居点之间的交流、从岛屿到岛屿的交流，还是远距离交流，我们很可能永远也不会知道。我们能够推断出的只是当时存在频繁的人类海洋活动，文化和商业产品的交换和传递就发生在这些活动的框架之下。但我们显然不能认为，在这段远古时期当中就已经存在贸易周期甚或交流体系。

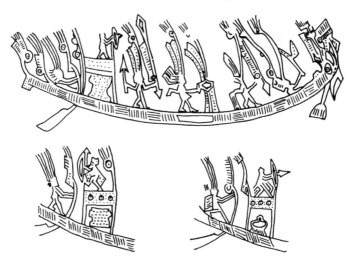

东山文化出土鼓上所表现的带有战士的船只

国家建构？

今天，越来越多的人认为，在公元前第 1 千纪的最后几百年之中，也即能够证明受到印度影响的时代之前，东南亚就已经零星地建立起了许多政权。定居点大多建于河口，维护着自己与各自腹地以及其他沿海地点之间的密切关系。这幅景象有时与国家的概念联系在一起，这些国家使用仪式性的权力和象征来控制其臣民。重点在于君主。他会通过臣属统治周边地区。这些臣属环绕在君主政府驻地四周，因为君主政府驻地是圆形的。

然而，这些想法非常牵强，也一直不精确，而且可能更适用于后来的时代，尤其是受印度影响的时代，而非远古时期。此类观点所描述的组织形式，也极富特色地被比作**曼荼罗**（mandala）①。但有些历史学家会张冠李戴，把原本适用于后世的内容和更早的时代联系在一起，从而强化东南亚本身的"认同感"。此地究竟从何时开始构建起了真正意义上的国家？航海在这方面又起了什么作用呢？在很长一段时间内，这一切问题的答案大概都只能众说纷纭，无法定论。但无可争议的是，在这方面，中国要远远领先于东南亚世界。

另一种论证的逻辑链条如下：肥沃的土地和丰饶的农业为东南亚港口和沿海聚居区的形成提供了有利条件。这些定居点的维系，依赖通过河流而从腹地运来的热带产物。因为并不是所有地方都能自给自足，而有些地方的原材料又过剩，由此很快就出现了规律性的海上交流。根据这个逻辑，代代口耳相传的航海知识得以快速发展，新船型出现并得到广泛运用。没错，

① 佛教用语，指坛场，本意为"轮圆具足"或"聚集"。

甚至还有人猜测，在今天的亚丁附近，或在远离马来世界的地区，当时就已存在马来商人。但是否真的可以给海上游牧民族（Seenomandentum，这个概念也已经进入了学术范畴）赋予这么重大的意义，依旧是一个主观相信与否的问题，有些人也许更倾向于持否定的态度。

中国史料经常使用的表达方式"昆仑人"也给我们带来了许多困难。它一般是指肤色较深的航海者，与之存在联系并一起出现的地名被归为东南亚，但却没有进一步的界定。因此，昆仑一名背后究竟是哪些民族，存在争议。它很可能只是一个一般性名称，泛指有时从南方来中国或者中国人在远航时碰到的陌生人，无论相遇的地点是在马来世界还是在东南亚大陆沿海地区。这些人来自台湾和菲律宾的可能性也不能完全排除在外。无论如何，关于昆仑人的记载意义深远，说明中国学者很早就对海洋世界感兴趣，也证明中国及古代南越地区和东南亚之间有过一定程度的交流。

第三节　南亚：被低估的世界？

哈拉帕文化

南亚次大陆周围海域的早期历史让我们回到公元前的第3千纪。随着哈拉帕（Harappa）文化在下印度河谷的兴起，我们可以证明它与美索不达米亚的各古老帝国有接触。这些联系也许说明，当时存在偶然或规律性的穿过波斯湾的航海行为。确实，人们也经常猜测阿曼的一些地方和迪尔穆恩（Dilmun，即巴林）等地可能发挥过中间站的作用。有些科学家甚至认为，相应的贸易活动与哈拉帕地区许多城镇中心的产生存在相关性，他们眼中的范围不仅仅包括今天古吉拉特邦沿海的许多地方，还有以西的莫克兰沿海各地。但并非所有人都同意这些观点。比如，有人就曾猜测哈拉帕文化首先是依靠内部交流而生存的，而非凭借外贸。随着哈拉帕地区的逐渐衰落（始于公元前1750年），这些区域的海上活动可能也减少了。

哈拉帕文化掌握了青铜加工技术，而且在建筑上表现出惊人的丰富性。显然，它还拥有大规模的农业体系和繁荣的畜牧经济，然而却无法承受从北方往印度推进的新族群。不久以后，这些后来者就在印度河谷的大部和其他地区建立了殖民点，但起初与海洋没有什么关系。

公元前1500年前后，当哈拉帕文化接近尾声时，吠陀梵文的典籍隐约指出，沿海各地带和各海洋已经为人所熟知。可是，总体来看，没有什么迹象表明海上贸易网络的存在，也无法说明有出于经济目的，系统性地利用沿海水域的现象。这种现象主要存在于次大陆北方的海滨。直到孔雀王朝时期（公元前322—前185年），证明那些地区海上交流繁荣的新线索才再次显现。

印度南部

位于印度南部，尤其是今天的泰米尔纳德（Tamil-Nadu）地区的多处巨石垒成的坟场在时间上应该更早出现。其中有些墓地的历史可被追溯到公元前500年开始的各时期，那里出土的物件和在斯里兰卡西北部的贾夫纳（Jaffna）半岛以及斯里兰卡本岛西侧沿岸被整理出来的物品类似。这些发掘物大多数是陶器，陶器内部呈黑色，外部呈红棕色至红色。同时，人们在斯里兰卡还发现了玛瑙珠，因为玛瑙并非当地产物，这些相关物品一定是海运到这里的。

因此，必定存在跨越保克海峡的交流，所以印度东南沿海地带的人也有一定程度的航海定位知识。还有说法称，早在当时，这里和印度东北地区之间就已存在海上航线，但南北之间的大多数交流更可能通过陆地进行。特别是在南印度内部就有完备的内陆道路，另外有多条路线把整片地区与马拉巴尔海岸各地以及更靠北的各个中心连接起来。

印度周边：公元前最后几百年

在孔雀王朝君主阿育王的统治下，存在海上航线和港口的证据变得越来越多。古吉拉特邦东部的巴鲁奇（又作Bharuch、Broach等）靠近今天的巴罗达（Baroda），是维持外部贸易通道的重要地点之一。同样位于印度西侧，但位置更靠近南方的索帕拉（Sopara）也是商贸航线上的重地。东岸繁荣起来的地方有阿马拉瓦蒂（Amaravati）等。此外，有文本指出，那里有通往素万那普（Suvarnabhumi），也就是可通东南亚的航线。而且还有资料提到，那个时期有某些个人为了去陌生国度做生意，进行了漫长的旅行。莫克兰沿岸地区的考古发现已经证明，在后来的时期里，这片区域在航海上再度变得重要。

根据这许多的线索，无论是考古鉴定，还是文献记载，人们往往推导出一个结论，认为在公元前的最后几百年里南亚次大陆周边就已存在远及西亚的贸易网络。比如，从印度的视角看属于外部文献的名著《厄立特里亚海航行记》（*Periplus Maris Erythraei*）①，就提到过巴鲁奇（书中作 Barygaza）等地，从而证明了跨阿拉伯海的海上交流的存在。通过分析不同陶器种类、钱币等物品的分布，包括聚居地的形式，人们为商贸活动的存在找到了额外的证据。但这些活动的面貌究竟如何，相应的网络又实现了什么功能呢？比如在巴鲁奇，多条陆路和海路最后明显殊途同归。但这个地方的获利，究竟更多是来自陆地交通，还是沿海贸易或其"跨国"海上航线，现在并无定论。

关于商人，可以确定的是，各种文本虽然区分了不同的职业，比如商队的领路和财务管理，甚至连执行航海任务或至少对此负责的人都有特定的称呼，但文字当中很少能够透露用于相应行动的资金到底来自何处。有些情况下，商人们似乎得到了当地君主的倡议和支持，而有时他们可能只是"普通的"商贩，是民间个体或者群体。碑铭资料表明，大概在更晚一些的时代，主要在印度南部，很快就出现了互相竞争的商会。因此，单个的群体和个体可能曾在多地活动，或者还经营过从北到南的跨区域网络。

关于这方面的情况，地区与地区之间，港口与港口之间很可能都不尽相同。根据所谓的**森格姆**文学（sangam-Literatur）②，我们可以猜测，在公元前的最后几百年，南印度的"政治景观"还相当支离破碎，而且大多数诸侯都将自己的合法性追溯到与宗族的关系。在这些沿海地带，相应地，贸易世界可能也不统一。可以猜想，南亚次大陆的两侧都存在某些通过海洋而互相沟通的地点或地区，但同样也有尚未参与其中的整片区域。

---

① 又有译名《红海周航记》。
② 指公元前6世纪—公元1世纪时期印度南部泰米尔纳德地区最早的文学作品集。

佛教

在这种整体局势（Konstellation）之中，佛教是一个日益重要的元素。它起源于印度北部，逐渐向印度中部和南部扩张，一直到沿海地区。从公元前250年开始，佛教在斯里兰卡也成了本土宗教。马纳尔湾在此过程中构成了佛教的海上纽带。有论据称，零星的朝圣者甚至在公元前可能就已经抵达了东南亚，据猜测他们是乘坐印度的船，但我们显然没法知道这些船只的面貌。因此，后来才开始的东南亚"印度化"历史（我们将在下一章里更详细地探讨这个问题）也许经历了一个由宗教和商贸因素所构成的"前期阶段"（Vorphase）。

至少在亚洲，除了佛教之外，我们并不知道还有其他复杂的宗教体系经历过通过海洋而向外传播的现象。因此，佛教实属特殊。它丰富了经孟加拉湾而存在的交流关系，丰富了其维度，为其加入了宗教元素，而且也推动印度南部逐渐从过去的晦暗之中浮出水面。此外，在一定程度上，未来南亚与东南亚之间的共性也已在此发出了先声，而在之前的历史中，这些共同点并不存在。

第四节　西亚海岸与东非：看似熟悉的世界

早期，波斯人与希腊人

佛教为何没有经阿拉伯海向波斯湾方向传播？这是众多未解之谜中的一个。要在此详尽地讨论这个问题，似乎是不可能的。

也许在阿拉伯地区，佛教本可赖以立足的那些文化本身过于强大，或基本无法接受宗教上的变化。

相反，让我们观察印度洋的西部边缘，包括海湾地区和红海。众所周知，古埃及的内河航运非常繁荣，而且尼罗河三角洲极其富饶的地区有许多港口，它们与地中海的其他地方存在着联系。与之类似，红海边的一些聚居区也维持着广泛的贸易关系。毕竟当时的人们努力要把地中海和红海连接起来。然而在当时，还不能说跨越红海的古代航线与经过海湾的海运线路已经相互交织。

在公元前第1千纪，两河流域和腓尼基人（在地中海）开始变得重要。尔后希腊文化兴起，这种文化又反过来开始影响黎凡特以东的世界。随着亚述帝国被波斯阿契美尼德王朝所灭，且后者的势力超出波斯湾和希腊，越来越多的希腊人（其中许多是商人）直接与"东方"世界建立了联系。埃及、波斯湾，甚至印度都留下了希腊存在的痕迹。此外，东非的阿克苏姆（Aksum）地区，尤其是厄立特里亚沿海的港口阿杜利斯（Adulis），更是希腊商贩定期造访的地方。

说希腊人已经控制了上述一些地区的贸易，显然是不合适的。比如，在波斯湾附近的挖掘工作表明，无论波斯人统治的面貌如何，在这种压倒性的统治下，从西端的法拉卡岛（Failaka，希腊称"伊卡洛斯"，阿拉伯河以南）直到今天的阿曼地区，都存在多个相当独立的地方。在某种程度上，希腊元素在这些地方只占次要地位。另外，无论如何，各种文献都记载了波斯人领导下的海上活动。希罗多德（Herodot）就提醒人们，大流士（Darius）①就曾往印度进发，利用的是海洋。

---

① 应指大流士一世。

埃及游船。这类交通工具经常用纸莎草的茎来制造，大多数情况下只用于内河航运。

　　然而，在亚历山大大帝治下，东方某些地区受到希腊影响的线索再次增多。随后的塞琉古帝国时期也呈现出类似的景象，塞琉古人接了古老的亚历山大帝国的一部分，特别是西部，而巴克特里亚（Baktrien）和犍陀罗则在帝国东部继承了亚历山大的遗产。一般认为，这些时期海湾地区的海上交流——大致经过法拉卡岛、格尔哈（Gerrha）①或巴林（希腊语称提洛斯〔Tylos〕）——以及部分远及印度的海上联系，都继续深受希腊的影响。这种观点认为，几乎没有商人从东方反向地对西方"产生过影响"。

　　但是请让我们回忆：哈拉帕文化就曾经在一定程度上和两河流域存在交流。此外，那时的印度和海湾地区的一些港口之间就有联系，而且这里的联系并不一定总是由"西方"的商业伙伴发

---

① 阿拉伯东部古城，位于波斯湾西侧。

起。即使在希腊时代，也有关于印度及来自其他地方的航海者的线索，他们常常向西航行。在斯特拉波（Strabo）①的著作中就存在与此相符的一处，可能指公元前120年前后：斯特拉波记载了一个在红海边偶然被人发现的印度人。其他地方也提到了从印度河地区抵达某些岛屿的旅客，他们也许是去往瓜达富伊角附近的索科特拉岛。另外，在这个时期之前很久，希腊人就已经知道了"印度珍珠"和胡椒。也许是印度船把这些货物带到了阿拉伯半岛周围的集散地，使这些货物得以从此继续前行，抵达东南欧。

尽管如此，欧洲读者依然更熟悉公元前4世纪的尼阿库斯（Nearchs）远征或安德罗斯忒涅斯（Androsthenes）、阿奇亚斯（Archias）和赫戎（Hieron）的壮举（赫戎活动于阿拉伯东海岸），因为这些人都曾为亚历山大服役。塞琉古帝国和孔雀王朝之间的交流也已经为人熟知。唯一还有待阐明的是这些联系发生的形式及其对波斯湾的控制所达到的程度。相反，无可争议的是，印度的不同地区吸收了希腊文化元素，有时甚至从中发展出了新风格。但我们不知道这里的"文化使者"究竟是谁，以及海洋在何种程度上充当了"文化高速公路"。许多事实也让人联想到中国，不久以后，今华南沿海地区与强大的汉朝中央朝廷之间开始了交流。正如我们所见，我们在这里同样也只有碎片化的知识，整体图像仍然模糊不清。

罗马元素

公元前2世纪，中国正值汉武帝统治时期，安息接管了塞琉

---

① 公元前64或63年—公元24年，古希腊地理学家、哲学家、历史学家。

古帝国的多片区域：两河流域和今天伊朗的西南部。类似地，孔雀王朝也已经被取而代之。局势似乎经历了一次洗牌，但今天巴士拉附近的古代贸易地区，即所谓的查拉西尼（Charakene）①及其商业中心阿波罗格斯（Apologos）、斯巴希诺·夏拉克斯（Spasinou Charax）等地对遍及印度至黎凡特这一广阔地带的商贸活动而言依然是核心区。有趣的是：和古老的巴鲁奇一样，查拉西尼也通过不同的陆路与腹地相连。对海上或陆上的旅客以及船只和商队而言，两者都是枢纽，都曾存在过专精于某个行业或某条线路的群体。就查拉西尼而言，巴尔米拉人（Palmyrene）②主导着通往叙利亚的道路，同时他们也作为安息人和罗马人（让我们在时间上再略往前移）之间的媒介而出现。而在印度，我们所遇见的主要是专门从事某一行业的人群。

当然，这里必须提到的还有萨珊王朝的波斯人，从公元3世纪起，他们逐渐接过了巴尔米拉人的角色，稍后还开始控制波斯湾。但这已是下一章的内容，所以我们还是继续讨论罗马人。罗马人很早就已经扩张到了地中海几乎所有部分，而且在公元前30年前后还占领了埃及，随后几年内，他们优先发展了红海北部埃及各港口的贸易。我们会想到米奥斯·霍尔莫斯港（Myos Hormos）和贝勒尼基（Berenike），因为从这里出发，有更多的罗马货物和铸币抵达了印度洋周围的不同地方。罗马人的统治逐渐扩张到阿拉伯行省，这自然而然地促进了上述这种发展。由此，罗马在一定程度上效仿希腊的先驱，把手伸向了东方，此时，中

---

① 古代安息帝国的一个王国，位于波斯湾的西北端。

② 指罗马帝国3世纪危机时期位于巴尔米拉的一个政权，控制着叙利亚和阿拉伯等地区。

国也正在开始向西展望。这大致是中国第一次通过海洋向印度发起交流的时代，同样也是上文引用过的《厄立特里亚海航行记》和老普林尼笔下描述的时代。

希腊－罗马世界视域中的印度

《厄立特里亚海航行记》和老普林尼都指出了去印度的海路：从红海出发，经过阿拉伯半岛沿岸的不同站点，直到印度河河口。书中不仅提到了位于印度西南部的穆泽里斯（Muziris），而且已经涉及某些特定的商品：比如来自阿拉伯半岛南部哈德拉毛地区，经海陆两线运至北方的乳香。另一份来自公元2世纪的文件佐证了这种景象，此外还提到象牙和布匹，作为贸易港口而出现的，有埃及的亚历山大港和上文说过的穆泽里斯。其他资料来源往往是碑铭，它们刻画了往来于红海和印度之间的各色商人。时而是希腊人，时而是印度人，甚至连罗马的商船都有所提及。文献记载的有希腊－罗马影响在印度留下的诸多痕迹，反过来也有印度商人在红海范围内的驻留。

在这种语境下，在印度发现的希腊－罗马物品，格外引人注目，并且一再引起讨论。这些文物包括大量希腊双耳陶罐，它们主要出土于古吉拉特邦，科罗曼德尔海岸上的阿里卡梅杜（Arikamedu）等地也有发现。经常提到的还有刻画经典母题的青铜器、玻璃珠和铸币。另外一种观点认为，一些物品是印度模仿进口的样本而自行生产的。

《厄立特里亚海航行记》甚至还记载了距欧洲和西亚遥远的科罗曼德尔海岸。据此可知，绕过科摩林角的航线早就为人所知。这条可能存在的直接航线从也门地区出发，经拉克代夫和马尔代夫群岛，抵达印度南部。不过，人们知道该航线，并不一定意味着有人使用过。航海者更多还是遵循古代传统，沿着西亚海岸摸索前进，然后沿古吉拉特邦而下，驶向马拉巴尔海岸。他们熟知变换的风向和洋流状况，又沿着同一条路返回。但许多事物仍旧只是猜测，因为关于这些上古时代，印度方面并没有可以与《厄立特里亚海航行记》或普林尼的记载相提并论的详尽记录。至于我们是否可以从中推论，认为希腊－罗马世界对印度的认识要多于印度对希腊－罗马世界的认识，自然也只能是一个无法有定论的问题。

第五节　总论

在最古老的时代，当最早的文献尚未产生之时，亚非海洋空间必定还不具备让东西方之间普遍交流的功能。曾经，海上交流仅局限于某些区域，其发生也不规律。但随着时间的推移，不断出现一些标志，它们表明各海岸带相互建立联系的现象日趋频繁。固定的海上航线便从这里发展起来，最终走进相关文献。无论是在远东，还是在亚洲海域的西端，人们很快就懂得了各海域的季风和洋流状况。这使人得以逾越遥远的距离。

最晚至希腊－罗马时期，阿拉伯海、海湾地区和红海的许多沿海地带开始趋近。同时，东南亚部分地区和东亚的航海也发展起来。早在秦汉时期，中国人就投入了巨大的船队，而东海和南海之间频繁的商贸联系也早已众所周知。只有孟加拉湾的发展稍微有些滞后。较晚的时候，才有标志表明这片海域日益被纳入印度洋的大框架之下。不过，公元前的文献，终究还没有关于坐船走完往来远东和埃及全程的旅客的记载。

在某种程度上，强大的陆上势力推动了沿岸和海上商贸，比如从埃及到印度西南部的各帝国，又比如东方强大的汉朝。在这两极之间，当然还有往来十分繁忙的横跨中亚的陆路。但在公元前的几千年里，我们还不能观察到文献常常猜想的陆路和海路之间的相互作用，有时陆路重要，有时海路占先，而特别是孟加拉湾，当时在很大程度上仍属未知领域。

在这么早的时代，无论是在东亚还是埃及与印度之间的海域，要区分沿海贸易和远洋贸易，无疑是困难的。但可以肯定的是，那时的贸易已经有了不同的组织形式。不仅有单人交易，还有互相制定协议和计划长期航行的商团，他们不但要考虑风况，还必须顾及在目的地和中转站居留的相应问题。

一般认为，贸易当中流通的主要是昂贵商品。有时，国家机构也会从中获利，特别是在波斯湾和红海周边地区。而在远东，我们听说过来自遥远南方地区的朝贡。此外，在很多情况下，贸易已经和铸币支付手段的可用性挂钩了。其前提是汇率，意味着存在着简单的借贷形式。

我们还不能确定那时是否已经存在只依赖海上贸易和沿岸贸易生存的地方。如果有，则最可能是考古上可以证明的海湾地区的一些聚居点。但一般而言，港口的生存之道在于同时还与腹地相连。番禺就是一例。由于基本的食物和大宗商品很可能无法通过海洋运输，港口必须能够获得来自腹地的农产品。

显然，许多文化产品也凭借航海得以四处传播。技术和航海方面的知识也会从一个地方扩散到另一个地方。但这类传播行为的起点仍然不为人知。比如我们就不知道，面对汉帝国，今天福建和广东的独立沿海文化在新船舶类型的发展和改进方面扮演了什么角色。

军事征服的野心推动了技术的进步。无论如何，中国的几个数字给人留下了深刻的印象。即使有些夸张，也证明了远东地区强大的建造能力，这是以相应充足的后勤保障为前提的。而南亚和东南亚并没有迹象表明存在这种情况。

为了形象地概括上述内容，可以说日本和东非之间的海洋空间是一条由众多不同海区编织而成的百衲毯，各部分在公元前达到了不同的发展水平。根据布罗代尔的学说，有些部分也许可以被视为小型的交流区域，而其他部分则仍旧停留在初级阶段。然而，到目前为止，还不存在隐藏在"海上丝绸之路"标签之下的一条通行航线。

托勒密体系中的阿拉伯半岛，1513 年斯特拉斯堡版本

TABVLA

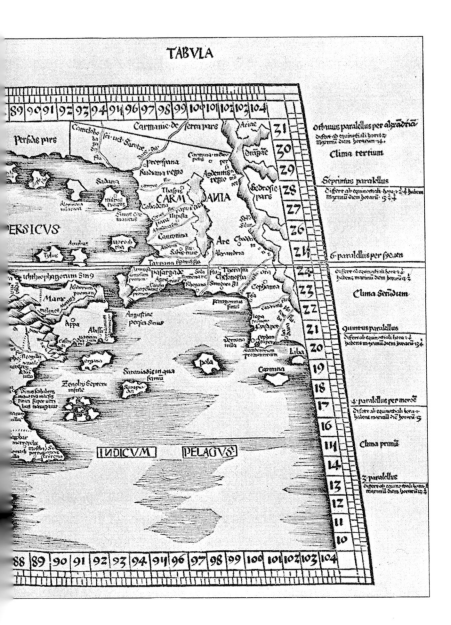

第四章

各区域的融合（公元 1—600 年）

第一节 "东海"

书面资料

汉朝人不仅懂大洋上的风况和天气,还了解利用风帆航海的技术。因此,船只不再单纯依赖人力驱动了。此外,他们很早就开发了几条最重要的航线,包括从山东到朝鲜和日本的航线、跨渤海航线、从长江口到海南以及继续抵达东南亚的航线等,所以长距离行船已不再无法完成。在接下来的几个世纪里,这种知识还将逐渐地积淀和扩展。大量文献可以佐证这一点,这些资料几乎无一例外地用汉语写成,它们告诉了我们东亚和东南亚海上贸易和航行的情况。

中国历代正史是包含相关信息的最重要文献。特别是其中描述国外政权和概括某统治时期事件的部分,能够提供的线索尤其多。地理篇章,有时还包括军事和贸易内容,也提供了许多细节。此外,中国文献中的多部著作属于所谓的类书,像百科全书一样,但其性质往往就像是根据主题而归类的资料或引文汇编;这些书籍到处都包含远洋交通、货流、外邦、船只、出使、航线和海洋划分等重要主题。尽管不是全部,但其中许多线索都可通过考古发现来佐证。

汉末至曹魏

　　现在，让我们根据地区来观察各事件的时间顺序。汉朝后半叶，由于中央权力逐渐削弱乃至最终分崩离析，要维持武帝治下形成的帝国对外关系已经十分费力。"海疆"也是如此。因此，文献很少再提中国到朝鲜，再到日本的航线。但这类交流没有中断，这在很大程度上是因为存在民间的商业利益。

　　接下来的三个半世纪，中国经历了长期的分裂，海上交流的

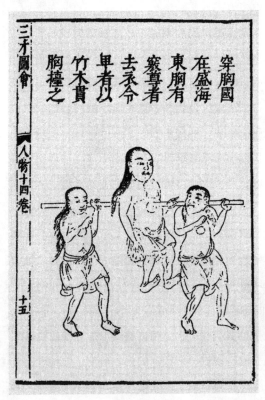

"穿胸国"居民。中国古代关于海外邦国和外邦人的著作包含着各种奇异的内容。许多母题和此处一样，听起来像起源于汉代或更早时代的《山海经》。本图取自17世纪早期比较有名的著作《三才图会》。

景象依然如故。统治北方的曹魏（220—265年）发展情况与南方完全不同：曹魏的主要利益在于再度统一帝国，因此它与南方的邻邦东吴及蜀汉斗争。于是，海洋外围的重要性自然居于次等。尽管如此，那个时代的正史也提到了山东到渤海沿岸的城市和地区，记载了日本遣使进贡之事。进贡和其他海洋活动一样，大多数情况下都走的是沿朝鲜半岛的路线，和从前并无区别。

根据古代传统，中国东部的所有地区都被归于"东海夷"，这与东南亚各地区不同。当时的人们要抵达东南亚，可借助已经提及的西航路，所以他们借用更古时代的称法，大多将东南亚归入"南海夷"这个统称。台湾海峡和台湾岛（当时尚未有这个名字）无形中构成了这两个海域以及交流区域的天然界线，分隔着"东海"与"南海"。

朝鲜世界

高句丽在东北方的逐渐崛起成为随后三个世纪的一大特征，这个政权首先控制了辽东部分地区，然后夺取了汉朝曾经设置的乐浪郡和带方郡。5世纪初，已经成为朝鲜半岛北部霸主的高句丽迁都至今天的平壤。中国北方朝代不断更替，先是晋朝取代曹魏，后来多个少数民族入主中原，高句丽与这些政权自然保持着联系。从中国的立场出发，大多经陆路从朝鲜而来的使团自然是为了朝贡。这暗示了某种从属关系，符合古代的各种礼俗。至于这是否符合朝鲜的视角，暂且存而不论。

兴起于朝鲜半岛的还有另外两个政权：百济和新罗。前者从5世纪起就与中国保持着外交联系，而位于半岛东南部的新罗主要在6世纪才向中国正式遣使。此外，还有证据证明，统治中国

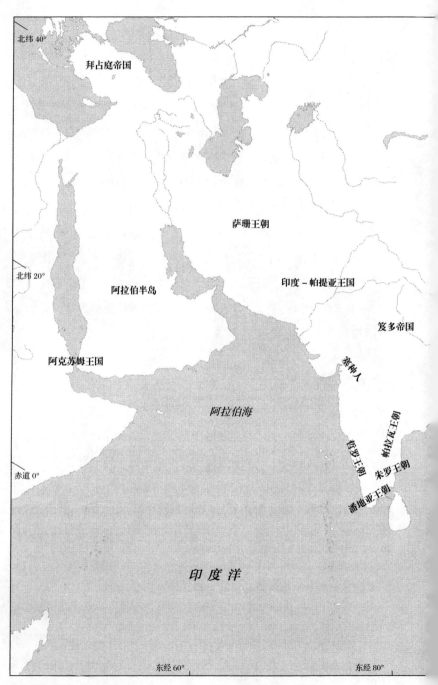

北纬 40°

拜占庭帝国

萨珊王朝

北纬 20°

印度 – 帕提亚王国

阿拉伯半岛

笈多帝国

阿克苏姆王国

塞种人

阿拉伯海

帕拉瓦王朝

哲罗王朝

赤道 0°

朱罗王朝

潘地亚王朝

印 度 洋

东经 60°

东经 80°

各区域的融合

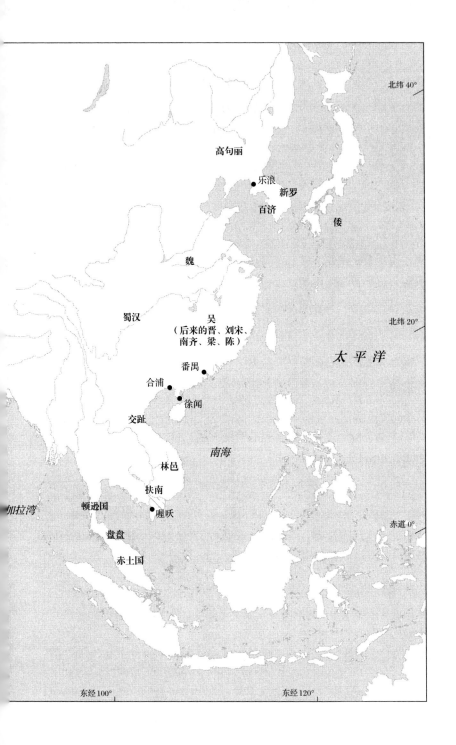

北纬 40°

高句丽

乐浪
新罗
百济

魏

倭

蜀汉
吴
（后来的晋、刘宋、
南齐、梁、陈）

北纬 20°

番禺

太 平 洋

合浦
徐闻

交趾

南海

林邑

扶南

喔呋

顿逊国

盘盘

赤土国

加拉湾

赤道 0°

东经 100°

东经 120°

南北方的不同政权和居于日本诸岛的倭人之间有过接触。中国方面的记载，无论出自较早还是较晚的时代，都给人一种印象，即所提到的区域在文化上比较低下，文明程度不及中国。

佛教

上一章已经提前论述过佛教逐渐"扩张"到东南亚的历史。在此期间，它也经由陆路，途经位于今天中国新疆的那些绿洲国家，流传到了中国北方。佛教在汉代晚期就有明确的记载。在曹魏和后继朝代的统治下，传播速度变得更快。从那时起，佛经被大量译成汉文，神龛与寺庙兴起，后来甚至还出现了新学派。文学和宫廷世界也受到了这种异文化的影响。今天的华北地区到处可见宗教艺术，以雕塑为主。由于数量巨大，加之有许多保存完好的年代日期，人们可以出奇精准地根据地区、年代和风格对它们进行分类。

在某种程度上，这也适用于朝鲜半岛上的政权，它们在稍晚时候从中国接受了佛教。在这里，无论是陆路，还是常用的海路，都被用作了宗教传播的工具。由此，一种重要的宗教第一次通过船只在远东大范围传播。站在这条漫长的传教链条末端的当然是日本，它既通过朝鲜，又直接从中国那里吸收了佛教的观念和相应的艺术灵感。穿过"东海"，外交沟通、商贸接触与宗教联系携手共进，往往伴随着不可分割的统一体的形成，这也许和我们将在印度-东南亚观察到的那种交流不无相似之处。

第二节　"南海"

通往黄支的路线

　　让我们回到在"南海"中遨游的时代。汉代史书不仅记载了对今天福建省和广东省所在地区及越南北部的占领，还讲述了一个名为黄支的遥远国度和通向那里的航线。与此相关的研究汗牛充栋，因为原始文本中的说明就存在分歧，尤其是许多地名都有不同的含义。但大多数历史学家认为，黄支位于今天的印度南部地区。

　　通往这个独特国家的航线，并非像人们可能认为的那样，从南部的古代大都市番禺出发，而是起于北部湾地区，在海南岛附近的徐闻或合浦。其他的证据也说明，这些地方和日南郡以及交趾（越南北部）沿岸的港湾和锚地共同暂时构成了中国的南大门。其理由很充分：经过徐闻与合浦的陆上交通直接通向北方，这在当时显然是常用的贸易命脉，因此可能比从番禺到内陆的路线更加重要。很久以后，番禺（近广州）才承担了环北部湾的港口功能。

　　通过上述内容，我们可以推论，当时，南方的海南和位于它东北方且居民稀少的福建地区之间存在海上联系，但并没有那么重要，因为其沿岸地区并没有长期被汉朝控制。但在下这个结论时，我们仍然需要谨慎：第一，沿海贸易不容低估；第二，正如前一章所述，不属于汉朝的一些群体，掌握了良好的后勤保障技术和丰富的经验，这些条件对于维持整个空间沿线（从古代的东瓯到南越地区）的定期交流很有必要。

有一种猜测，即漫长的沿海道路可能曾与去往黄支的"国际"航线连为一体，这和我们的观察很接近。黄支航线在离开北部湾之后，往南经过许多站点，直至抵达一个叫作谌离的国家。旅者从那里开始步行至夫甘都卢国，然后渡过一片描述不详的海域，最后抵达终点黄支。短短的陆上通道隔断了海路，持续约十多天。从中可以推断，航海者为了节省时间，或因为对穿过半岛南端廖内地区的道路还不够熟悉，或以其危险，所以从某个合适的起点（可能就是夫甘都卢国所在之处）由东向西横穿了马来半岛。如果这些想法属实，则这条旅程的最后一部分几乎不可能是搭乘中国的船完成的，也许是印度等地的船。因为在这段时间，还不存在关于中国人在印度洋航行的确凿记载。

根据我们引用的文本，黄支也产玻璃、珍珠和宝石，这些昂贵的产品很可能也是印度南部的产物，但不能排除出自其他地方。这些商品在中国及其他任何地方都被认为是珍贵物品，因而在遣使朝贡的体系中常有记录。在讨论与越南沿岸的关系时，我们也提到过这些贡品。

汉代末期和后继各代的文献也提到过约位于黄支航道沿线的东南亚其他地区，包括林邑、扶南、典逊（顿逊）以及一些人们猜测其位置在苏门答腊岛或爪哇岛的地区。林邑指的是今天越南沿岸占族人的地区，但有时仅指其首都。其北与中国统治的交趾交界。林邑与周边的邻国多有不和，不久之后就开始吸收外来文化元素。扶南的疆域包括越南南部的一部分和柬埔寨，今天一般被看作当地"强国"之一。而典逊很可能覆盖了马来半岛的北部，是扶南的邻国。

吴和晋

中国关于东南亚的知识逐渐扩展，这最终与东亚自身的发展有关：汉朝之后，曹魏统治中国北方，而东吴（222—280年）割据东南，它不仅成功地抵御了曹魏的大多数攻击，而且还在海岸附近建立起了多座城市中心，并开放海洋贸易。此外，东吴还多次向北方派出船队，以求与当时控制辽东的公孙家族的追随者一同对付曹魏。甚至高句丽都被纳入这一构想之中。另外，文献还记载，东吴有过与东方（也许是指台湾或琉球群岛）的交流，而且拥有一支三万之众的强大海军，并以此征服了海南北部。

总而言之，海岸，尤其是遥远南方的海岸，与中国统治中心的联系比以往任何时候都要紧密，其密切程度至少远非秦汉时期可比。东吴的船只在整条海岸线上往来，从长江入海口到海南岛，从海南岛再到东南亚。因此，在公元前统治过今天浙江、福建地区某些部分的独立小王国之后，东吴是第一个真正表现出在政治和经济方面都具有面向海洋姿态的**中国政权**。

遗憾的是在今天，那个时期产生的关于东南亚国家的许多中文文献都已经不存在了。但通过保留在类书中的零星片段，我们依然可以知道，东吴的地理学家们关于海洋世界的知识非常广博。其中两位伟大的旅行家必须一提：康泰和朱应。他们在公元3世纪航海，留下了我们通过后世文本才了解到的重要记录。他们的记录当中一共出现了近四十个地名。总而言之，这些地名让我们知道，在那时，马来世界的西半边和环孟加拉湾及安达曼海的许多国家和地方已经算**已知之地**（terra cognita）了。我们也许可以猜测，东吴的船已经多次驶过马来半岛南端；人们也不再依赖于跨过地峡的陆上交通。

在某种程度上，东吴成功地在"航海技术"上把沿西航路的不同部分融为一体。这也许暗示了它在那条航线上的某种统治地位，但也许又并非如此。之所以会涉及这么远，自然还和中国北部的发展有关：曹魏与之前的汉帝国一样，连接着亚洲大陆内部的商路，可以连通安息、两河流域和小亚细亚。而位于南方的东吴几乎不能从中获利；因此为了通过海路而获取其他国家的财富，东吴推动了海上贸易。

在280年接管东吴地盘的晋朝统治之下，这一情况应该也没有变化。晋朝虽然同时统治中国南北方三四十年，但在320年前后被迫南渡，之后便只能控制南方。由此，直接使用陆上商路的机会仍然不存在。此外，北方政权更替频繁，使商路本身也变得极不安全，反而使海上航线更显意义重大。

扶南

在东南亚大陆上，扶南在当时似乎已经崛起为最强大的国家，同时控制了马来半岛东侧的许多地方。因此，对于要通过泰国湾的贸易而言，扶南构成了一个无法绕过的中转站。至少，曾经记载过扶南朝贡使团的中国文献指出了扶南的枢纽地位。此外，这个国家的音乐也深得人心。大约在3世纪，东吴甚至还建立了一个专门机构来维护相应的歌曲，这也许暗示，南方很早就被视为富有异域情调的地方了。不久以后，我们在许多著作当中都可以清晰地辨认出对异域风情的偏好。

扶南的崛起显然不仅仅要归功于贸易，同时也得益于其优良的农业基础。在湄公河三角洲及以西地区，人们发现了大面积灌溉系统的遗迹，通过其设施和成功的经营方式，可知当时存在着先进的组织形式。在今越南和柬埔寨交界处的海岸喔呋（Oc-eo）发现的丰富文物也来自这些遗迹，其中不仅出现了有不同来源的物品，甚至还有罗马铸币。

与林邑等地一样，扶南也规律性地受到印度商人及僧侣的造访。他们不仅带来了印度洋流域的货物，还传播了印度的思想和艺术。在这里，我们第一次看见了那个常被称为"东南亚印度化"（Indisierung Ostasiens）的现象。

当然，我们无法知道印度元素如何被当地精英吸收，又如何与各种本土文化融为一体。与此相关的论点很多，其中一种观点认为，影响力巨大的商人与当地王侯之女通婚，促进了文化桥梁的构建。把扶南和印度南部联系到一起的著名的孔丁雅（Kaundinya）传说①就属于这类。另外，据中国文献，可知东南亚的统治者们有时会有印度头衔，可见必定是异域思想渗透了当地宫廷。据此，东南亚部分地区的仪式和宗教之"印度化"，往往出自当地王侯的邀请，他们试图借助外来象征让自己的地位合法化。

有些历史学家甚至声称，在接受了印度的影响之后，东南亚的政权构建过程才有了实质性的进展，尤其是在扶南国。其他人则将政权的构建推移到更早的时代，或者正如上述记载，认为东南亚最早的政权出现得更晚。相关标准各不相同，但具有决定性意义的主要是广泛的海洋贸易联系以及各统治者的作用。

公元4世纪，曾经战胜了许多邻国的扶南国由于内部因素而遭到削弱。根据某一种观点，扶南的衰弱使马来半岛上的许多小

---

① 传说印度婆罗门僧侣孔丁雅根据梦中指示前往柬埔寨大湖寻宝，巧遇那伽国王的公主索玛，并缔结姻缘，遂建扶南国。

地方得以在一段时间内承担了扶南的媒介功能。其后果便是远洋贸易向南方退避。但晋朝之后相继统治中国南方的刘宋、南齐、梁、陈四朝史书又经常提到作为纳贡国的扶南，只是在这桩"生意"上，扶南的相对位置其实已经失去了其重要性。约公元6世纪，扶南被其西北邻国真腊征服。关于真腊，我们还将再度探讨。

在印度与中国之间：林邑及其他

除了扶南使节之外，抵达中国南部各大都市的当然还有他国的官方使团：古老的林邑、爪哇、苏门答腊岛和马来半岛、盘盘，甚至还有斯里兰卡和其他遥远地区。公元420—589年，也就是晋朝末年到隋统一中国之初，记录在册的这类使团达到约一百个。

除了林邑之外，大多数遣使的国家历史都鲜为人知。但有一些笼统的说法：盘盘大概位于马来半岛北部，靠近典逊国，凭借横穿马来半岛的陆上交通而获利。据说它还与今天缅甸的许多地区有接触。狼牙修和赤土国的位置更加靠近南方，很可能因为扶南的暂时削弱而成了赢家。正如方才所述，在大多数例子中，我们可以证明印度影响的存在。

林邑受印度影响尤甚。因此，印度历史学家认为，这一区域属于印度的分支。但是林邑并不总能抵御来自北方——由中国管理的交趾——的压力，这个事实就使印度的角色相对化了。公元446年，当时统治中国南方的刘宋向占婆地区派遣大军。林邑在其北部边疆引发了过多的军事冲突，据说系林邑所犯的劫掠事件也过多。刘宋如愿地征服了林邑，导致后者在之后数代都陷入对中国的各种附庸关系之中。

尽管存在着中国对已有"体系"的介入，但原先的猜想仍旧是正确的，即印度商人为东南亚各地的长距离贸易做出了巨大贡献，哪怕林邑当地以及东南亚的文献对此并没有什么具体记载。尽管我们所获知的大多数细节均来自中国历代史书等文献，中国历史学家在上述内容的评论上却恰恰是比较谨慎的。

恰恰也是中国的著作在说到东南亚各地时首先使用了"国"这个表述，在德语中约可译为"Staat"（国家、政权）。这一切都指出，同时代的记载具有某种开放性，这种开放性似乎正是想要传递一个信号，即有些地区已经表现出了较高的发展水平。自然，这同时也透露出一种文化上的优越感，极端一点说，因为中国完全没必要夸张自己的角色来贬低他者。随着朝贡交易的制度化，双方之间的关系已经理顺，这就够了。显然，人们也可以用另外一种方式去理解：面对中国南方表现出来的完善的经济和行政结构，东南亚根本没有任何相应之物可与之抗衡……

上述内容使人思考，中国在东南亚沿岸地区的影响完全有可能比人们今天以为的要大。但这个事实究竟如何作用于航海，至今仍不清楚。即使考古证据也不能在这里进一步帮助我们。往来于中国和东南亚的大多数远洋贸易商人究竟来自何方？是来自中国，还是更可能来自其他地区？资料中一再提到的所谓昆仑船，究竟有多重要？这是对所有外国船只的统称，还是专门指代"马来"船舶？进贡的使团是和很久以后那样随中国船只前往中国，还是使用自己的船？经过东南亚地区的贸易有了大范围的扩展，其原因又有哪些？是中国对于"异域"货物不断增长的需求刺激了商贸（正如上文所述），抑或更多是因为东南亚人自身进口中国和印度商品的愿望造成了贸易的繁荣呢？我们并无数据可供参考，因此也永远不会有精确的答案。

佛教行旅

在这里，佛教的"推销"再次颇受欢迎，因为其传播范围已经超出了中国，不仅在北方，在南方也是如此。这意味着中国与印度之间存在宗教交流，这种交流也通过东南亚进行。许多佛经的文本也证实了这种联系。许多经陆路或海路从中国去印度或斯里兰卡的旅行者，其名字也广为人知。他们跋涉的目的始终如一：为了获得精神上的体验，并寻找值得译成汉语的新著作。

在两晋南北朝时期的西行朝圣者中，有一个名字尤为突出：法显。他留下了一个文本，概括了途经各地的重要资料。文中除他的个人经历外，还有对当地传说与习俗的观察。法显的西行始于中国西北。公元408年前后，他已经在印度东部（天竺）了。他在天竺的恒河地区驻留过多地，随后前往斯里兰卡，在那里度过了很长时间。最终，法显经海路返回中国，毫发无伤地抵达了山东沿海一带。

奇怪的是，虽然法显的记载非常详细，但却从未明确说过自己在斯里兰卡有没有遇见国人。据说他在东南亚"国家"耶婆提（Yepoti）待了五个月，但在关于该国的简述中，他也未提到过任何中国人。从中我们可以得知，中国船只的活动半径局限于南海到马来半岛这块地方。但法显的记述一直存在争议。比如，我们至今不知道耶婆提国究竟可能是哪个地方。人们考虑过许多可能性：从苏门答腊岛到爪哇岛，或者从狼牙修到加里曼丹岛的西侧。另外，和法显同行的人是谁，载他回来的船只又属于何处等问题也同样未有定论。而且人们对法显所选择的路线也各有阐述：一种观点认为法显曾取道新加坡海峡和台湾海峡，另一种观点则相信他经巽他海峡和台湾东侧迂回的海路渡过广阔的太平洋。

搭乘往来于印度与中国之间的船舶而行的僧人，除了法显之外，还有他人，比如据推测来自中国西北的智严，以及昙无竭（法号法勇）。法勇和法显一样，回程时才决定乘船。有时，非中国人也会利用更快捷的海路出行。我们知道曾有一位来自克什米尔①的求那跋摩（Gunavarman）②。他从爪哇来，先去广州，然后从广州继续北上。6世纪中期，又有印度僧侣真谛（Paramartha）③多次渡海来华；他到过许多地方，其中就有广州和福建的梁安④。后世也有类似的信息，但也出现了带着新名字和新内容的其他文本。

贸易商品

原则上说，从东南亚或者经东南亚流向中国的商品，或者反方向的货物与从前并无区别。香料、宝石、珍珠、贵重木材、鸟羽、药材运往北方，陶瓷、丝绸和其他手工制品运往东南亚。此外，贵金属的作用也变得愈加重要。总体来说，商品交易中占主导地位的仍然是奢侈品。关于廉价原材料与基本食物运输的内容几乎无法在文献中找到。

但相比之下，中国文献中偶尔提到过马匹的运输，这引起了笔者的关注。这证明了当时先进的后勤保障技术，但当然也提出了关于这些进口牲畜的来源的问题。对后来的时代而言，可证实相应的供货记录来自云南和广西交界到交趾一带。因此，这些区

---

① 中国古称罽宾国。

② 古印度僧人，汉语又译功德铠。

③ 又音译为波罗末他或波罗末陀，又称拘那罗陀，著名译经僧，于南北朝时期来中国。

④ 南朝时设郡，一说在今泉州。

域可能在公元后的第一个世纪就发挥着一定作用。

进一步看，值得注意的还有对产自遥远西方的商品的记录，比如珊瑚。大秦（最初指罗马帝国的东部地区，后来扩展到两河流域和小亚细亚）就曾与珊瑚的捕捞有关。最后，圣物也曾往中国方向迁移。甚至还有用于建造佛教神龛的零星部件。

第三节　东印度洋：初现真容

东南亚的印度元素

今天，在某种程度上，我们可以结构化地表述"南海"各邻国与中国之间交织（Verflechtung）的日益深入，但对于东南亚与印度之间的联系，即安达曼海和环孟加拉湾的贸易与交流而言，要做到这一点却困难得多。中国的记载几乎没有相关的具体内容，而印度文献同样也只提供了模糊的线索。而且在有些情况下，还往往不乏矛盾之处。《本生经》（Jataka）的文本偶尔提到过婆罗门商人，其他资料则解释称航海不受欢迎。中国的信息认为，典逊和盘盘曾有过许多婆罗门。我们几乎无法想象，所有这些人竟可能是走陆路经过缅甸去东南亚的。

在东南亚，佛教元素和印度教元素往往无法截然分开，这造成了另外的困难。这个事实和其他想法导致了不同的观点：有一种观念认为，总的来看，只有少数旅行者来自印度。另外，婆罗门教和佛教的各种观念往往独立于印度在东南亚快速地发展起来，从一开始就具备了其独有的特点；这解释了这一区域内部存在的地方性差异，有时甚至是两种方向的混杂。

除了这些和类似的问题之外，还存在一种原则性的两难处境。学术文献大多是从"西方"接近东南亚的。因此，文献中记载了很多印度对东南亚的各种影响，但很少提到从东南亚传往印度或斯里兰卡的元素。这很可能与考古材料的性质有关。并非所有海上贸易的物品都留下了长久的印迹。东南亚的印度元素保存了下来，但东南亚的元素却未能留在印度。

从考古的"丰富多彩"中至少举出几例：东南亚有许多发掘地，封存了珠子（往往用玛瑙制成）、各色容器、金属制品等文物，据猜测，其中有许多来自印度或斯里兰卡。要确定出土物的来源地，必须细致研究当时的各种发展状况和生产工艺，而这些内容往往带有争议。某种观点认为，在孔雀王朝之后的时期，珠宝生产逐渐从印度次大陆转移到了斯里兰卡的曼泰（Mantai）；因此，斯里兰卡暂时是某些类型的人造珠的分配中心。显然，这几类珠子在东南亚用于制作首饰或举行仪式。另一种假设认为，后来的生产向东迁移到了空统（Khlong Thom，即宽罗克帕［Khuan Lukpad］）和喔哎，也就是移到了东南亚本土。

和世界其他地方一样，这里的容器也可归为多个类型。如今天泰国的昭披耶（Chao Phraya）地区，出土之物就与南亚的类似物品被归于一类。但这更像是一个例外，因为一般来说，我们还远不能完全准确地辨别所有容器类型在南亚的发源地。而在其他情形下，我们仍然不可能根据类型和年代去区分容器。况且，许多物品可能只是当地对遥远样本的仿造而已。因此，传向东方的不仅是货物本身，还有生产技术。最后还需要考虑的是，很多容器只是单纯用于运输易腐物质，在这些情况下，考虑仪式、艺术、风格和其他维度，似乎并不合适。

当然，也有出土文物和印度几乎无关。东山文化类型的鼓和其他（但并非所有）金属制品的分布仅局限于东南亚本土。前者大概最初来自北方，与中国存在某种关系，散见于东南亚大陆和马来世界的多个区域。有些铜鼓甚至发现于爪哇以东。关于这些物品在各地的不同用途，一如既往地充满了不确定性。

相比之下，以下想法的性质略有不同：最初，东南亚只有木造建筑；在印度的影响下，石材加工和相应建筑的修造才成为可能。这带来了文明的进步，触发了新艺术分支的逐渐传播。无疑，东南亚的浮雕和雕塑深受印度影响，而在印度，几乎不存在可与之相比的领域，能从中推导出东南亚对印度的影响。尽管如此，在公元后第一个世纪的语境下，东南亚的独立性应该也并非完全"受到压迫"，下面我们就将看到。

印度的东南亚元素

《厄立特里亚海航行记》记载了往来于印度和古代（东南亚）克律塞岛（Chryse）的船只。也许这就是对笼罩在传说迷雾中的昆仑船的暗示。人们想象克律塞岛存在巨大的金矿。而这又和古代印度文本所传达的各种图像相匹配。因此，偶尔有人论证，称印度巨大的黄金需求量成了商船前往东南亚的根本动机。所以，在印度等地商人的运作下，东南亚曾为南亚次大陆提供过贵金属。

但下面这种略微不同的观点也许更可信：印度自孔雀王朝时期开始生产的铸币和青铜器，锡含量经常很高。锡可能大量进口自东南亚。尤其是谈到马来半岛时，往往会说到它早期的锡矿开采。但关于采矿、运输和分布等大多数其他细节，我们却又不得而知。

在药材需求方面，情况也类似。中国文献证明，人们对药用物质的兴趣不断增长，我们可以想到早期类书中的大量条目，或者成书于4世纪、尝试系统收录罗列东南亚异域花草的《南方草木状》①。印度也是如此，随着佛教的逐渐传播，医药知识似乎也有所扩展。在公元后的第一个世纪，这一过程可能就伴随着东南亚药材进口的增加。进口的热门货物可能是来自苏门答腊岛和婆罗洲的樟脑，以及产于马鲁古群岛的肉豆蔻和丁香花干。

附记：货贝

如果这些猜测确凿，则印度和东南亚之间关系的平衡并非完全是单方面的。不过，其他猜想的空间也很大。据推测，织物在双方之间互有流通，因此纺织知识应该亦为双向传播。主要采集于马尔代夫群岛和泰国湾周边地区的货贝在各地被当作支付手段。在孟加拉湾影响范围内的考古挖掘工作发现了许多这类贝壳。它们甚至还通过内陆的航道（可能是沿着缅甸的许多大河）到了云南，并且直至近代早期仍在那里流通。也许，货贝作为支付手段的历史应该重写，因为我们发现它早在公元前就存在于中国的中心地带。那么，我们就必须要问，用货贝交易的人究竟是谁，"生产者"又如何从这种货币的繁荣之中获利。长期以来，除了一些来自罗马或其他源头的钱币之外，东南亚没有什么真正的货币，这是否又是货贝的流通所造成的呢？

---

① 公元304年晋代嵇含编纂。

货贝具有一定的重量，因此其实用性只体现在小额的支付流通上。由于在公元后的时代，完全的货币化尚未实现，所以东南亚、中国和印度之间海洋贸易的一部分或多或少还存在直接物物交换的形式。然而，在这样的全局之下，货贝真正扮演了何种角色呢？这种线索让我们想到贵金属的出口。东南亚的黄金开始取代货贝了吗？最终，东南亚的黄金、锡以及香料是否已经可与来自印度的进口货物分庭抗礼了呢？或者，这也许能解释可见的收支情况中存在的矛盾之处？

机构制度和佛教"网络"

让我们再次回到佛教的传播上。在印度，许多佛教寺院变得非常富有，它们拥有土地，收获捐助，还为公益投入了大量金钱。在某种程度上，寺院还支持贸易倡议。因为不少僧侣最初出身于上层家族，和当地的精英维持着关系，尤其是掌握着重要的市场信息，所以在和东南亚的接触当中，这些人可能经常扮演着核心的角色。

在东南亚，僧侣们凭借其教育水平和文字知识，成为文化的传播者。根据印度人的理解，印度僧侣的行动几乎相当于"发展援助"。与商人们一起，僧侣懂得和东南亚统治阶层相联合。商业利益和宗教意图密不可分。从某些角度看，这让人想起后来伊斯兰教和基督教的传播。在这两者的传教过程中，同样的机制从海上而来，影响着东南亚。

上文已经指出，有一些外邦人在东南亚定居了下来。有些地方甚至还出现了生活着外邦僧侣和商人的"微型殖民地"。随着时间的推移，我们所发现的证据越来越多。简而言之，可以想见，早在公元后的最初几个世纪就已存在流散海外的宗教或民族团体。如果这种现象属实，那么也就是说，如果在这样早的时刻，在东南亚或多或少开放乃至几乎可以自由进入的沿海各地，就已经存在当地王侯居于顶端，外邦商人和学者围绕四周的社会结构，并且这些商人和学者又拉来自己的同胞，延续着自身的传统——那么在这种情况之下，可以说，越过印度洋东部，在南海的某些海岸上，存在并且竞争的各种体系。我们必须想起：很可能在公元前的印度洋西部已经存在着一些贸易网络。现在，越来越多的线索说明，印度南部也出现过向外扩散的行会（Gilden）组织。这完全支持关于印度洋东部也有不断发展的网络建构过程的观点。

　　但是到今天为止，我们仍无法明确指出印度和东南亚之间互相竞争的各大贸易系统。印度南部各大势力中心，如南亚次大陆西南岸的哲罗帝国（Cera）、东侧的潘地亚国（Pandya）和朱罗国（注辇国，Chola）部分地区，以及随后自6世纪起出现的帕拉瓦（Pallava）王朝等，其轮廓往往都不清晰。印度在东南亚所留遗产的状况也类似：很少有物品与南亚次大陆各区域之间的归属关系是清楚的。关于东南亚航海者以及相应的人口散居结构在印度东岸的存在，我们也几乎一无所知（极少数的使团除外，比如据说曾有一个从扶南来恒河地区的使团）。

海路

　　在这个时代，关于经孟加拉湾和安达曼海的航道的使用情况，也没有定论。从喔吠出发，经过空统，至少存在连接性的海上或陆上通道，往西南延伸可经安达曼海抵达今天的泰米尔纳德地区。在某种意义上，这条路的覆盖区域似乎和开头所提的黄支

此图基于阿旃陀（印度）石窟绘。关于所谓"阿旃陀船"的阐释众说纷纭。根据不同的解读，它表现出中国、埃及、罗马或其他地方船只的建造特征。

航线相同，后者也需要从陆上横跨。但我们并不知道，当时的人们究竟是从马来半岛的何处跨越大陆，抵达安达曼海的岸边的。

　　同时，我们也可以从斯里兰卡、苏门答腊岛和新加坡地区之间的一般通道出发。当时，斯里兰卡对中国人而言已经是一个固定概念，因此许多地理文本都有提及，毕竟法显等人曾经游历了东南亚的一系列地方。显然，他们也知道，在这条漫长的西行之路的尽头有一个大秦，但远在佛教世界之外：在西海或波斯湾的另一边，在两河流域甚至小亚细亚。相反，往返于马来半岛南端和斯里兰卡之间的路线是被开发出来的，来自东吴、晋朝、东南亚或印度的船只都曾航行于此。但在南亚次大陆，这条线是否可能与穿越海峡而来的航线重合，以及在何处重合，这些都不得而知。

除了经过安达曼海和孟加拉湾这种开放海洋的路线之外，自然还存在常规的沿岸交通，从恒河三角洲和奥里萨邦直通保克海峡。但关于从孟加拉到伊洛瓦底江河口或丹那沙林地区的航道，仍有诸多不明之处，这条线上的商人和旅客是谁，来自何方，都扑朔迷离。

两地之间可能还存在南北航线，其情况与上述类似：一边是穿过海峡的航线的西端各点（如果不存在多个，则是一个终点），另一边则是从丹那沙林至马来半岛南部的另一条沿岸路线。如果该沿岸路线存在，那么当地群体也许经营过这条"贸易动脉"的某些分段。而且，盘盘和典逊这样的"国家"，甚至可能一度成为互相竞争的对手，用不同的贸易网络，在横穿印度洋的航线上施加着自己的影响。

事实上，猜想永无止境。沿马来半岛西侧的吉打（Kedah）等地区成了考古发掘的宝库，据此，这些地方在公元后的最初几世纪就被纳入了海上贸易和文化传播活动之中。但考古对海路的使用情况及航线的各组成部分等问题最终也未能清晰说明。也许马来半岛西海岸的个别地段所受的影响更多来自北方，而非直接来自南亚。

尽管如此，我们大概仍旧可以断言：各种交流活动横穿孟加拉湾，以某种方式逐步扩大，导致与以前相比，被纳入国际交流关系的地点大幅增加，这是确凿无疑的。由此，存在于东亚和西亚的贸易体系更快地合为一体。与孟加拉和比哈尔（Bihar）相比，印度南部更是这一发展趋势的催化剂。至今我们都难以把握这种发展的节奏。

第四节　西印度洋、红海、波斯湾：欧亚之海

竞争中的波斯湾与红海

公元后的最初几世纪，印度、西亚和东非经历了比较动荡的政治历史，但和决定印度洋东部贸易和文化交流状况的历史相比，这些历史却要清晰得多。我们先把目光投向伊朗：随着信奉琐罗亚斯德教的波斯帝国萨珊王朝兴起（226年起），更靠北的中亚各地区逐渐受到这个兼顾海洋利益的强国的影响。由此，更多亚洲内陆的货物经伊朗地区来到波斯湾，继续运至黎凡特。显然，这使得经过波斯湾的海上贸易稳定下来，带来了诸多新港口的繁荣。

不到一百年之后，笈多王朝就扩张到了印度北方的部分地区，不久便吞并了印度中部的大片土地。这种局势似乎暂时让经过恒河流域的贸易（从今天的孟加拉国到印度西北部，再继续往西亚方向推进）变得更容易，也使经过波斯湾的交通变得更加重要。贸易货物除了如产自马拉巴尔的胡椒等"经典"印度商品之外，大概还有来自东南亚和远东的产品。这些货物在到达波斯湾沿岸国家之前，将沿着印度西海岸北上。

许多学者认为，海湾地区的兴盛曾导致原先经过红海的贸易流暂时衰退。尤其是来自印度各港口的货物，如今更倾向于通过霍尔木兹海峡进入波斯湾，而不是沿阿拉伯南部海岸流动。该论点首次把某种竞争关系强加给了波斯湾和红海，但实际上却无法得到证明。

另一种发展趋势则把我们引向东非，并进一步引向东地中海

的边缘。位于今天埃塞俄比亚的阿克苏姆帝国通过海港阿杜利斯，曾对经过红海的贸易产生过持续的影响。来自非洲内陆的象牙等物产都由阿杜利斯进入海洋贸易。在这一时期，阿克苏姆帝国接受了基督教。随之而来的诸多变化引起了厄立特里亚沿岸地带的动乱，这对海上交通而言并不一定是好事。在更靠北的地区，我们也可以观察到类似情况：君士坦丁一世（Konstantin I）宣告拜占庭城为罗马帝国新都（330年），这使得该城的贸易最初不得不经受一系列新的变化，这些变化也和基督教的传播密切相关。但不久以后，阿克苏姆和拜占庭就有了一致的目标，首先是拒红海各国于外，与显赫的萨珊王朝抗衡。

在今天的也门地区，以前就有犹太人群落定居。显然，犹太人已成功占据一部分经过红海的贸易，甚至还建立了自己的政权。这些群体很可能还与印度南部保持着联系。一种观点认为，因为他们曾与萨珊王朝合作，因此也门很快就成了阿克苏姆帝国的目标。也许是在拜占庭的支持下，阿克苏姆帝国最终与其邻国为敌，并将也门纳入埃塞俄比亚的保护之下。由此，伊朗在阿拉伯海南岸的利益就受到了威胁，这正中拜占庭下怀。随后，经过红海的贸易又有所增长，但当然也经受着众多的纷争。不过，其东扩程度大致限于印度南部各港口和瓜达富伊角以南的一些非洲地区。在萨珊王朝统治下，阿曼沿海和波斯湾地区仍然相对独立，与印度西北部各地维持着密切的关系。

上文的这种推论将印度与西亚之间各条路线一分为二，这种两分局面似乎长时间地影响着经过印度洋西部的贸易。在北部"轴线"上，往来的主要是印度、波斯和阿拉伯的船只，而在广大的南部（这里已穿过广阔的大洋，从索科特拉岛或哈德拉毛沿岸，直到喀拉拉），我们发现了埃塞俄比亚的船只，有时还有希腊（拜占庭）、南印度等地的船。印度南部出土的拜占庭铸币令人印象深刻，证明直至6世纪，从东罗马帝国出发经过红海，直至喀拉拉甚至斯里兰卡的相关航线一直都存在。

萨珊王朝的统治地位

当时，北方的萨珊王朝也使通往中国的陆上通道逐渐活跃起来。通过这条陆路，中国的丝绸到达了西亚；而来自阿拉伯半岛南部的乳香、海湾地区的珍珠、欧洲的琥珀及其他奇珍异宝则流向中国。从中获利的不仅是当时统治中国北方的胡人政权，还有萨珊王朝本身和印度北部，后者就从中亚赚到许多黄金。公元5世纪，由于游牧民族占领了广大区域，破坏了货流，陆上商路所承受的压力日益沉重。这使大量波斯商人转而投资通往印度的海上航线。不仅在印度西海岸可以进一步发现其遗迹，而且在不久以后的斯里兰卡也出现了用西亚商品交换中国货物的地方。这可能反过来也促进了印度南部与东南亚之间的商贸。

520年前后，萨珊王朝和笈多王朝都受到了来自中亚的巨大威胁。前者尽管损失惨重，但还是经受住了冲击，但后者则同时由于诸多内部危机而受到削弱，开始分崩离析。几乎与此同时，为了结束也门的迫害基督徒运动，阿克苏姆帝国开始进兵也门地区。此外，拜占庭和萨珊王朝也曾多次互相开战。最终，也门于公元570年为一支波斯军队所占，此后的六十余年，该地区一直处于外来势力的控制之下。

由此，格局的各大重心又发生了偏移，改变了经过印度洋的海上交通的面貌。虽然印度西岸的大多数港口对外开放贸易，但局势的发展却使红海地区的货物交易大损。伊朗和拜占庭之间的陆上贸易也在战争期间受到了影响，对东方商品的需求要么下降了，要么无法得到满足，而且从前流向欧洲的货物，如果没有被毁，就被"滞留"在了海湾地区。

根据常见的解读方式，拜占庭主要是被切断了来自中国的丝绸供应，这种情况甚至被传为"丝绸危机"（Seidenkrise）。直到生产丝绸的工艺知识传到欧洲，这个"危机"才告缓解。当然，至于丝绸究竟是通过海路还是陆路抵达中转的海湾地区的，属于仁者见仁，智者见智的问题。

这众多变化和冲突之下的真正赢家是萨珊王朝，它控制了印度洋西部的整个海上贸易，不仅是海湾地区，还包括沿哈德拉毛海岸到也门和从索科特拉岛另一侧到索马里海岸这些广大部分。相反，埃塞俄比亚的航海已经或多或少成了明日黄花，拜占庭也已衰落。但其他小规模商人群体仍旧存在，如犹太人和聂斯托利派基督教徒，他们即使远在印度，也仍在从事商业活动。文献主要在后来的时代当中提到他们，但这些散居群体在印度和斯里兰卡形成的开端，很可能要追溯到公元后的最初几个世纪。比如来自亚历山大港的科斯马斯（Cosmas Indicopleustes）①就曾记载，印度西海岸和锡兰有多个基督徒聚居群落。

---

① 希腊商人，"Indicopleustes"意为"航行至印度"，故称航行至印度的科斯马斯，亦称商人科斯马斯。

第五节　总论

在公元后的最初几个世纪里，亚洲的不同海域之间日益靠拢。不仅第一次被用来传播重要宗教佛教的东北亚海域是这样，南海也是如此，尤其是东吴及其后继王朝推动了中国南部和东南亚世界之间航海活动的发展。中国文献记录了古老的西航路沿线不同地区在这个过程中所发挥的作用，比如扶南，还让我们看见了东亚与东南亚之间货物交换的粗略面貌。在有些地方，考古发现可证明文献记载的真实性，但同时也给出了许多进一步的提示，而这些提示又因其复杂性而不断抛出新的谜题。

通过研究物质遗产，我们可以一致断定，东南亚和印度之间存在规律性的交流。如果在公元前几世纪，孟加拉湾尚属未知之地，那么到现在，经过该海域的航线已有多条，有些甚至在中国都有记载。海上交流最明显的特征之一无疑是印度思想的影响，这种影响以佛教旅者和经东南亚向中国的观念传播的形式表现出来。

相反，我们始终很难估计这一时期中国的制度和思想性因素对东南亚的影响程度。交趾和占婆地区无疑吸收了许多中国元素，而至于更靠南的地区，虽然中国的船只曾不时进入印度洋，但中国因素对这些地区的影响力应该相对较弱。

即使中国知道西亚地区，也并不一定说明其船只到过海湾地区或红海。吴国的航海活动似乎曾进入孟加拉湾。总体而言，尽管从日本到波斯和埃及的航线正日益为人所知，但主体上仍然是破碎的，因为不同的群体控制着不同分段的贸易。似乎极少有个人或者单独的"团队"征服过东西方之间的整条航线。中国方面流传下来一个罕见的例子：有文本记载，大秦商人曾通过交趾来到吴国。而直到很晚以后，我们才听说有来自伊朗世界的商人航行至远东。

印度洋西半部的发展，包括波斯湾和红海，受到附近多个强国的影响，尤其是萨珊王朝。在这一情况下，我们才第一次注意到，海湾地区和红海完全构成了东地中海地区和印度之间的竞争体系。在后来的时代，我们也能得出类似的认识：各种地区的重要性交替突显，此消彼长。

在我们所观察的这段时间的末期，当萨珊王朝崛起的时候，希腊－罗马遗产的影响已日薄西山。总体来说，到今天为止，对早期"欧洲人"所扮演的角色，人们的看法非常不同。然而，那些以西方视角来考察南亚的文本却构成了历史学中占据核心地位的文献资料。我们在这里只需以托勒密为例，他留下了关于斯里兰卡等遥远地区的珍贵线索。当然，对于欧亚大陆另一端而言，托勒密的世界观并无任何影响。

凭借来自公元后早期时代的考古发现，我们可以推断，当时的黄金和金属流通日趋频繁，其中就包括铸币。在这一格局之中，印度可能发挥了重大作用。与之相随的必定是一定程度上的贸易货币化（Monetarisierung）。这显然涉及亚洲海域的各部分，只是在东南亚，其影响可能略显微弱。在那个时代，通过海路传播的还有珍珠和首饰、玻璃制品和各色陶瓷等。珍贵物品的交易与货币和金属的流通平行发生，或者密切相连。

我们还能第一次确定，连接东西方的海路和陆路之间存在一定程度的相互作用。随着汉末的分裂，曹魏统治北方，东吴控制南方沿海地区，这一点更加明显。而至于东亚更频繁地利用海路的现象，同样可以归因于上述分裂局面。显然，分裂阻碍了这两个中国政权之间的和平沟通。到了 6 世纪末，我们逐渐踏入了一个无论是西亚还是东亚都由统一帝国治理的时代：最初仍然是萨珊王朝统治波斯，隋朝主政中国，后来则分别被第一批伊斯兰强国和唐朝取代。崭新的篇章就在这众多的新征兆之下开启了。

第五章

在唐与阿拉伯帝国之间
（约公元 600—950/1000 年）

第一节　东亚的海洋："唐风"与"慕佛"

隋唐概况

国家的再度统一决定了6世纪末中国的格局。隋朝（581—618年）先占领了北方，随后统一南方。至589年，尽管还有部分地区反抗来自北方的统治者，但一般仍认为这一年是中国完全统一的年份。

无论如何，南北方不同的发展趋势逐渐融合，中央政府致力于在行政、基础设施与贸易技术等方面使不同的文化及经济空间合为一体，尤其是富饶的东部平原地区。公元7世纪初，这一过程暂时中断，但在唐朝（618—907年）治下又得以继续。直到10世纪，中国才又一次经历了分裂，这次分裂在南北方之间造成了几十年的鸿沟。这段时期又称五代，因为当时统治中国北部的五个朝廷后来作为唐朝的后继者而得到承认，而兴起于南方的各个政权却并未得到正史的正统性认可。960年前后，宋朝结束了五代最后一个王朝的统治，并逐渐吞并了南方。

在这段动荡岁月中，最初统治朝鲜半岛的是百济、高句丽和新罗三国。但新罗渐渐掌握了主导权。同时，在后来中国东北的

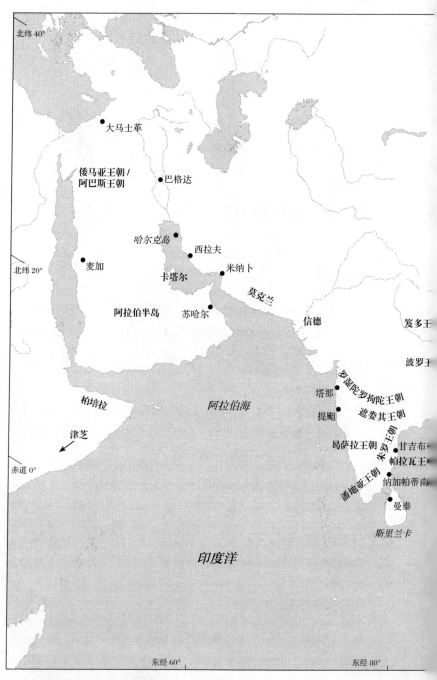

在唐与阿拉伯之间（约公元600—950/1000年）

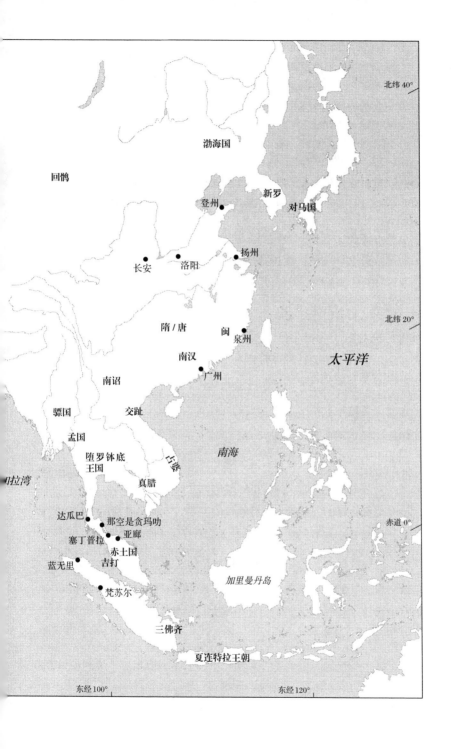

北纬 40°

渤海国

回鹘

新罗

登州

对马国

扬州

长安　洛阳

北纬 20°

隋 / 唐　闽
泉州

南汉

广州

南诏

太平洋

交趾

骠国

孟国

南海

堕罗钵底
王国

占婆

真腊

吡拉湾

达瓜巴

那空是贪玛叻

亚廊

塞丁普拉

赤土国

蓝无里

吉打

赤道 0°

加里曼丹岛

梵苏尔

三佛齐

夏连特拉王朝

东经 100°

东经 120°

部分土地上，存在一个独立政权——渤海国，但它对海洋世界而言意义甚为有限。反倒是以前只占次要地位的日本逐渐靠近了朝鲜和中国。

汉语文本再次提供了这些时代和区域的许多相关信息，但我们在这里只能大致总结。先说东北，通过沿长城修建大规模工事，隋朝巩固了其"北线"，同时还致力于开拓疆土，多次远征朝鲜，结果损失惨重。在这些战争中，除陆军外，中国还投入了大规模的船队。据文献记载，中国在华东各港口建造船只数百艘，从山东渡海伐敌，但徒劳无功。

当然，在战争年月里，山东周边和江苏沿岸的海上"自由"贸易受到了影响，不仅如此，多种依赖海上贸易的行业也受损极大。朝廷的战争机器榨取了资本和劳力，干扰了沿海地区的发展节奏。但更重要的是，隋朝扩建了大运河，把长江下游的富饶地带和北方各城市联系了起来，大运河在普遍意义上起着补给要道的作用。大运河的投入使用降低了运输对沿海交通的依赖性，但却损害了当地在跨海贸易上的利益。

尽管如此，隋朝仍旧或多或少地与日本保持着定期的联系，这显然也符合日本的愿望。这种联系的主要内容却并非商品贸易，而是外交和文化事宜，毕竟商贸活动原本就不太可能有多大的规模。在这种情况下，著名的代表人物包括使者裴世清，他经山东、百济、对马、壹岐而东渡，后来带着数名日本学生返回。这些学生在中国待了很长时间，学到了中国文化的基础。这一传统继续存在于唐朝。很久以前，日本就依靠海路输入佛教文明的成果，接收中国一切新发展的信号，如今，这条海路同时也成了求知似渴的学习者的一条通途。

唐朝取代隋朝之际，华南和长江下游地区为各种起义所震动，但到622年前后动荡就已经平息了。在长江流域，扬州逐渐发展成了领先的贸易大都会。很快，许多来自华南、东南亚甚至印度洋区域偏僻之所的昂贵奢侈品都流入此地。此外，扬州还有许多外国商人，文献曾记录过波斯商人，他们来自波斯，或至少远道而来。这是我们第一次在"海上丝绸之路"的中国一端遇见大量波斯商人。后面在探讨中国与东南亚的关系时，我们还会多次提到他们。

扬州连通着大运河和长江中游，交通位置优越，从这里开始，进口的珍贵商品进一步通过陆路或内河交通分散开来。因此，对于长安和洛阳等大城市的物资保障而言，扬州具有不可或缺的地位。同时，它又是文化中心，诗人、哲人、艺术家和僧侣在此云集。

由此，长江下游地区以及附近的浙江，同样进入了包括日本在内的外界文明的视野。相应地，经过东海的海上交通网也发生了变化。文献记载，往来于浙江沿海和日本各岛屿之间的航行更加频繁，有时甚至还驶向琉球岛链上零星的站点；当然，在其他情况下，琉球对海上交通尚无多大作用。同时，更靠南的福建沿海与日本之间的交流也有所加强，这意味着日本与华南地区的"联合"更加紧密了。而至于同样在这条线上的台湾，当时还不叫这个名字，虽然文献对它也有相应的描述，但它当时仍处于边缘地位。

经过黄海和东海北部的更古老的航线大多从山东的登州通向朝鲜西岸，最终前往九州，虽然它们仍在"运行"中，但似乎已经失去了重要性，至少在7世纪时是这样。贾耽（800年前后）曾描述过这一交通系统的核心部分，其著名的笔记见载于《唐书》。当然，从南方亦可前往山东和朝鲜海岸，但经过今天江苏沿海地区的路线非常费时，而且因为浅滩众多，这条路线一直被视为险路。

唐与渤海国、朝鲜、日本

相比之下，更北的航线几乎不为人知。但要经日本海抵达图们江入海口和今天的符拉迪沃斯托克所在地区，是完全有可能的。往这里去的路线沿着朝鲜东岸而行，或者直接从石川地区经海路过去，抵达大陆。从那里继续走陆路前行，穿过渤海国，可达唐朝国都。这条连接通道要经过条件恶劣的日本海，使用这条航线的，主要是8—10世纪往返于渤海国和日本之间的信使，但变更路线很可能从未被纳入日本和唐朝之间的常规外事交流之中。

关于从阿穆尔河①河口去萨哈林岛，再从那里往南或经过鄂霍次克海的各条航线，我们所知更少。虽然渤海国的影响可抵极北地区，同时中国文献也表现出对那些区域有模糊的认识，但我们无法从中得出明确的事实。无论如何，这块地方在经济上离朝鲜和中国很远，对海洋世界而言也不重要，大多仅出产毛皮。即使是经过日本海的各条航线，也不容高估。除了皮毛外，日本还从海上获得人参和形形色色的器皿，其本土则向渤海国运送织物、贵金属和异国珍奇。

尽管如此，我们还是暂且把目光留在北方。唐朝与渤海国交流密切的时候主要是8—9世纪。其间有过涉及朝鲜和其他地区的

---

① 即黑龙江。

盟约。在与渤海国交涉的中国使节当中，最著名的大概是张建章。他先走海路到辽东半岛；然后水陆并进，继续前往东北。而在反方向，数十名渤海使节受命南下，也走辽东与山东之间的海路。除了皮毛之外，他们有时也献上织物或驯隼，作为朝贡之礼。

和前朝一样，唐也和朝鲜半岛各政权进行了数次战争。从中得利的主要是新罗，在中国的帮助下，新罗以其邻国为代价，最终大致地统一了朝鲜半岛。这一系列战争动用了大军和舰队。据资料记载，中国有一次筹备了五百艘大船；另一处曾记载日本以"大型舰队"援助受困的百济，据说战争中有四百艘船陷入火海。这类数字也许有所夸大，但它们有利于说明，当时存在着能够为军事目的而快速调用木材和其他物资的可观建造能力和基础设施。显然，中国、日本和朝鲜都是如此。

朝鲜半岛的长期战争给那里和山东的商贸航海事业带来了哪些后果，我们并不确定。但商业航海很可能和隋朝时期一样受到了战事的冲击。此外，海外贸易有时还受到严格的限制。中国几乎全面禁止私人航海家建造自己的船只。政府的反对是为了尽量保持对整个北方沿海地带的控制。如上所述，这些因素和其他因素涉及环黄海地区，我们在7世纪集中观察到的山东—朝鲜—九州一线自发航海行为的减少，也许可以从这里得到解释。

在唐朝后半叶，这种景象为之一变，普遍来看，商业活动再次增多。内部纷争似乎并未长久地损害沿海地区的贸易和工商业。当时的新罗正欣欣向荣，甚至有新罗商人在中国的港口地区定居下来，建起了侨区。由此，中国东北的海洋地带与朝鲜之间的距离再一次拉近，不久，中国在长江入海口的多个城市也参与了和新罗的贸易。这同时也就意味着，通过海洋和中国这个中转站，朝鲜和南海周边地区建立了联系。

唐朝与日本（有时亦用古称"倭"）之间的关系在多个层面上展开，往往和中国与朝鲜以及日本与朝鲜之间的接触同时进行，不仅双方间有使节互遣，商旅往来，而且来到中国的人也日益增多，他们多出自宗教兴趣，大多来自日本中部。

外交和政治交流经历了不同的阶段，但总体来看，并不像人们可能认为的那么深入和广泛。这和中国与日本的利益经常相左有关，尤其是在朝鲜局势方面，高句丽希望日本施以援手，以对抗新罗和唐朝。出于安全考虑，日本甚至在九州的某些海岸段加固了防守，因为它害怕外来的进攻。

不过，这些忧虑丝毫没有动摇商贸关系。尤其是在唐朝下半叶，外交紧张的局势有所缓和，贸易也繁荣起来。当时，起义日益频繁地侵扰中国内部，严重破坏了国内交通，但很显然，起义对经过东海的海外贸易只有微乎其微的影响。中国方面的对外贸易主要集中于浙江和长江口区域。在9世纪，其载体主要是唐朝商人；因为流行观点认为，日本在当时还没有真正可以在远洋航行的船只，但应付前往朝鲜的短途航行是没有问题的。

旅者和文化交流

文献记录中有很多旅客的名字，有官方的使节，也有生意人，他们在唐朝往来于日本、朝鲜和中国之间。其中有一些取经的佛教僧侣在中国寺院里挂单，聆听师父的教诲。这使日本在不久以后就建立了以中国佛教为典范的新宗派。有些群体甚至还越过东海，似乎维持着独立的、从寺院到寺院的联系，这种关系网逐渐也包纳了朝鲜，因为它也向日本传播了佛教思想。

此外，还有长期居留中国的日本和朝鲜"官派"留学生。他们的任务是学习古典文献和实用知识。学业结束之后，他们就返回故土。仅公元840年一年，据说就有百余人带着他们最新掌握的"实用知识"回到了新罗。这一时期，朝鲜受到中国的影响也许比以往任何时候都要深。"近日所出"之国也是如此：中国史家一再强调，那时的日本，比如奈良时代，几乎完全仿照唐朝文化。实际上，庙宇建筑就是这方面的一个力证。而且还可以证明，日本的日常生活都受到了中国风俗的影响，甚至中国的制度性成就也传到了东方，比如关于法律和秩序的诸多观念。

这一时期，日本有一位大旅行家叫作圆仁。他写于9世纪的日记介绍了唐朝国家状况，描绘了一幅多彩画卷，内容包括宗教习俗、贸易和交通等方面。但是，这些记录主要表明，他在吸收异质文化之时，是怀着何种好奇与惊叹之情的。在中国的旅行者之中，比较突出的是鉴真，他本是扬州僧人，曾在长安和洛阳师从多位高僧修习佛法。多次东渡失败之后，他最终抵达了日本，在奈良活动数年，产生了持久的影响。

由此，随着唐朝的发展，东海获得了一种新的品质。它不仅实现了贸易流通，而且还在广阔的阵线上促成了强度和密度都前所未有的文化传播，成了高度多元的交流区域。但最终，这种交流仍旧停留在比较单向的状态，因为从日本传到西边的东西很少。相反，中国的成就在"已知世界"的东部边缘相当有力地推动了发展，而这种方式是前无古人的。我们几乎可以把它说成是这些地区的一种汉化。随着唐朝后期爆发的灭佛运动，各种新思想的海上传播虽然受到遏制，但此时的日本和朝鲜早已站稳脚跟，能够独立地将之前所学发扬光大了。

五代的尾声

唐朝衰亡之后，中国经历了短暂的分裂，这并未给黄海和东海周边地区带来任何积极影响。最初只是游牧民族杂居部落的契丹在东北部扩大了势力范围，于926年灭掉了古老的渤海国。此外，契丹还与唐朝之后的各北方王朝争夺沿海地带。947年，契丹政权自取国号为辽。由于它一再试图影响中国其他地区，因此致力于联系遥远的南方地区，其中就包括与在浙江沿海存在了数十年的小国吴越的交流。

在这种局势之下，新罗同样发挥着一定的作用。它尝试交替地与中国北方割据政权、契丹以及吴越妥协，之后却被新建国的后百济军队占领。此后不久，后起的高丽王朝（918—1392年）统治了朝鲜半岛。在这大乱的岁月，通往山东和经过东海的各种贸易关系自然而然就失去了持续性；这影响了所有参与者，包括日本的许多小港口。直到宋朝的统治巩固并再度统一中国广大地区，东北方才至少暂时出现了一种新的平衡。

第二节　南海：关于东南亚人、中国人和“波斯人”

隋唐时期的南方

隋朝统治中国初期，这一新政权的南方沿海地区也受到了多次暴乱的损害。这使原本畅通的贸易流陷入停滞，异域奢侈品的供应也相应减少。这种状况刺激朝廷在南方采取更积极主动的态度。其中最突出的事件有隋朝兴大军讨伐林邑，隋朝在战时还投入了船只，从交趾地区入海，此外隋朝还向台湾方向发动了远征。据说来自南方的异邦人和"昆仑人"在其中发挥了作用，最后还有著名的常骏出使赤土国一事。赤土国的确切位置尚有争议，但很可能位于马来半岛的北部或中部，而且属于当时在扶南衰落过程中取代其统治的多个地方性后继政权之一，否则我们将无从解释常骏的出访。毕竟隋朝在很多方面都需要可靠的伙伴，其目的之一便是对付林邑。

在此期间，广州早已发展为南方最重要的港口城市。虽然它还不得不像从前一样和今天越南北部的一些地方竞争，但凭借其更高的安全性，它吸引了许多外国商人，他们日益频繁地从这里继续向北航行。上文已经提到，有些商人甚至还经陆路或者沿海岸乘船前往扬州。

在中国南方，隋唐更替的过程比在北方更平稳一些，因为伴随朝代兴替的混乱局面只持续了几年。但在7世纪末，交趾出现了一次规模较大的起义，此外还出现了民众反抗广州都督①的轰动性事件，导致后者为昆仑人所杀。据说后来还有更多的骚乱：究其原因，与遥远都城中央权力开始衰落不无关系。虽然著名的安史之乱及其后果（动乱始于755年）对南方的影响没有那么强烈，但不久之后，广州却因此而遭到了外国人的洗劫。其确切原因已无法重见天日。据文献记载，掠夺者是波斯人和大食（主要在阿拉伯半岛或哈里发地区）人。也许他们努力想在远东取得一个"安稳"的居所，但这当然只是猜测。

---

① 根据《新唐书》记载，此人是唐朝广州都督路元睿。

后来，广州和交趾地区交替受到不利事件的震荡，这是南方沿海贸易重心在这些区域之间来回转移的原因之一。9世纪时，交趾还受到毗邻的南诏国的进攻，四川地区的中国内部道路也明显受到南诏国的影响。至于这一切是否是导致沿海贸易量缩小的因素之一，很难评定。那时的唐王朝早已失去了对新疆和中亚商路的控制，所以大多数进出口必须依赖东部和南部各港口。可能商人们并未被内政的纷乱吓跑。

875年前后，另一场大起义拉开了帷幕，摧毁了长江边的多座城市，随即又将部分沿海地区变为不毛之地。878年，起义领袖黄巢将南方大都会广州付之一炬，大批外国商人丧生。经过很长时间，广州才从这次打击中缓慢地恢复过来。虽然有些商人返回故里，但中国其他地区的血腥暴乱仍然持续着。

唐朝最终灭亡（907年）之后，南方建立了若干小政权，我们只举其中两个：短期内控制了福建的闽（909—945年）和统治着广州及附近几个狭长地带的南汉（917—971年）。在960年被宋朝吞并之前，这些小国相互征伐，但也依照前朝的风格从事贸易，维持着海外交往。

东南亚大陆

在整个时期内，尤其是7世纪和8世纪，南海周边的东南亚毗邻地区日益受到海上贸易以及中国的奢侈品需求的影响，但同时，东南亚本身也经历了多次危机和冲突，这是导致区域性重心转移的因素之一。相关的说明主要见载于汉语文献，许多碑文也澄清了各种事实，但大多数碑铭只刻有名字。此外，考古发现也提供了有价值的补充信息。

在7世纪以及8世纪早期，林邑似乎也经历了一段相对稳定的贸易时期，那时它在汉语文献中也称占城（占婆）。在向北航行的路上，波斯商人往往在此处停留。其贸易网络迅速扩大，在此语境下，波斯商人完全可能日益将林邑（占婆）以及交趾视为"关键据点"，特别是所谓的西航路还经过占婆地区的海岸。不过我们发现，到了后来，即使中国和东南亚也有来自占婆的商人。至于他们在多大程度上与波斯商人竞争或是合作，我们尚无定论。

占婆与其西部邻国经常不和，和真腊的关系也不好。经过数十年的发展，真腊最终争得了原先扶南在海洋贸易上的地位，但在8世纪，真腊分裂了。造访真腊的西亚商人似乎很少，也许是因为它不仅文化特殊，地理位置也不如占婆优越。9世纪末，随着吴哥的崛起和随之而来的"建筑热潮"，真腊的高棉人逐渐变得比他们的邻居更加耀眼。

关于东南亚大陆的其他沿海地区，汉语文本记载得不多。有些地名，比如雒越，我们还无法将其准确地定位到某个区域，而且这些国家和地方也很少向中国派遣朝贡使团。之前提到过的赤土国，虽在唐代文献中有记载，而且后来也曾提及，但其地理定位却并不清楚。

三佛齐

三佛齐于7世纪末在苏门答腊岛东部建国，比马来半岛上许多小王国更重要。根据流行观点，这个深受佛教影响的政权把统治中心建在了今天的巨港（Palembang）。三佛齐最初从这里出发控制了巽他海峡，后来大概还控制了新加坡地区。如果旅行者按照当时普遍的做法，选择从印度航海到中国，也即舍弃横穿马来半岛的陆路，那么就自然会经过三佛齐的势力范围。

　　关于三佛齐的内部组织，人们猜测颇多。有人认为它是一个中央集权的国家，其他人则更倾向于认为它是一种由几个或多或少保持着松散内部联系的地方组成的"类似汉萨同盟"（Hanse-ähnlich）的结构，在这种结构中，君主位于中心，其权威主要建立在象征及仪式性的标准上。关于三佛齐拥有军事暴力工具的程度，也没有定论。然而，也有人相信，许多曾自给自足的地方和群体，包括一些以海盗行径为生的组织，都逐渐地被三佛齐收纳，成了顺服的臣仆。三佛齐以这种方式保障了重要战略区域的秩序。

　　相比之下，中国文献对三佛齐的记载更深入，探讨了其内部事务，提到该国曾多次遣使从广州进入唐代中国。巨港的陶瓷文物证实了这种交流的存在。但对于8世纪末到10世纪初的这段时间，文献却未再述及遣使行为。究其原因，可能是当时在广州及中国北方各城市，外国商人当中波斯和大食人占了大部分，将其他贸易团体从中国市场排挤了出去。于是，远在南方的三佛齐回归自己原先的位置，最多只能努力巩固和扩大自己在苏门答腊岛周边的势力范围。

　　众所周知，巨港是东南亚"印度化"程度很高的地方之一。它属于佛教朝圣者的聚集点，在一段时间内和印度的宗教中心保持着联系。有一条道路通往孟加拉和比哈尔交界处的那烂陀，中国僧侣也经常客游此地。因此可以想象，三佛齐自8世纪起就更多地将目光投向西方，而将与中国的官方交往留给了其他国家。

　　这对来自西亚的商人而言，似乎是有利的。他们遵从琐罗亚斯德或穆罕默德的宗教（此时西亚已经进入了伊斯兰时代），因此和东南亚人及中国人有着鲜明的区别，但尽管如此（或者说恰恰因为如此？），他们却能够扩大他们在南海周边的据点。几年之前才在勿里洞岛附近发现的船只残骸证明，波斯和（或）大食商人曾往来于中国和东南亚之间。中国著名的朝圣者义净提供了另一个证据，他在广州登上一艘由波斯船长掌舵的航船，前往三佛齐，而在8世纪初，印度人金刚智（Vajrabodhi）记载过，锡兰曾有波斯船只来往。

三佛齐拥有马来世界的所有商品，这些商品从各处涌向巨港，包括婆罗洲或巴鲁斯（Barus）的樟脑、黄金和香料、胡椒、异兽、树脂、珍稀木材等。如果有那个时代的统计数据，那么必将证明三佛齐是当时亚洲巨大的贸易中心之一。中国几乎不能舍弃这些来自遥远南方的商品。因此可以想象，9世纪的广州和三佛齐之间存在密切的民间交往，而其载体则是波斯等地的商人，虽然文献有可能并未提到，但作为中转站的马来半岛沿岸"第三方"港口也和这些交流活动紧密相连。因此，对上文述及的朝贡使团缺席的情况，不可过度强调。而其中暗含的波斯－大食商人在北、三佛齐据南的两分局势，也未必完全准确。

爪哇和"东印度尼西亚"

向东方，三佛齐不仅与许多盛产香料的岛屿有交往，还和同样往中国遣使的爪哇有联系。根据中国文献记载，爪哇使节来自诃陵和阇婆，大部分大致在760—870年抵达中国。这恰好是三佛齐没有遣使来朝的那段时间。然而，是否可以由此推断，爪哇在和唐朝的官方外交上暂时取代了三佛齐的位置（另一种说法是波斯商人已经崭露头角）？这个问题仍旧有待商榷，我们还没有清晰的线索。

　　此外，诃陵、阇婆这类名称也提出了许多难解之谜。阇婆确实经常指的是爪哇（此处亦然），但文献中却还存在其他假设。诃陵与阇婆一样，常被人猜测位于爪哇北部沿海地区的中段，其他意见则认为位于马来半岛的南段，在加里曼丹岛或更遥远的地区，但这些地方几乎不在考虑之列。很遗憾，由于地理上的不确定性，我们也不清楚诃陵、阇婆和三佛齐之间的各种关系是如何形成的。

　　那个时代，在爪哇的核心部分，兴起了另外一个具有佛教色彩的王国：夏连特拉王朝（Sailendras）。该王国与诃陵或阇婆很可能没什么关系。农业和贸易构成了这个国家的经济基础，和高棉一样，那里也开始出现了一种真正的"建筑热潮"。这是著名的婆罗浮屠（Borobudur）寺庙建筑的时代。该建筑群自 8 世纪末开始形成，是统治阶层合法化诉求的表达。这种愿望的动机来自精神和世俗两个层面。在风格上，婆罗浮屠寺庙受到印度中部笈多王朝晚期艺术的深刻影响，东南亚其他地方也留下了这种艺术的痕迹。

　　夏连特拉人和三佛齐之间的交流十分活跃。大米的运输以及东印度尼西亚香料与苏门答腊岛或更遥远的西北地区所产商品之间的交换，是双方商贸联系的特征，这种贸易在本质上必定以爪哇北部沿海的交通为基础。9 世纪，夏连特拉地区受到内乱的震动。三佛齐似乎得以从中渔利，占据了夏连特拉的部分属地，甚至公开沿用了这个王朝的国号。在此期间，爪哇内部原来的权力中心已经向东移动。但这最初并未影响三佛齐，当它恢复了对中国朝贡的古老传统时，中国也逐渐进入了宋代早期，于是也就过渡到了下一章的内容。

　　当时的文献尚未真正注意到爪哇以东的地区，主要是马鲁古群岛、弗洛勒斯岛、帝汶岛等。但史料提及丁香花干、肉豆蔻、檀香木（Santalum album）的次数日益频繁，表明这些偏远小岛已然与固有的贸易组织合为一体。通过当地群体，或者苏门答腊岛和爪哇商人，上述产品首先被运往巨港等较大的地方，再从那里分散到全世界。然而，经过苏禄地区直接连接马来世界东部各地和中国的航道可能还未曾发挥重要作用。

　　印度教和佛教在加里曼丹岛沿岸留下的痕迹证明这个岛屿也已被纳入海上交通。一些汉语地名也与之相关，甚至包括上文提到的诃陵，但当前的各种阐释都比较模糊。取得与"外界"（Außenwelt）相应交流的可能还是当地商贩，而不是中国人和波斯商人。总体来看，加里曼丹岛在国际贸易结构中只发挥了边缘作用。

作为"磁石"的中国：路线、波斯商人、体制性因素

　　接下来，让我们再次关注一些更普遍的想法。公元500年或600年以后，从中国的视角来看，使用经南海和马六甲海峡的西航路早已是家常便饭。我们已经引用过的贾耽就曾描述该航路上的各个重要站点。但他还指出了一条至今很难评价的路线：从交趾出发，从陆上穿过以云南为核心的南诏地区，然后继续向西。这条高山林立的小径最终还能引人到达西藏和缅甸。缅甸北部又可经内地道路与伊洛瓦底江三角洲相连。因此，中国与孟加拉湾周边地区之间的小部分贸易可能就是通过这条路线进行的，但它艰苦难行，也绝非永远畅通。

　　波斯人的交流网络的扩大是另外一个话题。但随着波斯网络的扩张，我们在波斯–阿拉伯世界的文献中也能发现最早关于东

南亚的系统描述，这在某种程度上补充了汉语文献，但由于其中的地名并不总是一致，所以也抛出了新的问题。此处我们至少要提到成书于850年前后的《中国印度见闻录》(*Akhbar al-Sin wa'l Hind*)。尽管作者身份尚待澄清，但一般认为，此书系某位叫苏莱曼（Sulaiman）的人所著。书中有一则关于广州的简短记录，证明了西亚商人在这个城市的活动。此外，读者也能了解贸易组织和税赋等方面更详细的情况。

唐朝时期，汉语文献最初用**蕃坊**一词指称外国侨民聚居区。广州等城市里都有相应的聚居区。它们表现出一种民族（教徒）海外散居的结构，波斯人和大食人在其人口构成中占比很高。这与苏莱曼的描述相符。有些外国商人，亦称蕃商，后来偶尔也叫客商，大概是通过陆路来到中国的，也许甚至走的是云南路线，但蕃坊的绝大多数居民很可能是漂洋过海而来，而且拥有自己的行政机构和司法权。此外，最近几十年，主要是在华南地区，人们发现了铸币等物证，足以说明当时西亚在中国南部的存在感很强。而对东南亚地区而言，相应的证据就没有那么丰富了。然而，我们仍然无法确凿地下结论，断定是否存在一个分支细化、运转良好的西亚贸易网络涵盖了东南亚和中国的部分地区。

中国提供了一种在当时很先进的制度架构，专门负责海上贸易的行政管理，这个机构便是**市舶司**。该机构的义务是登记船只，为此出具相应的文件，以及征收款项。此外，它还协助护送使节团经国内道路前往首都。当然，正如记载的那样，中国各港口也遭受过多次灾难，但总体而言，相对自由和周期性稳定的条件可能是吸引许多外国人涌入中国的有利因素。在东非和远东之间，几乎没有什么地区能够提供类似的有利条件了。

尽管这个中央帝国因为繁荣的经济、开放的姿态以及相应的制度架构而吸引了大量外国人，要评价其本国航海者的角色却十分困难。上一章中的吴国曾投入船只，促进了商贸和交通的发展，系统地开发了南下的航线，这些航线直抵马来半岛南端，甚至进入印度洋。但恰恰是在这段航线上，唐代的波斯商人初领风骚，把自己推向了台前。这就使我们不得不面对一个问题，即他们能够一跃而成为南海上的主导性群体，是否就等于取代了古老的吴国传统（如果该传统涉及范围确实有这么远），或许还造成了东南亚当地社会的负担呢？

一些证据指出事实并非如此，中国仍是一个重要的海上贸易强国，它不仅没有衰落到被动的状态，而且还强化了自身的角色。我们只需想想东北亚那些杰出的活动，这些活动必须用到高超的造船技术，当然，福建和广东是有这种技术的。另外一种论据认为，即使是波斯商人，为了让人造船，有时也需要中国的建造技术和木材供应。此外，中国史家总归倾向于坚信唐朝的船只曾驶过东南亚，偶然还驶进过印度洋。

由于缺乏独立的证词，这种观点并非无懈可击。要走出这种"世界观上的困境"，一条出路也许是承认波斯商人、中国人和其他来源的商人曾共享船只和船员。在某种程度上，沿着漫长的西航路或至少是其中某几段的远洋航行被国际化了，因此，根据国别而鲜明地划分界线其实是多余的。但这种解决方法自然也仍旧是一种假想。

显然，先进的组织形式使中国、三佛齐和印度之间的朝圣之旅更轻松，也就是客流运输日益增多。我们已经遇见过一位伟大的旅行者：义净。他留下了重要的记载，让我们能把目光投向

"另一个"世界。义净之外的许多佛教僧侣也以类似的方式发挥着文化使者的作用，他们的名字也为人所熟知。有些甚至来自朝鲜，如新罗的慧超和尚。他可能和大多数人一样，通过海路去过印度。

　　至少在唐朝灭佛之前，经过南海和孟加拉湾的宗教交流曾繁荣一时。中国在其中的角色，如何高估也不过分。作为经济磁石和新思想的接受者，中国直接推动了广泛的远航活动。也许，在这个中央帝国引起的思想-物质旋涡中，东南亚潜滋暗长的印度化进程之所以能继续推进，正是依靠这种作用的决定性意义。

第三节　东印度洋：印度人和东南亚人之间的贸易和文化传播

三佛齐和马来亚西侧

　　在这一时期，印度洋东部的发展情况也和以前一样难以重构。与公元后最初几个世纪的少量著作相比，当时的文献虽然包含更多信息，但大多数论述都极不精确。即使关于孟加拉湾和安达曼海两侧的不同地方和国家"本身"，我们也几乎找不出与其潜在海上利益相关的具体事物。考古方面的数据要丰富得多，但这些散落四处的大量马赛克小石子却还不能构成浑然一体的图像。

　　我们从三佛齐开始。曾有人猜测，称这个王国控制了整个马来半岛的海岸，尤其是西侧。但此事尚有争议。有一种论据认为，后勤保障等方面的一些考虑不支持上述观点，一些小港口离巨港有数千米之远，出于距离原因，三佛齐无法对其进行军事控制。如果说马来半岛沿岸各地和三佛齐之间确实存在可称之为制度性纽带的联系，那么最多也只是仪式性或象征性的关系。

因此，我们无法确定三佛齐对其西北各邻国造成了哪一种影响。但值得注意的是，中国史料承认这个国家有一定的重要性，而自9世纪起的阿拉伯–波斯文献中，也存在类似的内容。学界一直在研究的主要是一个地名：扎巴吉（Zabaj）。这个名字也许最初和爪哇的夏连特拉统治者有关，后来又指巨港，乃至三佛齐本身。无论如何，扎巴吉似乎是富有而重要的国家，在马来半岛上追逐着自己的政治经济利益。

卡拉（Kalah）①、吉打和其他地区

"卡拉"一词充满了谜团。根据某一种看法，卡拉是马来半岛西侧的一个地方，人们倾向于认为在吉打南部。另一种更加可信的提议则把卡拉理解为一种专业术语。从阿拉伯的视角来看，它指的也许是沿马来半岛西岸来回变动的某种港口或集合地（Sammelplatz）。从西方的角度观察，卡拉位于哈尔坎德海（Harkand，这是孟加拉湾在阿拉伯语中的通行叫法）之后，也就是安达曼群岛和尼科巴群岛的另一侧。总体而言，卡拉在各类文献中出现的频次很高，大约指通过印度洋东半部的某（那）条航线的终点。从那里开始，船只继续驶向扎巴吉。再往东去就是涨海，也就是直接位于海南、林邑及后来的占婆以南的海域。

让我们回到马来半岛的西岸。许多迹象支持卡拉即汉语中

---

① 又译哥罗、古逻或古罗。

的"哥罗"（存在多种写法）的观点，但这个地方最后大概也会落到吉打地区或者附近某个具体地点。考古发掘的遗产，尤其是雕塑、陶器和少数建筑遗迹证明，这一地区和从前几个时代一样，确实对贸易有着一定意义。最重要的发掘地要属哥考岛（Ko Kho Khao）上和马斯双溪村（Kampong Sungai Mas）附近的那些地方。那里发现的物品让人想到帕拉瓦王朝的相关传统，该王朝曾于6世纪起统治印度东岸部分地区。一种流行观点认为，两地可能存在直接交流。

除了卡拉之外，哥考岛附近的达瓜巴（Takuapa）也起过一定作用，但大概只局限在9世纪。汉语文本又列举过一系列"相符"的地名，它们与达瓜巴以及哥罗和哥考岛都有联系，但人们在这方面的意见却极不统一。关于印度在这个地区的影响，大家也莫衷一是。一则泰米尔语碑文说明，来自印度东南部的商业行会的成员可能在此活动过，从中可以推断，帕拉瓦王朝曾想在政治上（如果不是在军事上）控制吉打。然而，印度行会还在其他地方留下了足迹，比如后来在泰国的那空是贪玛呐（Nakhon Si Thammarat）或中国泉州。据另外一种更温和的意见，这只能证实一种广泛的贸易网络的存在，别无其他。因此，认为帕拉瓦王朝曾意图打破三佛齐在马来半岛上或真或假的霸权地位，是有些牵强附会的。

可以肯定，从三佛齐前往印度的使者和朝圣者，经常造访吉打海岸。当地人恭敬地以礼相待，也许还会奉上礼物和贡品（如果吉打和巨港之间存在一种仪式上的从属关系）。总体来看，无论三佛齐人通过吉打去印度，还是直航印度，两国之间的交流也许比我们一般想象的要更加多层次。这种交流的证据，不仅有之前提到过的位于今印度西孟加拉邦的那烂陀寺，还有1005年由三佛齐建于纳加帕蒂南（Nagapattinam）的一座寺庙。但三佛齐船只上的东南亚的商品在多大程度上和跟印度的宗教交流并行，仍然是个秘密。

早期的阿拉伯语文献还提出过其他重要地名：特别是梵苏尔（Fansur）/巴卢斯（Balus）、拉姆尼（Ramni）和朗加巴卢斯（Langabalus），但总有一些不同的写法。大多认为，前两个地名指的是巴鲁斯；这是苏门答腊岛西侧以出口樟脑著称的地方。但是，在此处探讨的时代里，还不能确证存在沿巴鲁斯到巽他海峡这条海岸线的航海活动。拉姆尼（又写作Lambri、Lamuri等）位于苏门答腊岛北端；在那里装载货物和给养的船只不一定要沿着吉打的海岸停泊；从拉姆尼出发，很可能有直通马来半岛南端的航线。朗加巴卢斯即尼科巴群岛，在经济上并不重要，却可以提供淡水和食物。除安达曼群岛之外，尼科巴群岛也出现在中国文献里，围绕着该群岛的传说和故事在近代仍有流传。

丹那沙林和缅甸沿海

没人知道上述各地和岛屿更早的历史，同样，也基本没有资料记载丹那沙林沿岸的许多事件。该地很可能与很多不同地方交流活跃，如伊洛瓦底江地区、缅甸北部、昭披耶河地区及真腊等，同时也是印度僧侣和商人"渗透"进入东南亚的众多站点之一，无论陆路海路，都是如此。在这方面，中国文献的记载仍旧模糊，它们只说明了我们已经熟悉的典逊，而且都是因袭古代之说。其他地名和相关的简述则很难阐释。总的来看，唐代朝圣者似乎很少经过丹那沙林地区到达西方，而是更喜欢取道三佛齐。

也许有一天，考古证据终将给这一话题提供更多信息；但在目前，考古证据还很稀少，不像在马来半岛东侧那么丰富，只要想想亚廊（Yangrang）、林门波（Laem Pho）、塞丁普拉（Satingpra）等发掘地就行了。

丹那沙林以北地区，即今天的缅甸，由骠人统治。《唐书》中，骠王国的位置在真腊、印度、大海和南诏之间。公元800年后，它曾派遣两到三个使团到唐都长安，大致沿陆路而行，部分行程与贾耽所描述的路线相同。除了骠国之外，还应提到孟国和堕罗钵底王国（Dvaravati），该国东部深入今天的泰国。这两个地区都表现出受南亚的影响，包括帕拉瓦时代的南亚。和东南亚其他地方一样，印度僧侣和商人，包括来自斯里兰卡的人员，常常途经这些地区。许多人也许是从菩提迦耶（Bodhgaya）和其他中枢出发，渡海而来，但他们旅行路线的细节却无一流传下来。因此，我们也就无从知晓在从斯里兰卡到缅甸的旅程中，他们是否曾将安达曼群岛当作中转站，或者是否在必要时从东面绕过了群岛。

印度东海岸

从公元6世纪开始，南亚次大陆的东侧主要有四个王国很重要，除了已经多次提及的帕拉瓦王朝之外，还有朱罗王朝、潘地亚王朝和波罗王朝。帕拉瓦王朝从6世纪末开始就统治着今天泰米尔纳德的广大地区，定都甘吉布勒姆（Kanchipuram，靠近金奈）。在整个7世纪，它和遮娄其王朝（Calukya）陷入了漫长而激烈的冲突，这期间多个面积较大的地带数易其主。这有时对沿海地区的贸易和交通造成了负面影响。尽管如此，直到9世纪，帕拉瓦王朝仍旧是泰米尔纳德部分地区的主人。最初暂时依附于帕拉瓦王朝历代君主，尔后起事的朱罗王朝和潘地亚王朝则控制了更靠近南方的地区。尤其是朱罗王朝，在9世纪接管了原属帕拉瓦王朝的大部分土地。

遮娄其和帕拉瓦王朝以北与奥里萨邦沿海地区相连。此处最初由沙罗哈瓦王朝（Shailodbhava）①统治，后来包马卡拉王朝（Bhauma-Kara）取而代之，并向孟加拉地区扩张，其地位一直保持到10世纪。而在那时，孟加拉本身位于波罗王朝治下。当时，恒河三角洲的耽摩栗底（Tamralipti，今塔姆卢克）似乎成了一个重要港口。也许从这里出发，有多条常规路线可到今天的缅甸及其以南地区。尤其是在波罗王朝的国王达摩波罗（Dharmapala）和提婆波罗（Devapala）治下，该国在外交方面非常活跃。这两位国王利用印度北部战争肆虐的时机，扩张了势力范围。但该国后来曾一度失去丰饶的孟加拉地区，直至9、10世纪之交才再次获得盛名。

波罗王朝继续推行古代佛教传统，尤其推崇（怛特罗）密教，在这个意义上它是个特例。而在印度其他地区，大多数王朝已投身于印度教。作为提醒：那烂陀曾有一个佛教学术中心，与三佛齐保持着密切交流。860年前后，三佛齐的君主在那烂陀为本国僧人修建了一整座道场。

现实一再表明，波罗王朝的艺术在东南亚留下了清晰的印记，而且还与西藏和斯里兰卡有交流。这些交流活动的载体除了商人之外主要是僧人和寺院。帕拉瓦艺术也影响了东南亚，而且

---

① 应是玄奘《大唐西域记》中的恭御陀国。

与波罗艺术一样，宗教组织必定在其中扮演了关键角色。中国僧人玄奘经过陆上的险阻之后，最终抵达印度，他记载称当地有大量寺庙，其中也包括波罗王朝和帕拉瓦王朝的寺庙。他曾提到甘吉布勒姆及邻近地区的宗教场所，并且暗示，当时在许多地方，印度教崇拜之风已经勃然兴起。

斯里兰卡

与印度大多数地区不同，斯里兰卡保留了许多佛教传统，并与印度方面的佛教组织维持着密切的交流。同时，它也日益成为通往缅甸、马拉巴尔、波斯、东南亚岛屿地带以及中国的跳板。当时的中国文本大多称斯里兰卡为"狮子国"。阿拉伯和波斯文献同样包含着详细信息，从中可以看出这个岛屿沿海地区的那些重点位置是航海的导向。这些描述比6世纪的科斯马斯等人的记载要精确数倍。

长久以来，斯里兰卡就是相距遥远的各地进行贸易的枢纽，考古发现已经证明，它比科罗曼德尔海岸上的各港口更重要。岛上多地发掘出了各类陶瓷器具，大概是波斯商人、当地商贩、东南亚人、印度人或者甚至中国人将它们带到此地的。显然，中国瓷器属于特别受追捧的商品。最著名的一处发掘地是曼泰。那里保存的最古老的中国文物来自6—7世纪。印度东南沿海和马纳尔湾另一侧出土的物件则来自更晚的时代。

来自唐朝各城市中心的丝绸和产于马鲁古群岛的香料也得经过斯里兰卡运到西方。印度商品和非洲西亚的产物则由此流向东方。相应的线索主要出自汉语和阿拉伯语文献。

虽然印度南部诸王的争战并非对斯里兰卡毫无影响，但商人和旅客却几乎不为所动。海上交流已经太过重要，人们不愿舍弃，此外，斯里兰卡又恰好位于东西方互通的各条航线上，是一个舒适的中转站。除了波斯和阿拉伯商人（萨珊王朝的陶瓷和各时代的铸币证实了他们在斯里兰卡活动），基督徒和其他人也不断来到该岛。在这些商人群体之中，很可能有多个团体在当地维系着固定的据点，也许甚至有类似蕃坊的居住区，在东南亚的很多港口也是如此，例如在占婆和巨港。

这可能就是穿过孟加拉湾和安达曼海的南部航道（斯里兰卡—拉姆尼/吉打—巨港）沿线重要"站点"和该海域的北半部各港口之间的区别了。北方似乎由印度航海家和僧人主导，他们沿海岸线航行，偶尔还深入腹地中心。因此，我们在这里也许可以援引布罗代尔的"长时段"思想，称此地为佛教的地中海。南半部的情况则截然不同：它属于商人，他们来自迥异的地区，远离同胞伴侣，来到遥远的各港口，以在那里从事大规模生意。如果能用"蕃坊"一词，那么他们在某种程度上可以说是从一个蕃坊到另一个蕃坊。但在印度洋的东半部分是否真的存在这样一种南北两分法，仍然有待证实。

第四节　西印度洋、红海、波斯湾：在先知的镜中

马拉巴尔海岸

研究6—10世纪的历史学家们几乎总是从西方出发去探究阿

拉伯海、红海和波斯湾的海上交流史。这不仅是因为萨珊王朝的航海行为，更重要的是因为与伊斯兰教的传播相关。伊斯兰教的传播始于7世纪，并很快传播到了伊朗等地区。但就像在之前的章节那样，我们还是从东方开始，从马拉巴尔海岸逐渐向西推进。

那时，哲罗王朝和南端的潘地亚王朝决定了喀拉拉的历史，后来还有曷萨拉（Hoysala）王朝。遮娄其王朝统治更北的地区，7世纪时，该国横跨德干地区，和帕拉瓦王朝陷入了漫长的争斗，尤其是在南亚次大陆东侧。在某几个时期，这种局势导致人们频繁地使用穿过遮娄其王国疆土的陆上路线，从海岸到海岸也是如此。后来，在大陆西侧的某几个地方，这些路线与继续延伸的海路和当地的南北通道交汇。这也许曾经有利于多个港口的海上贸易，尤其是康坎（Konkan）海岸一段。

同时，印度南部在这一时期一直严重分裂，这使该地区很容易受到攻击，当朱罗王朝和其他地区性势力有意占领它时，尤其如此。但另一方面，可能恰恰是各小国各自的利益促进了海上交通，正如在东南亚，我们观察到在数百年里相互竞争的各地方和区域更加依赖海上贸易，而不是内陆。

在经济上，马拉巴尔地区一直盛产胡椒，而且胡椒"始终"源源不断地流向西方，这是它在经济上比较突出的一面。这吸引着越来越多伊朗和阿拉伯半岛的商人来这里，使他们对印度的西海岸日渐熟悉。因此，那个时期的阿拉伯语文献包含了大量关于南亚次大陆西岸航海问题的笔记。其中一部分知识很可能被定期沿海岸航行于港口之间的印度航海者接受，除了印度人和西亚人，曾经起到提供信息作用的可能还有僧伽罗人。

马尔代夫和拉克代夫

还有另外一个区域，也属于泰米尔人、僧伽罗人、其他地区航海者以及马拉巴尔沿岸本地当权者的兴趣范围，但我们目前还没有提到马尔代夫和拉克代夫群岛。两处群岛都由位于喀拉拉沿海地带附近的环状珊瑚礁构成，往南北方向延伸了很长一段距离。岛上殖民历史的发端已经迷失在黑暗之中，但许多专家认为，殖民过程是逐渐完成的。特别是语言学上的证据支持这一论点。一些比较古老的文献，如玄奘的记载，隐约指出了这些环礁的存在，但上文提到过的《中国印度见闻录》就明确地"指认"出了这些环礁。从那个时候开始，读者即可在航海记录中找到其他线索，说明在9—10世纪（如果不是更早），已经有人频繁造访这两处群岛了。

当然，我们无法知道这一时期是否有直接航线，可从斯里兰卡或喀拉拉出发，经过马尔代夫直到东非或红海的出海口。直到后来，阿拉伯史料中才有相应航线的记载。但有一点是肯定的：马尔代夫提供了无穷无尽的货贝，某种程度上这就是在海滩上拾起来的钱。这种货币不仅流通到了东亚，在非洲也能找到。此外，货贝也很适宜用作压舱物。因此，它在大洋上的"转卖"（推移）成本较低，给当地商贩和在远洋航线上奔波的商人带来了利润。

后来的记录还表明了另外一种特征：马尔代夫和马拉巴尔海岸一样，生长着很多椰树。众所周知，用它们可以产出油和椰壳纤维。椰壳纤维是生产绳子和船缆的原料，油也具备多种用途。另外，椰树的木材可用于建造船体。因此在那个时候，这两个地区很可能已经在供应保障的技术层面上对东西方交通发挥了一定作用。这可能会引发其他猜测：根据不同的政治经济状况，在某些时期，商人也许更倾向于去马尔代夫采购原料，而在另一些时期，则主要去印度南部各地采办。然而，这种交替现象显然无法得到证实。

印度西北部

　　这一时期，笈多帝国已经崩溃。但在7世纪前半叶，有一位名叫曷利沙（Harsha）[①]的统治者暂时成功地统一了广袤的各地区，在短期内建立起了笈多王朝的后继政权，其统治重心在恒河与亚穆纳河之间。曾到过戒日帝国的中国朝圣者玄奘又一次为我们提供了相关的细节。不过，关于这一时期卡提瓦半岛上以及印度河入海口附近港口的状况，我们几乎无从得知。过去被其他君主统治的一些地方，如今可能暂时被戒日帝国用作进出口区域。在后来出现的拉杰普特群体（Rajput）[②]中，情况也没有改变，他们从拉贾斯坦（Rajasthan）出发，和各港口保持着联系。

　　8世纪早期，印度西北部面临着一种全新的状况：早已占据了伊朗地区的穆斯林军队从西方入侵了印度。710年前后，下印度河谷的信德（Sind）就被占领了；引发那里的冲突的导火索，据说是有海盗袭击了一艘载着穆斯林儿童的船，却没有受到惩罚。区区数年之后，卡提瓦半岛和拉贾斯坦的南部就落入了穆斯林手中。但在8世纪的随后岁月里，伊斯兰教的扩张暂时陷入了停滞，因为罗湿陀罗拘陀王朝（Rashtrakuta）和瞿折罗－普腊蒂哈腊王朝（Gurjara-Pratihara）成功地抵抗了穆斯林的进军。尽管如此，

① 中国古称戒日王。
② 印度中西部兴起的民族，意为"王族后裔"，是多民族融合的产物。

直到860年前后，信德仍旧处于遥远的哈里发的统治下。

在此期间，印度河三角洲和今天孟买之间的多个港口发展成了从海湾地区到马拉巴尔海岸一带贸易活动的枢纽。其中就包括提飑（Daybul）和塔那（Thana）。这些港口获利，不仅是因为海上交通，还得益于它们是陆上重要道路的终点，正是这些陆上通道把港口和各自的腹地连在了一起。和在喀拉拉一样，在这些地方，贵金属、珊瑚、琥珀等原料，被用来交换来自斯里兰卡的胡椒、织物、玳瑁、肉桂，中国的陶瓷和丝绸以及东南亚产品。

但我们可以确定的还有其他内容：马匹也在印度西北部装船。尤其在后来的时代，我们得到线索，表明马匹被运往喀拉拉，有时甚至运往更远的斯里兰卡方向。有些马匹产自印度西北部，但即使在那时，估计也有一些马是通过海运从阿拉伯－波斯地区运过来的。

在这里，一个更普遍的问题出现了：在某些时期，人们是否更倾向于使用马拉巴尔沿岸航线往来于印度和西亚之间？在另一些时期，是否不得不走偏南的航线穿过大洋？我们很难为这个问题找到明确的答案，但至少在某几十年中，印度西北部的军事冲突导致了航海者更频繁地采用第二种方式。凭借其地理位置，马尔代夫和拉克代夫也许曾被视作阿拉伯海航线上舒适的"避险区"，所以我们也必须考虑到这块区域。不过，这可能只涉及喀拉拉和阿拉伯半岛及东非之间的运输，而与印度西北部和西亚之间的交通无关。

阿拉伯半岛和哈里发帝国的诞生

在7世纪的前三分之一时间，阿拉伯半岛处于拜占庭帝国和萨珊王朝的影响之下。萨珊王朝同时还控制着波斯湾的贸易。阿拉伯半岛的原材料关乎两大帝国的利益。就这样，萨珊王朝经常从那里购入铸币所需的白银。同样受欢迎的还有哈德拉毛地区的乳香，它们通过海路被运往印度和远东；相反，埃及和叙利亚方向的运输则依靠阿拉伯半岛西岸的陆路，或者海陆结合。在这方面，吉达和麦加周边地区扮演着核心的角色，毕竟大多数运往西北的货物都要经过此地。

在阿拉伯半岛上，有些群体可能已经不再愿意忍受当时分别在东方和北方与他们毗邻的两大强国的存在，这主要是因为国际贸易的根本利润都流入了萨珊王朝和拜占庭帝国的腰包。至少若干阿拉伯部族的快速崛起——我们在7世纪初观察到了这种景象，尤其是在麦加附近——有时可以归因于对统治他们的"列强"的不满。不过，纯粹的宗教原因和同时在上述阿拉伯群体中开始的从游牧到定居状态的过渡，可能也推动了他们的兴盛。同样，随着众所周知的伊斯兰教的诞生，半岛西侧出现了一个新的地区性权力中心，这使阿拉伯人得以在短短数年之内就具备了向北方和东方推进的能力。这种扩张的可怕生命力是众所周知的：640年前后，它就使萨珊王朝陷入了极为窘迫的境地，令萨珊王朝在不久以后的651年就灭亡了。只有君士坦丁堡能够在穆斯林军队的大举入侵之下屹立不倒，但埃及、叙利亚都被攻陷，甚至不久以后，整个东非也遭到吞并。

由此，一个新帝国在最短的时间之内形成了，自从亚历山大时代以来，它再次同时统治了东地中海沿岸的某些地段和波斯湾及红海的部分地区。从661年到749年或750年，倭马亚王朝统治着这个帝国，定都大马士革。不久之后，帝国扩张到了伊比利亚

阿拉伯书法，展示了一艘带桨的船

半岛和今天的阿富汗。其中一位总督驻守伊拉克，阿拉伯人以此为据点，进军印度。这我们在上文已经谈到过了。

波斯湾和阿拔斯王朝

750年，十分重视在统治区传播阿拉伯语言和文化的倭马亚王朝被阿拔斯王朝取代。后者迁都巴格达（762年），与前朝相比，阿拔斯王朝更注重面向东方。帝国的这种东方转向虽然并未改变在某些方面固守阿拉伯遗产的事实，但却往往被认为促成了更大程度的文化多样性。这推动了经波斯湾往印度和远东方向的海上贸易的复兴，在某种程度上延续了萨珊王朝的传统。这种说法与经验相吻合，因为在这一时期，恰好汉语文本提到"波斯"和"大食"商人的频率也日益增多，这些商人正是在阿拔斯王朝治下从波斯湾或哈德拉毛沿海出发，经过马拉巴尔沿岸港口、斯里兰卡、三佛齐和林邑、占婆，最终抵达广州和扬州的。而同时期伊斯兰地区的文献介绍的海上航线知识也越来越多。

　　除了海路之外，陆路也越来越多地进入了历史的视野，但却很少能够持续地保持"开放"状态。和从前一样，战争经常会干扰畅通的货流。著名的怛罗斯（Talas）之战就是经常被援引的例子。尽管如此，还是有越来越多的商队从西亚来到大唐的国都。文献表明，远来商队的首领往往来自"大食"或"波斯"，但"波斯"作为术语，其所指仍然比较模糊。因为在萨珊王朝瓦解之后，"波斯"一词仍在使用，而且也被用在那些早已从伊朗撤回故土的族群身上。有时，它甚至被用以点带面，只要和"遥远的西方"有关，或者在哈里发时代和伊斯兰教相关的异邦人，都被冠以"波斯"之名。

　　当然，萨珊王朝和后来的各大伊斯兰帝国都通过亚洲内部道

阿拉伯船只，根据哈里里（al-Hariri）的描述复原

路获得外国商品——主要是来自中国的货物。特别是从8世纪中叶开始，大量的中国商品仍然通过海路被运往西方。波斯湾周边的许多地方都出土了中国瓷器，其中有许多橄榄绿色的货物，人们认为这些瓷器是在运输易腐产品时用作容器的。重要的发掘地有伊朗一侧的米纳卜（Minab）和西拉夫（Siraf）、更远的哈尔克岛（Kharg）、今科威特的法拉卡岛附近、卡塔尔地区，以及阿曼湾边的苏哈尔港（Sohar/Suhar）。而根据记录，在红海入口发现的物品数量则要少得多。这间接证明了当时所使用的是经过印度西南部和古吉拉特，继而进入古老的两河流域的"传统"航线。

东非

　　萨珊王朝、倭马亚王朝和阿拔斯王朝并不仅仅和中国"连在一起"，广阔的贸易网络同时也向南发展到了东非海岸。随着红海地区政治军事局势的剧变，信仰基督教的阿克苏姆王国及其最重要的港口——红海边的阿杜利斯已经无法适应这种变化了。此后，该区域的基督徒退到埃塞俄比亚内陆，日益被穆斯林包围，不得不和基督教的欧洲切断了联系，在隔绝状态下生存。在厄立特里亚、北非及中亚发生的事件的同时，柏培拉沿岸、今天的索马里以及索马里以南的许多地方也都进入了穆斯林商人的视野。那时的阿拉伯语文献包含了许多细节，展示了北方受伊斯兰教影响的核心区域和瓜达富伊角另一侧各港口之间的贸易往来。早期的文献包括马苏第（al-Masudi）①和伊本·沙赫里亚尔（Buzurg ibn

_____

① 10世纪阿拉伯历史学家、地理学家、哲人，被誉为"阿拉伯的希罗多德"，著有《黄金草原》。

Shahriyar）①的著作。特别是马苏第说明了海湾地区、阿曼和津芝（Zanj，柏培拉海岸以南地区）之间存在活跃的联系。

　　吸引着商人们前往东非的主要是黄金和象牙。此外，他们还需要奴隶，先是在大马士革有需求，后来是巴格达。这刺激着商人不断进行新的冒险投机，不久之后，大量非洲人被运到了北方。"大主顾"之一是海湾地区，成千上万的非洲人在那里登陆，许多人被交付伊朗腹地的各大市场。在以往的历史当中，有组织的人口贸易从来没有在亚洲和非洲的海洋地区扮演过如此重要的角色。

　　值得注意的是，唐代的一些文献也对黑皮肤的"奴隶"有过记载，即所谓的"昆仑奴"。我们之前已经接触过昆仑人和昆仑船了，但这些在多大程度上和非洲有关还很难说。这个词可能只是一种宽泛的称呼，泛指有时被从东南亚世界带到中国，并在那里从事低贱工作的人。很大程度上可以说，唐朝并没有大规模的奴隶贸易。

　　但不只是阿拉伯语文献记载过东非，汉语文献也粗略地探讨过这些地区。比如，唐朝的著作曾提到柏培拉海岸和马林迪。早期对柏培拉海岸的一段描述出自9世纪的段成式笔下。以中国的视角来看，这些地区非常遥远，关于它们的知识是如何到达远东的，并无资料流传。也许有些中国商人随着波斯或其他地区的船到过非洲；但更可能的是，相关信息通过第三方漂洋过海到中国，继而被载入各类文献。这也和那个时代的表象一致，因为唐文化对"异域风"有一种确凿的偏爱，在这种猎奇的格局当中，海洋世界构成了一个不可或缺的元素。

---

① 10世纪阿拉伯旅行家，据说于953年将穆斯林航海家的记录编纂成书。

当然，还有其他特征可以联系到伊斯兰教在东非的传播。比如考古学者曾经发现了那个时代的清真寺遗迹。此外，人们还在不同地方发掘出了来自北方的陶瓷。甚至还能看到 8—10 世纪的中国货，它们或者经过波斯湾来到这里，或者直接从喀拉拉各港口及马尔代夫运来，毕竟后一种可能性也不能完全排除在外。最后可以确定，阿拉伯-穆斯林群体的航海活动很快就从非洲海岸扩张到了科摩罗群岛，从那里出发，他们和马达加斯加岛开始了最早的规律性交流。由此，印度洋航海活动的地理范围显著扩大了，此前为止几乎不为人知的区域被纳入了那些人们认为发展得很好的地域。

第五节　总论

上文已经论述过，整个亚洲海洋空间的某些特定海域有针对性地服务于不同的商人群体和港口。在公元 600 年之后，这个可以被概括为"分区化"（Kompartmentalisierung）的过程也向前推进了。但也有例外。主要是来自海湾地区的商人不远万里，在至少三个地理区域活动：印度洋西部、孟加拉湾和南海。少数人还甚至到了东海的南部，因为在唐朝，我们曾在长江下游的扬州遇见他们。相反，我们不清楚这一时期的中国商人是否和东吴的航海者一样有能力扩大他们的活动范围，这方面的许多观点之间相去甚远。

从 8 世纪开始，在亚洲海域的两端，关于航线、航海技术、陌生国家和地方的知识发展得尤其迅速。这在大量文献上记载得很清楚。不仅孟加拉湾和安达曼海已经被时人很精确地认识，而且瓜达富伊角以南的东非海岸也日益得到航海者们的重视。

尽管通过中亚的陆上交通只是周期性开放，但这并不意味着海上贸易受到了这种情况的影响。更确切地说，东西方各大强国，尤其是唐朝、萨珊王朝和阿拔斯王朝，发展如此活跃，以至于来自这些国家的需求推动了陆上运输和海上交通。但从8世纪开始，唐朝逐渐失去了对西域的控制，于是海运的重要性日渐增加。这里似乎发生了一种有利于海上航线的替换效应。

特别是在中国，制度性因素更有利于海上交流。外国人不仅在这里，还在大航路沿线的其他港口定居。因此，散居聚落的"网络"更密集。这间接指向一些更复杂的贸易组织形式，其前提是货币和货物更快的流通速度，当然肯定还有更完善的信息。远途贸易变得更加可控，使各参与者之间的协商以及各地在一定程度上的分工成为可能。最后，外国人也似乎越来越多地在各种"本土文化"中看到了提升社会地位的机会。但这在更晚的时期里才能观察得到。

在此期间，"印度化"在东南亚的许多地区不断向前发展。除当地精英外，僧侣、朝圣者和商人都是其最重要的载体。佛教（此处是受中国影响的佛教）的进一步传播触及了东北部海域，即黄海和东海。日本和朝鲜受到了中国的巨大影响，其间，佛教圈子发挥了核心作用。和印度与东南亚之间的海上关系一样，在这些地带，宗教和贸易进入了某种共生关系。很可能还存在互相竞争的佛教组织网络。

这一时期的一个平行事件，是伊斯兰教依托海洋开始扩张。

西亚各海洋沿岸的多个地方，以及东非海岸的某些区域，都从这个过程当中受益匪浅。在东亚和东南亚，波斯商人是伊斯兰化的先行者。但这个泛称的背后有时也隐藏着非穆斯林，尤其是在萨珊王朝时代。

显然，三佛齐的崛起也对东南亚海上贸易产生了影响。在9世纪，当唐王朝开始进入"衰落时期"，三佛齐似乎真正变得更加重要。一个位于马来世界的王国在国际上占据了如此核心的位置，这在历史上还是第一次。印度的发展又与此不同：在那里，多个"中等重要"的国家共同参与了海上交通，我们很难把主导地位归于某一个政权。唯独斯里兰卡，由于它毫无遮蔽的地理位置，能够引起特别的关注。

这一时期考古的面貌颇有特点，伴随着一个与众不同的现象：中国陶瓷的扩散。来自唐朝的物品主要发现于海湾地区。有一种观点认为，这些货物的大多数是随着印度、阿拉伯等地的船只来到西方的。此外，中国还使丝绸充满了亚洲市场。其他货流基本没有改变，可以说确实形成了名副其实的长时段现象。

根据某个权威性的评价，亚洲海域从7世纪开始融合，逐渐生成一种合一的整体结构，尽管出现了一些稍有变化的预兆，但它仍旧在略微改动的基础上延续了当时已经为人熟知的区域划分方式。这个过程背后的驱动力更多的是不同因素的共同作用，而不一定像一般认为的那样，是穆斯林的航海活动，其中强盛的唐王朝的作用尤其重要，此外还有印度佛教的元素，普遍层面上还有知识和技术的交流。

第六章

在远东的漩涡中
（约公元 950/1000—1350 年）

第一节　东南亚的海洋：宋、元为主导

宋、辽、金及其相互关系

在接下来要探讨的三个半世纪当中，从渤海到海南之间的中国海岸并非只由一股势力统治。在上一章里，除了最后一段时期，唐朝的主导地位始终决定着东亚沿海的事务。

随着宋朝（960年）的开始，中国沿海地区受控制的状况又一次变得零碎。宋虽然顺利地将南方纳入其统治之下，但它与北方契丹建立的辽国（907—1125年）之间的东西向界线却很快抵达了渤海边。尽管之前曾短暂独立的山东半岛有时仍处于汉族势力的影响下，今天辽宁省直到朝鲜边界的海岸却被其他民族的势力所控制。

12世纪初期，女真削弱了辽国，最终将其赶出中国东北，让它离开了渤海岸。由此，女真族按照汉人的样板建立了金国（1115—1234年），但他们并不满足于此，转而攻打先前与之联合抗辽的宋朝，不久即迫使宋朝迁都。自1127年起，宋都城不再是开封，而改为杭州（古称临安）。从前宋朝领土上辽阔的沿海地区也就落入了金国之手。据此，两国之间的边界位于山东半岛以南。

　　尽管宋朝在东海的贸易中仍继续占有一席之地，其总量甚至还有增加，但从地理上看，其作用大多仅局限于福建、浙江某些地方及长江口附近地区，因为北方的沿海地区已属金国。沿海地带的这种分裂局面将持续一百多年。直到蒙古人出现，攻灭金国（1234年）、进军朝鲜、吞并宋朝（1279 / 1281年），中国的整个沿海地带才继续统一起来。

　　12世纪开封的陷落标志着宋朝历史上的一个节点，之前称为北宋，之后称为南宋。无论是北宋还是南宋，忽略暂时性的纷争不计，它们都通过定期缴纳大量岁币与各自在北方的邻邦妥协，先是辽，后是金。对于宋朝的宫廷而言，这根本不是一笔过高的负担，只占所有支出当中的一小部分。而且与昂贵的战争相比，

"楼船"。这种类型全副武装的交通工具大多仅靠橹来驱动，用于河流、湖泊上的战役，也许还在中国沿海地区有过使用。其尺寸和比例几乎已无人知道。插图来自著名军事历史著作《武经总要》（1044年）。

用购买来求得稳定要便宜得多。外交"前线"上平静的局势为贸易和交通的发展提供了有利的框架条件。从中受益的虽然主要是宋朝，但其北部邻邦也从这种态势中得到了物质上的好处，因为它拿到的岁币构成了其财政的重要部分，如果没有这些"外币"，辽国政府几乎就无法应付支出。对宋朝来说，重要的是，依赖这些"补贴"的北方不要将这些钱用来向施予者发动战争，而是别做他用。

为了向北方缴纳岁币，宋朝创造了有利于私人产业发展的条件。除了贸易和手工业之外，越洋交通也日益繁荣，进口需要缴税，但额度适中，并不至于阻碍与外国做生意。同时，尽管存在摇摆和地区性差异，宋朝国内的税负也被控制在可接受的水平。此外，货币经济的发展使商人可以获得更多的贷款，顺利地转移资本，经营先进的生产作坊。从中获益的是长江下游的几个城市中心，如以杭州为代表的宋朝大城市等。

幸运的是，和其他时期的经济相比，我们对宋朝经济的数据了解得更多，也更清楚。比如，文献中可以找到海外贸易中获得收入的数字。在另外一些案例中，我们还能大致估计生产量。由于纳贡往来仍在持续，这个领域也保留了许多说明，但大多与某些奢侈品的进口相关。如果以重量表述，相应的量很少超过几百斤乃至上千斤。从这些数字和其他一系列数字出发，可以推测，宋朝虽然在海上取得的销售额数量巨大，但其核心财政绝非高度依赖海上贸易。

宋与朝鲜

与7世纪时（远在怛罗斯战役之前）不同，在很长一段时间

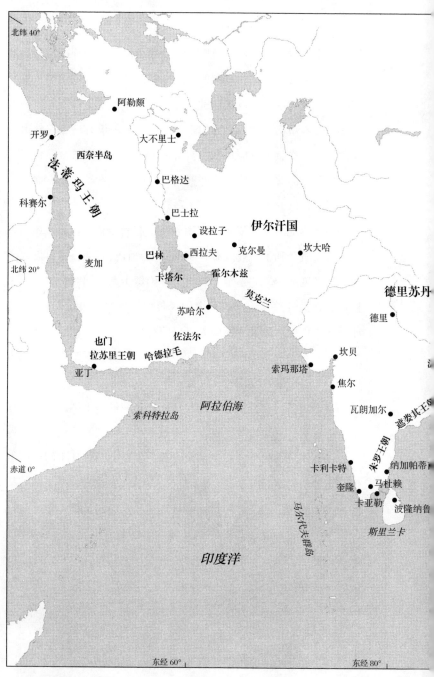

北纬40°

阿勒颇

开罗
西奈半岛
大不里士

法蒂玛王朝
巴格达

科赛尔
巴士拉

设拉子
伊尔汗国

麦加
克尔曼
坎大哈

巴林
西拉夫

北纬20°
卡塔尔
霍尔木兹

莫克兰
德里苏丹

苏哈尔
德里

佐法尔
坎贝

也门
哈德拉毛
焦尔

拉苏里王朝
索玛那塔
瓦朗加尔

亚丁
遮娄其王朝

阿拉伯海

索科特拉岛
朱罗王朝

赤道0°
卡利卡特
纳加帕蒂

奎隆
马杜赖

马尔代夫群岛
卡亚勒
波隆纳鲁

斯里兰卡

印度洋

东经60°
东经80°

在远东的漩涡中（约公元950/1000—1350年）

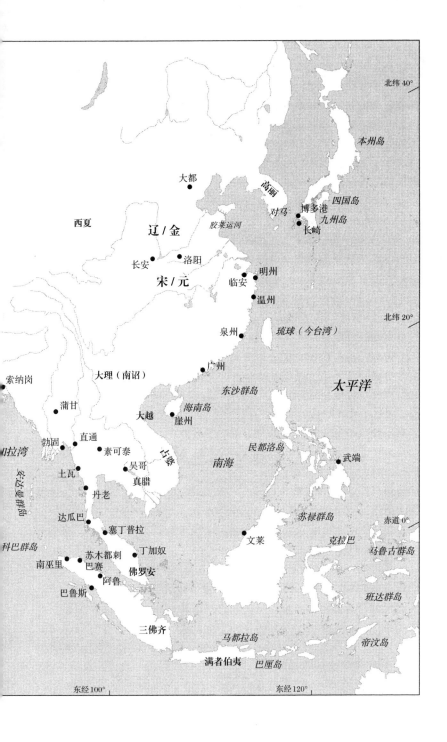

北纬 40°

本州岛

大都

辽 / 金

胶莱运河

高丽

对马

博多港

四国岛

九州岛

长崎

西夏

长安

洛阳

宋 / 元

明州

临安

温州

北纬 20°

泉州

琉球（今台湾）

广州

大理（南诏）

索纳岗

蒲甘

东沙群岛

海南岛

崖州

大越

太平洋

直通

素可泰

古邈

拉湾

勃固

土瓦

吴哥

真腊

南海

民都洛岛

武端

丹老

谷泰群岛

达瓜巴

塞丁普拉

苏禄群岛

赤道 0°

科巴群岛

苏木都刺

巴赛

丁加奴

佛罗安

文莱

克拉巴

马鲁古群岛

南巫里

阿鲁

巴鲁斯

班达群岛

三佛齐

马都拉岛

帝汶岛

满者伯夷

巴厘岛

东经 100°

东经 120°

内，中国和西亚之间的陆路都难以通行。多个政权和民族同时封锁着各大商路，在许多地方设卡收税，而且通畅的货流也常常受到战争的影响。即使宋朝通过西北方的邻邦西夏继续经陆路购买来自"西方"的货物，贸易更多转向海洋仍旧成了无法避免的后果。

这一切都影响着宋朝的结盟和贸易政策。因此宋朝和它邻邦的邻邦也维持着外交关系，特别是北部各邻邦的邻国。如在北宋时期，位于辽国后方的女真就和宋朝有过短暂的联系，曾往山东供应马匹。但就海上贸易而言，宋与朝鲜的交流要重要得多。有时这是为了从两方面牵制住陆上边界另一侧的"伙伴"，联合朝鲜可以很快安排此事。此外，这还使辽朝和后来的金朝远离大海，辽、金对黄海上的贸易很少表现出兴趣。而且，辽、金和朝鲜的高丽王朝之间遣使都是通过陆路。

但宋和高丽之间的交流就不是这样了：因为经过今天辽宁省的陆上交通常被阻断，所以双方都必须依靠海洋。仅北宋一朝接待的渡海而来的高丽官方使团就有约四十个。此外，根据文献记载，许多宋朝的使节渡海，有时选择北线，有时也选择从浙江出发的南线。

有时，在出使结束之后会有相应的路线说明册问世。其中有些标题已在《宋史》的《艺文志》中提到，但除徐兢的名作①外，保存下来的只有少量笔记。徐兢曾于宋钦宗时随北宋使节赴高丽，之后即写成这部详细的著作。这部作品虽然在路线上出现了许多问题，比如书中并非所有地名都能逐一辨明，但却使人在许多方

---

① 《高丽图经》。

面获得了一些印象，包括船上的生活、海上的危险、海洋航行中必定相伴随的恐惧和希望。

除了宋朝和高丽之间的官方交往之外，通过海洋进行的还有许多民间性质的交流。最初，宋朝担心本国商人和北方的辽国发生秘密交易，并不愿意看到这种民间交流，可是在11世纪下半叶刺激着商人们前往高丽。另一方面，高丽学生来到中国，他们往往会得到宋朝当局的慷慨接纳，且主要对中国的艺术和哲学感兴趣。唐朝已有类似的现象。

契丹有时向高丽施加压力，这提高了11世纪山东直通朝鲜航线的危险性，于是民间交流活动很快就转移到了靠近南方的海路上，这条路从明州（今宁波）向北，绕开了山东半岛。这很可能对明州的崛起起到了决定性的作用。此外，明州稍东的定海也在东海的贸易当中占有一席之地。

随着宋室南迁，浙江沿海在对高丽的交流方面仍然重要。从此时开始，文献中经常可见中国商人在高丽的影响力。据推测，有数千人在这一时期去了高丽。因此好几个地方都出现了不断壮大的中国人聚居区，这些组织与杭州、明州和他们故乡的其他城市保持着活跃的交流。值得注意的是，文本还显示，当时福建和朝鲜之间的联系也日趋深入。泉州已经崛起为领先的港口。尽管它主要还是联系南方各国（这点以后还将进一步探讨），却也促进了与东北亚的直接贸易。从长远来看，这很可能将对其北部的浙江沿海各地造成不利影响。

宋和日本

文献展示了宋朝某些城市和它们在高丽的"合作港口"之间

的关系，这种关系已被考古发现证实。在某种程度上，中国和日本之间的交往也是如此。除了织物以外，宋还出口铜和铸币，这些货物不仅到了朝鲜，也到了日本。它们在当地被熔化，从而被加工成金属，别做他用。虽然流向日本的铸币无法量化，但中国曾经出现限制铸币流出的政策。此外，一度流行过一种说法，称铸币的流出对日本非常重要，却不利于宋朝，因为日本新兴的国内市场需要支付手段，而中国的铜价却存在间歇性上涨的现象。

　　由于宋朝陶瓷工业繁荣，朝鲜和日本还得到了中国的瓷器。经过大海，中国手工工场的其他产品和先进的生产技术也传到东方。从日本流向中国的有金银、轻武器、手工艺品，甚至还有硫黄。

　　尽管东海两侧的经济发展都很好，但造访宋朝大城市的日本使团却很少。日本的官方似乎对一切外来者都采取了一种拒斥的态度，不仅对宋朝，对高丽也是如此。双边关系的紧张使日本和高丽之间的遣使活动一再陷于停滞。而且日本南部的海盗袭击对当时的形势而言，可谓雪上加霜。我们尤其需要注意的是一次规模较大的攻击，女真在建立金朝之前，曾沿着朝鲜半岛东海岸渡过日本海，袭击九州。这次攻伐即1019年的"刀伊入寇"，日本方面有时也将其归罪于高丽人。

　　这类事件并不影响民间贸易。定期从明州等港口前往博多港的大量中国旅行者都留下了姓名，甚至更靠近北方的一些地方也留下了他们的足迹。早在11世纪，从本州岛西侧到若狭湾（Wakasa）的多个海岸段就经常有人登陆，其中甚至还有来自朝鲜的船。有些中国人还在九州岛的沿海地区定居，住在所谓的"唐坊"里。

　　在宋朝迁都之后的艰难岁月里，民间贸易往来虽然似乎亦受其害，但1150年以后，在日本镰仓时代（1185—1333年）到来之前，民间交流再次变得重要起来。中国船只航行在日本内海。该海域指本岛和四国之间的狭长海域，以许多小岛和海湾而著名。13世纪，人们甚至还为了贸易而在这里建造了一座人工岛。

此时引人注目的是，更多日本船只抵达了中国，因此交流不再像北宋时期那么单调，在北宋时，中国人似乎是交流的唯一载体。和在早先的时代一样，从日本来中国的仍是僧侣和对中国文化感兴趣的人，他们来华是为了在宗教事务上学习知识。因此，中国的思想继续涌向日本，在那里促进了新的法门与宗派的形成，尤其是丰富了佛教。这些以宋朝作为典范的杰出创造甚至还惠及了日本艺术，我们只消举出绘画为例。

至于宋朝和日本之间的交流密度是否较唐朝更低，在学界历来有争议。但显然更重要的是，和经过东海的各种海上关系相伴生的文化活力（kulturelle Dynamik）和以前一样，仍旧涉及朝鲜半岛。朝鲜继续吸收中国的文化元素，同时融入辽金传统，然后一如既往，在时间上有所迁延地将其传到日本。可见，朝鲜仍然发挥着古老的桥梁作用，不过倒是有一个区别：宋朝和朝鲜之间几乎所有的联系都是通过海洋进行的，而这在唐代并未出现。

东北亚的蒙古人

随着蒙古人的进军，东北亚的形势将发生剧烈的变化。由此，我们也进入了始于13世纪初期的一个新时段。宋朝低估了蒙古人这支北方新势力，支持他们削弱金国。最终，蒙古灭金（1234年）。随后，他们向山东挺进，直抵渤海地区。于是，华北沿海地区处于蒙古的控制之下。这段时间前后，朝鲜也多次受到攻击，虽然高丽政权进行了艰苦的抵抗，但工商业和交通势必受到政治军事状况的影响。这反过来既妨碍了南宋与朝鲜之间的贸易，也影响了两国和日本之间的商贸往来。但是，蒙古人占领朝鲜有一个好处，它使1260年前后在朝鲜和日本海域岛屿和沿海地区的强盗袭击事件显著减少了。

　　侵入朝鲜之后，蒙古人把目光投向了宋朝的疆土和日本。13世纪50年代，他们首先突破云南，征服大理，以便随后进攻今天越南地区的北部。此时的宋朝已在陆上遭到围困，不得不忍受涉及北部沿海部分地区的数次打击。不久以后，忽必烈即大汗位。

然王京去此尚遠願先遣人從奉使回報貶弱乃遣鐸同其使二十六人至京師求見帝疑其國主使之來云守護所者詐也詔翰林承旨和爾果斯以問姚樞許衡等皆對曰誠如聖算彼懼我加兵故發此輩吾強弱耳宜示之寬仁且不宜聽其入見從之是月高麗王禃復致書日本至太宰府而還十一年三月命鳳州經略使實都高麗軍民總管洪茶丘以千料舟巴圇嚕輕疾舟汲水小舟各三百共九百艘載士卒一萬五千期以七月日本冬十月入其國敗之而官軍不整又矢盡惟虜掠四境而歸十二年二月遣禮部侍郎杜世忠兵部侍郎何文著計議官蘇都爾丹往使復致書亦不報十四年日本遣商人持金來易銅錢許之十七年二月日本殺國使杜世忠等征東元帥實都洪茶丘請自率兵往討廷議姑緩之五月召范文虎議征日本八月詔募征日本士卒十八年正月命日本行省右丞相阿塔海右丞范文虎及實都洪茶丘等率十萬人征本二月諸將陛辭帝敕曰始因彼國使來故朝廷亦遣使往彼遂留我使不遺

一硯齋朱版印

《元史》节选。文本记载了13世纪晚期蒙古与日本关系的发展。

从1266年开始，蒙古统治阶层愈加努力，他们想让日本称臣，其间朝鲜曾多次参与外交策略。不过这些倡议都失败了。同时，宋朝对抗蒙古的战争仍在进行。在此期间，忽必烈建立了元朝（1271年）。两年之后，蒙古人已屯兵朝鲜海边的济州岛。此后不久，蒙古人第一次攻伐日本（1274年），据说投入了大小船只共九百艘，并伴有大量登陆的军队。他们从朝鲜入海，进攻对马岛和壹岐岛，到达九州之后，毁坏了今天长崎县的部分地区。最终，双方在博多港爆发了一系列决定性的战役，但其结果颇有争议，特别是蒙古人的撤退出人意料，大概是由于后勤保障无法跟上。因此，更糟糕的境况没有降临在日本头上。

随后数年，蒙古军队再次深入南方。虽然宋朝拥有当时非常先进的军队，但已不再能够应付作战极为灵活的蒙古人。城市逐一失陷，先是南京，然后是宋都杭州，随着对大都市的占领，蒙古人也夺取了富饶的浙江沿海地区。不久以后，南方各省沦陷。最终，靠近今天澳门的地方见证了最后一场大战，这场战役的悲壮过程一再为后世不同的故事提供了素材。此时的忽必烈终于认为自己有能力作为宋朝的后继者入主中国了，随之而来的是蒙古统治者九十年左右的统治。

当时的日本为了应对蒙古人可能发动的另一场攻势，已经做好了防备，但暂时斟酌的反击高丽的决策终未落实。不出所料，忽必烈非常积极。由于元朝几乎控制了全中国的海岸，而且接管了宋朝的部分海军，所以能够为再度出征日本而武装起两支大型舰队。其中一支仍旧从朝鲜渡海，另一支从浙江入海。据文献记载，参与此次军事活动的有数千人，其中包括许多汉人。具体数字并不清楚，关于许多其他细节的记载也多有抵牾，但这些在这里并

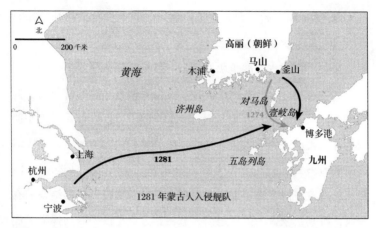

蒙古人入侵日本

不重要。与在中国的陆战不同，这次进攻又没有达到目的。入侵的军队损失不小，许多船只丢失，于是日本再次避免了被蒙古人占领的命运。遭到进攻者践踏的只有朝鲜和九州之间的一些岛屿。

蒙古人和日本的第二次战争（1281年）还带来了其他后果。忽必烈对不利的战事大失所望，因此继续施压，威胁发动第三次袭击。因此，日本不得不进行额外的防备，与之相伴的是内政改革和经济负担。冲突的另一个后果是来自中国南方的一支分遣队被俘，留在了日本。长期以来，这些人似乎直接或间接地为后来的中日贸易交流关系做出了贡献。第三个后果与神话构建有关。很快，蒙古人的两次败退被归功于神助，因为据说风暴导致入侵的船只葬身大海，保护了这个岛国。很久以后，对这些事件的神化变成了政治工具。

回到13世纪，根据历史流传的一种传统，第二次进攻日本失败后不久，蒙古人占领"琉球"地区的企图也破灭了。尽管意见不一，但当时所称的琉球，大概是指台湾而非琉球岛链。这两个地区在海上贸易方面还未拥有重要地位，但有时却维系着与福建和日本之间的交流。

尽管总体而言，蒙古舰队出征的规模非常庞大，但我们关于事件过程的认识却少得可怕。不过有一点是无可置疑的：在远东，征募如此巨大的舰队的行为是史无前例的。显然，文本记载的数字有很大的夸张，但通过它，我们可以猜到相应的防务花费之巨。占领中国大陆海岸线之后不久，蒙古人就有能力使用当地的船坞和其他生产点，并系统化地利用宋朝留下的民事和军事遗产。这不仅表现了蒙古人非凡的组织天赋，而且从以后的发展来看，也证明了宋朝经济杰出的生产能力，因为如果没有合适的基础设施遗产，蒙古人可能无法规划他们的海上行动。

元朝治下的沿海贸易和海上贸易

蒙古人在日本第二次被击退之后，东北亚很快又回到了它古老的节奏之中。虽然各地仍有针对占领者的激烈抵抗，但不久以后，中国的文献就记载了日本和被蒙古人占领的东亚大陆（包括朝鲜）之间的商业交流。此外，佛教僧侣再度来华，日本的宗教和知识精英再次从中国的思想中获得灵感。在这个过程中，泉州（替代了明州，即今天的宁波）和博多港成了经济和文化交流的重要枢纽。

在制度层面，元朝多方位地沿袭和修订了宋朝引入的制度和机构。其中包括前身可以追溯到唐朝的市舶司。在新朝统治下，市舶司的任务依然是为到港船只办理海关手续。东海覆盖区域的相应机构设在上海、泉州、杭州、澉浦和温州。元朝的另一个特点是国家尝试管理贸易达数十年之久。在这段约从 1285 年持续到 1320

年或1325年的时期，许多商人或多或少被迫为国家服役。直到后来，规定才发生松动，这符合私营经济的利益。一些海上商人抓住这个有利的时机，开拓了广阔的贸易网络，获得了巨大的财富。

　　然而，东海和黄海周边状况的"巩固"还带来了一种完全不同的发展，这种发展在13世纪末变得逐渐清晰。蒙古帝国的首都大都，或称汗八里，位于并不富饶的北方，因此需要从南方运来食物以提供补给。但国内道路不足以保障必要的交通。于是，国家改善了沿海交通，使食物可从长江下游的产地到达山东，再从山东进入渤海地区。为此，特殊的管理机构和激励体系应运而生，这套机制旨在鼓励生产者和商人致力于服务异族统治者。

　　幸运的是，关于这个话题，那个时代的各类文献提供了非常精确的说明。我们甚至可以知道每年用船运到北方的大米数量。在峰值年份，特别是14世纪20年代，供货量曾达到十万到二十万吨，而且有时海上的损失率可以压低至百分之一。同样清楚的是航线随着时间推移而发生了变化。最初，大多数船都沿着海岸航行，但浅滩和艰难的风况迫使人们寻找经过深水、穿过大海的新航道。人们定期探测不同的可能性，并且致力于改装投入使用的船只。

　　另外，我们不能忘记，元朝官府于1280—1284年经营着一条运河，从今天山东南岸的胶州湾到山东半岛北侧的莱州附近。这条长约130千米的水道不仅显著缩短了山东北端的稻米运输路线，而且还有军事意义，尤其是在后勤保障方面。就功能而言，胶莱运河可与北海运河①及类似水道相比。1294年，运河关闭之后，不断有人上书请求再开运河，但终未实现。

———————

① 即德国的基尔运河。

在蒙古人治下，沿海延伸地带以及经过东海和黄海的食物运输发挥着重要作用，任何一个时代都难以与之匹敌。因为之前历朝国都不像元代这样远在北方，而且那些王朝通常使用道路、河流及运河运输。但元大都却依赖定期的海上交通，这对商人是有利的。借助贸易，有些人不仅成为巨富，而且往往晋升权贵，控制着沿海地区的市场。蒙古人统治末期，这种状况造成了严重的问题。因为这个时候，有些豪强已不愿为蒙古人效力，而另一些巨头则开始与随后的明朝——它基本不信任商人——陷入了公开的冲突。1368年，朱元璋即帝位之后，开始反对民间的"贸易帝国"，无谓地摧毁了完善的结构及其附属的沿海贸易网络，尤其是针对长江下游和浙江，把整个贸易领域置于国家的监管之下。这次打击使得受波及地区的民间商业阶层长时间难以复苏。

但还是让我们再次回到那个沿海航行可以不受干扰、自由发展的时代吧。如果能够用数字来表示经东海和黄海的交通总量，则上述的粮米运输必然占据最大的份额。可见，当时贸易的地理重心明确位于中国沿海地区。就运输量而言，日本、朝鲜和中国之间的联系只占次要地位。唐宋时期，这种不均衡的状态还没有这么突出。在那两个时代，国际交通线更加重要，而沿海交通的作用位居其次，主要是因为通过内陆道路即可抵达各行政中心。

整体来看，10到14世纪东北亚的海洋空间和沿海地区经历了一段非常多彩的时期。其中，中国的政治和经济变化很关键。虽然也有过比较稳定的时期，但持续时间总是只有数十年。比所有发展趋势更加持久的，是文化元素的继续传播——从中国传向朝鲜和日本。相反，接下来的论述将会说明，华南和南海周边所呈现的是一幅完全不同的景象。

第二节　南海与印度尼西亚东部海洋：向东渗透

宋朝经济与南方

中国在政治上的分裂（首先是北宋和辽，然后是南宋和金）导致经济、行政和思想中心移向东南。而且与唐朝相比，宋朝懂得更加紧密地把福建、广东和王朝的中心联系起来。除了被迫的自卫战争之外，宋朝尽量放弃武力争斗，这种政策惠及沿海各地的贸易和交通。

由于这种整体上的有利状况，主要就浙江和帝国南部而言，有些研究文献声称，快速发展的宋朝经济已经出现了工业革命之前欧洲所表现出来的一些特征。但是，尽管工场规模增大，机构制度变化，资本流通加快，教育标准提高，还有众多技术创新，但宋朝最终未能建立一种"资本主义"体系。关于有哪些可能的原因导致了这个结果，仍有争议。尽管如此，还应该提到一个因素，不过它对海洋区域的影响显然尚不明确：社会上层似乎延续着以前的传统，把利润投入到买地上去，而不一定投资生产。因此在某种程度上，思想结构仍然拘泥于惯例，即使先进的沿海地区也难以超越这种倾向。

然而，宋代还是存在许多质变和革新。特别是福建和广东各港口，从中受益颇深。来自长江下游城市中心和南宋治下杭州的需求吸引着南方沿海各地。其中的最大"赢家"是泉州。它很快就使古老的大都市广州相形见绌，吸引着越来越多的新商人。陶瓷工业——通过国内路线而和各港口相连，产品常用于出口——繁盛发展，纺织业不断扩大，奢侈品和昂贵消费品制造业不断扩大，这一切使南方的外贸非常活跃。多处书面资料显示，这些货物大量出口，而东南亚和印度地区的"舶来品"也抵达中国，它们可以在宋朝许多重要城市买到，丰富了城市生活。

福建和广东的海上外贸还包括金属制品和铸币的交易。中国的铜钱不仅在东北亚流通，而且还通行于东南亚某些地区。甚至东非也出土了宋朝的钱币。因此，关于那个时代中国的影响明显加快了许多"国民经济"货币化的说法并不夸张，特别是在南海周边地区。但铜钱从中国流出的诸多原因却并未完全澄清。其中一个重要原因可能是纸币和含铜量不等的铸币的平行流通（这会以不同方式给各种机构和商人带来利润），因为虽然有禁止流出的律令，但许多商人似乎还是在囤积优等铸币，以便在对外金钱交易的恰当时机当中使用。此外，我们还须考虑流入国的经济和金融状况，也许是它们吸引着人们从中国置办铜材。

和唐朝一样，宋朝也通过市舶司掌管着泉州、广州、明州和其他地方的海上贸易。但这些机构日益承担起更多的功能，此外，它们还逐渐更加紧密地和其余的财政管理部门合为一体。从征收的税赋之中得利的不仅是中央，还有各司其职的地方部门。因此，改善对外交流，关乎中央和地方两个层面的利益。而且，市舶司还负责"办理"使团进贡和贸易许可等事务。

面对海洋的开放态度，中国不断增长的经济实力，特别是持续上升的对国外奢侈品的需求，这些事实自然而然地吸引了许多外国人来华。由于通往西亚的陆路障碍重重，外国人一般都渡海来到中国。在唐朝，他们经常在长安和洛阳等内地城市扎根，但现在却大多仅停留于沿海地带。外国商人集中度最高的也许是泉州和广州。这些地方有我们在唐朝就已知道的蕃坊。其居民来自伊斯兰地区和南亚等地。坟墓、碑文（有时由多种语言写成）和其他遗迹证实了他们曾经的存在。这些定居区的规模已经很难估计，但其中所住的居民很可能多达数千，并且坚守着自己的文化传统。

总而言之：在这个时期，宋朝经济通过南方各港口再向东南亚、南亚和西亚辐射的漩涡效应也许强于任何时代。宋政权的"外观"也十分引人注目。其各大城市中心的人口数量比唐朝更多。仅杭州一地就有一百多万居民。因此那时的杭州很可能是世界上最大的海运转运中心。而且中国沿海地区所能提供的货物也比以往任何时候都多，其中有许多还是专门针对出口的。即使在金融技术方面，这个中央帝国也遥遥领先，像一枚磁石一样吸引着外商和"投资人"。

泉州和宋代治下的东方航线

中国不仅吸引着外邦人，经济的发展也把中国人推向整个世界，去寻找新的市场，追逐新的利润。中国和朝鲜、日本之间活跃的贸易，以及和南方各国之间更频繁的商业活动，都可从中得到解释。中国当时所拥有的商船数量似乎也多于从前。这个结论与上述内容是相符的。这些船只的规模比东吴和唐代更大，装备也更精良。罗盘的传播和新航海技术也产生于这个时代。记载各类技术发展的文献（包括商船、战船和军队武器）记录了宋朝治下的许多质变。

显然，关于南方和遥远西方市场的一些观念和知识并非直接获得的，而是得自定期在蕃坊活动的外国商人。周去非（1178年）和赵汝适（1225年）的历史地理著作，包括其他文献，都指向这个观点。这些作品提到了远东和地中海的许多地方和国家，并有简短描述。甚至西西里和伊比利亚半岛也已经为人所知。相关知识很可能来自旅行的穆斯林。在哈里发治下，他们维持着横跨北非的广泛交流。这些人当中可能就有我们在其他地方已经见过的波斯和大食商人。

在宋朝，城市，尤其是泉州，之所以能从外邦人的存在以及普遍的海上贸易中受益，还有另外几个原因。之前，五代十国时代的小国闽国就与南方各国保持着密切的联系，而泉州就在闽的海岸上，它在某种程度上对广州构成了竞争。宋朝延续了这种面向海洋的姿态，并且成功地把福建地区纳入了中国。与之相伴的结构性推移导致当地经济发生了复杂的分化：一些当地工场专为遥远的外国生产，而另一些则针对中国的邻邦。福建还从腹地置办货物，而泉州主要负责进口异域商品。这些产品的一部分会继续北上，大致抵达长江下游各港口，亦到杭州。同时，通向东北亚的路线也已复苏。由此，在有利的框架条件下，泉州成功地利用了自己的地理位置。

然而，泉州不仅位于古老的西航路和东海航线的交汇处（前者沿亚洲大陆南下，后者则经东海前往杭州、朝鲜和日本）；从这里出发还能渡海抵达台湾南端，并继续驶向菲律宾群岛。到宋朝为止，这条经过南海东缘的路线几乎很少被商业利用，至少文献没有提过。现在这将发生变化，宋代文本包含了一些线索，暗示了远及棉兰老岛甚或更远地带的交易活动。

据此，这一时期还开辟了新的领域，而福建地区（福建内部则又是泉州）发挥了核心作用。现在，有两条大规模的贸易航线通向南方：各国航海者频繁光顾传统航线，而泉州商人则主宰了新航线。相应地，东南亚的奇珍异宝也经过这两条航线抵达福建。此外，菲律宾群岛和中国之间的距离被拉得更近，中国南方也能够获得额外的市场。

在棉兰老岛上，武端（Butuan）附近地区出土的宋代陶瓷证实了东部航道沿线发生的新联系。但我们仍要谨慎，因为菲律宾群岛内部的某些岛屿群很可能同时和今天越南的一些地方存在联系。根据流传下来的说法，航海者完全有可能驶过南海中心地带的暗礁和环礁，在占婆、棉兰老岛和民都洛岛之间横向直航。菲律宾的尽头存在印度文化影响，这种模糊的线索同样与上述语境相符。可以想象，占婆商人或中国人所提到的波斯或大食商人除了构成泉州和菲律宾人之间的南北"纵向"联系之外，还造就了这种"横向"的交流。

此处需要补充两个因素。首先，人们从广州可以去吕宋岛，无论是否在东沙群岛或台湾岛西南侧停留。穆斯林旅行者也可能使用这条航线。但相对于支持发源于福建的"东线"日趋重要这个观点的证据而言，这里的佐证还不够明确。其次，我们在更早的时代就已发现，沙捞越沿岸存在一条航线。特别是1264年文莱的一则墓志铭，让人猜测这条航线在宋代依旧在使用。但总体而言，无论是关于沿此地航行的商人，还是关于一般意义上相关的贸易总量，我们所知的具体事实都很少。

占婆及其邻邦，11—13 世纪

让我们再次到中国和越南的海边，去往古老的西航路。宋朝时，西亚商人，尤其是波斯和大食商人，在远东维系着广阔的贸易网，泉州和广州的蕃坊构成了这些网络的重要支柱，海南南部

古埃及船只。古埃及的船只大多是用纸莎草茎制造的，这种船只船体较轻，一般用于内河航运。

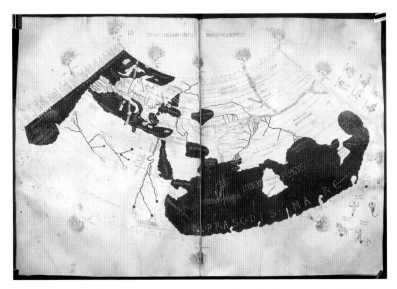

15世纪《地理指南》手抄本中的托勒密地图。托勒密地图代表了古典时代希腊罗马世界所认知的最大地理范围，也反映了希腊罗马世界与印度洋世界的交流。

犍陀罗文化钱币：铸有巴克特里亚国王阿加托克利斯（约公元前190—前180年在位）形象的青铜铸块，两面分别是希腊语及婆罗米语铭文"阿加托克利斯国王"。

犍陀罗文化钱币：巴克特里亚国王德米特里一世的银币，正面是国王本人头戴象头形头饰的侧面像，背面是头戴桂冠、手持棍棒与狮皮的希腊神话英雄赫拉克勒斯，旁边刻有希腊语铭文"德米特里国王"。

出自爪哇岛上的婆罗浮屠（约公元800年）。这处浮雕上共刻有七艘船，其中至少五艘可归为同样的"类型"。典型特征体现在舷外桨架、艏柱和尾柱上。船帆的作用尚有争议。

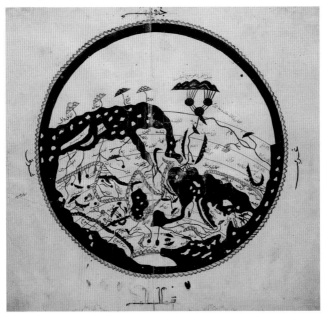

伊德里斯世界地图（约1150年）。这是一幅典型的中世纪T-O布局地图，地球以T字形被划分为亚非欧三块大陆。近东和圣地耶路撒冷位于各大陆的交界处。在该地图中，上方为南方，地中海居右，阿拉伯半岛居中，印度洋居左。

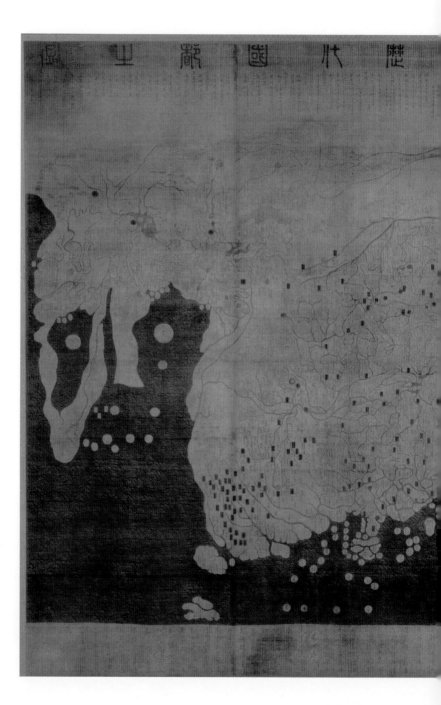

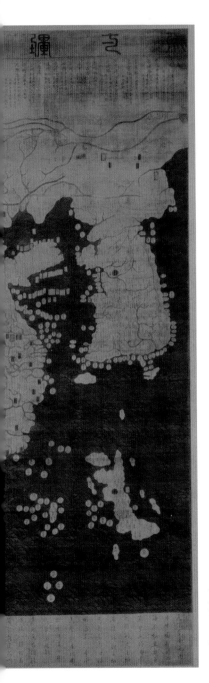

1470年前后朝鲜世界地图。藏于日本长崎县岛原市的本光寺历史博物馆。图右侧的朝鲜被故意画大。极左侧可依稀辨识伊比利亚半岛和意大利的轮廓。非洲（中部绘有大面积水域）、阿拉伯半岛和印度的形状严重失真。其中多种元素可以归结到欧洲中世纪的T-O型地理学。

贝登型阿拉伯帆船。这种无龙骨的扁平船只常被用作小型货船。贝登帆船完全是用木材"缝制"的，因此结构较为脆弱，大部分时候只适合在近海区域航行。这种船似乎早在中世纪就已航行在东非沿海地区。

出自奥斯曼土耳其手抄本（约1525—1527年）。描绘伊朗史诗《列王纪》中亚历山大大帝生活的细密画。

16世纪日本屏风描绘的"南蛮"商人，即定期来到日本沿海地带贸易的葡萄牙商人。安土桃山时代的日本人热衷于将南蛮船只和各色人物、商品画在屏风上。

长崎版画描绘的"唐船",即中国商船。中国与日本长期保持着贸易关系,长崎是中国商船停靠的重要口岸。

葡萄牙治下的澳门(约1598年),图中可以看到中国式舢板与葡萄牙帆船,以及澳门本地的中式建筑与葡萄牙人建立的基督教教堂。

的崖州分布有小规模的据点，占婆沿海也很重要。这些人当中有很多以"蒲"为姓，包括上文提到的文莱的那则碑文，墓主人也姓蒲。他们不仅活跃于商界，同时还推动了伊斯兰教的传播。尤其是后来，中国沿海某些地区常提到的回民群体，也许同样要归结于这些人的影响。

沿着西航路，我们不仅能遇见西亚商人，还会看到有时并不总能和西亚商人截然分开的占婆人。需要补充的是，占婆也定期向中国遣使进贡，使团常经过海南和广州北上。文献同时记载了来占婆北部邻国交趾的使团，但他们大多使用陆路。通过水道，宋朝获得了大象、犀角、异域珍禽和贵重木材。相应的资料主要见载于卷帙浩繁的《宋会要辑稿》、马端临的《文献通考》（14世纪）和《宋史》的某些篇章中。

与古代不同，宋朝时，交趾已经不再受中国管理了。但该地区的上层社会在文化上仍旧奉中国为典范。在我们现在探讨的时间段内，越南北部同时存在数个统治家族，其中最重要的是李朝（1010—1225年）。其历史主要载于包括上述文献在内的中国典籍。12世纪末，交趾在中国有了一个新名称：安南（Annam）。与之并行的还有大越的称号。

占婆和交趾（安南/大越）敌对，互有攻伐。特别是当交趾舰队在北部湾威胁到中国沿海各地时，这种形势就迫使宋朝采取外交和军事手段。但整体而言，此处涉及的海域位于广阔的西航路的一侧，因此暂时性的局部动荡，包括宋朝和交趾之间偶尔发生的冲突，对经过海南东侧的国际贸易往来几乎没有实质性的影响。

从占婆的角度来看，呈现出来的是另一番局势。交趾是进入今天的云南的门户，它从云南购入的马匹也为占婆所需。要尽可

海南及今广东地区（地图局部）。根据宋代《九域守令图》（1121年）绘制。
海南岛的轮廓出奇地写实。

康州 端州 懷集 清遠 增城 羅浮山 博羅 惠喜 歸善 循鄉 長樂 潮陽 海豐 潮州

南

能地遏制交趾，必须南北钳制。这为占婆进攻其西部邻邦真腊提供了必要的余地。为了保住自己在国际贸易中的地位，占婆改善了往中国进贡的交通条件，也推动了和泉州、广州及其他地方商人之间的交流。正如后世所知，它还和更远的南方地区保持着联系。即便在文化层面上，占婆也多姿多彩：和晚唐时期一样，它仍旧被纳入穆斯林的贸易网络之内，而其朝廷则更倾向于维护来自印度的遗产。

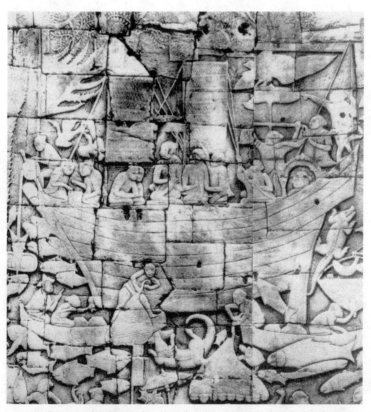

1185 年前后吴哥城的船只形象，柬埔寨。桨、锚和多块席垫构成的船帆说明这很可能是一艘中国船。

接下来，我们看一下与占婆接壤的高棉。高棉很少和宋朝宫廷有交流，但和占婆一样，也常有中国商人造访这里。12世纪初，真腊经历了一次文化繁荣，著名的吴哥寺庙建筑群就产生于这段时间。同时，它与其他地方的关系也很活跃，包括某些遥远地区。若干证据表明，真腊和印度南部的朱罗王朝之间存在跨越孟加拉湾的"政治"和文化交流。在某种程度上，真腊由此在其东部邻邦和一些在它看来位于远洋的海洋地区之间发挥着一种桥梁作用。

马来半岛东侧，11—13世纪

至少汉语文献记载，在更靠近南方的马来半岛上，有登流眉（写法不一）等地，半岛最南端是佛罗安。这些地区和宋朝很少有官方联系，但它们之间以及与其他国家之间的交流却非常活跃。自12世纪起，中国的许多民间商人可能也经常涉足这些地方。但这些地方和我们今天熟悉的地区之间如何对应，仍旧存有争议。常有人认为，登流眉和单马令（Tramlinga，位于那空是贪玛叻附近）是同一地点，但文献中也有其他说法。

近年来，考古学让我们对该区域的历史有了额外的了解。引人注目的是，来自10—11世纪的中国陶瓷很少出现在马来半岛上。到了12世纪，这种情况有所改变。那空是贪玛叻附近和塞丁普拉的发掘地证实当地深受中国影响。此处出土的物件产自浙江、福建和广东。在当时的贸易中，这块今属泰国的土地必定发挥着核心作用。

至于马来半岛东侧是否在"政治上"受到外界控制，何时以及在何种程度上受到控制，至今仍不清楚。根据文献和文化遗迹（大多来自佛教）当中模糊的提示，人们对可能来自真腊、斯里兰卡和缅甸的影响有过多种猜测。即使核心地带位于苏门答腊岛的三佛齐，也有可能暂时把马来半岛东岸纳入羽翼之下，但确凿的证据仍告阙如。

另外一个引人注目之处，是那时的阿拉伯地理学家极少谈及今天属于彭亨（Pahang）、登嘉楼（Terengganu）或泰国东南部地区的具体情况。关于穆斯林商人在孟加拉湾的活动，在占婆、海南及泉州的西航路分段上的活动等已有确证，但这两处之间区域的更详细信息还有待发现。也许很久以来某些群体就一直在避开这片区域，但这也可能是一种谬见，因为正如上文所述，碑铭材料很好地证明了此处存在活跃的对外交流。

三佛齐和爪哇，11—13 世纪

在 10 世纪末和 11 世纪初，三佛齐和从前一样，是马来半岛南端和苏门答腊岛上的强国。宋代文献提到过该国的数个朝贡使团。此外，在中国某些港口和三佛齐之间，还存在多层次的半官方和民间交流。有时，有人猜测，三佛齐的目的是巩固与中国的亲善关系。尤其是在公元 1000 年之后不久的那段时间，有迹象表明当时的三佛齐附近地区存在复杂的敌对关系，北方的吴哥、东方的爪哇和西方的朱罗王朝都对其怀有敌意。

最危险的显然是朱罗王朝。1025 年，据说朱罗王朝从印度南部出发，进攻和劫掠三佛齐，攻下数座重镇。其证据主要是印度南部的一则碑文。如果冲突确实是以这种形式爆发的，那么对于其中的细节，我们至今还有许多不明之处。1068 年或 1069 年前后的另一次进攻也同样迷雾重重。

后世中国的记载指出，这次行动并未动摇三佛齐在"东方"

和"西方"贸易之中的关键地位。因为我们仍然频繁地听说世界各地的商人涌向苏门答腊岛，也曾耳闻中国人在那里维护船只，有些人甚至长期居留于此。在13世纪初期写作的赵汝适甚至还提到了几个据说当时均依附于三佛齐的地域。其中就有彭亨、吉兰丹（Kelantan），还有上文提到的佛罗安，以及马来半岛上的其他地方，更远的有新拖国（也许是巽他及巽他海峡）、苏门答腊岛北方的南巫里，甚至还包括遥远的斯里兰卡！显然，我们在使用这份清单时仍需谨慎，因为这些地名大多无法被当地文献证实。

从10世纪末开始，就在朱罗王朝发动进攻和三佛齐周边形成紧张局势的同时，爪哇东部也日益变得重要。世纪更替之前，爪哇和三佛齐之间还爆发过一次短暂的冲突。11世纪初，据说爪哇国王艾尔朗卡（Airlangga）趁三佛齐一时之虚，征服了相邻的巴厘岛，并以此巩固了自己在和马鲁古群岛进行香料贸易时的地位。但艾尔朗卡死后（1049年），其王国一分为二，直到1222年，东爪哇才再度统一。

权力的转移似乎丝毫没有改变跨区域贸易流的结构。和从前一样，三佛齐和爪哇岛沿岸地区直到13世纪都与中国和印度洋周边地区保持着活跃的交流。即使当时，唐代就在流通的商品依然从东方流向西方，从南方流向北方。直到13世纪末，这种"平衡状态"才被北方不断扩张的泰国和东方的爪哇打破。这似乎明显地削弱了三佛齐。

海上航线和蒙古人对中国南方的征服

为了更好地理解事件的进一步发展，我们必须回到中国南部的沿海地区。当元朝军队挺进到福建和广东时，许多地方几乎不战而降。许多大城市在易主之后没有经受较大的损失，泉州就是其中之一。这得归功于泉州的穆斯林商人，尤其是身居高位却叛宋助元的蒲寿庚。蒲氏另择新主，在某种程度上适应了时势。当时，蒙古政权已经控制了西亚的广阔地带，甚至包括伊朗地区和两河流域，并委任许多穆斯林为官。因此，身居泉州的外邦人估计，自己若改变阵营，将有很好的机会存活下去。尽管13世纪80年代朝廷曾多次颁布反穆斯林的上谕，这种算计也并非全盘皆错。

广东中部则完全是另一种情形。直到最后，广州都被战争肆虐，因此饱受蹂躏，以至长期未能从这次打击中恢复，这同时也影响了对外贸易。虽然此后数年之内，广州也进行了重建工作，而且和泉州一样，设立了相应的官职来督管海上交通，但许多之前定居广州的外国商人却退居福建，其中大部分撤往泉州。此后，广州在贸易上的地位便位于泉州之后。

这次的地位转移即便并非受到多种状况的推动，也至少与这些状况伴生。首先，东亚大陆上的大帝国对福建和福建对面的台湾岛表现出了兴趣，元朝还暂时在澎湖列岛设置了前哨。其次，在宋代，沿着年轻的东航路前进的船只大多只航行到棉兰老岛，而此时，航行的范围扩大了。文献开始记载苏禄群岛、苏拉威西岛的克拉巴地区、马鲁古群岛、班达群岛，甚至还提到了面积较大的帝汶岛。世界上最早简短地描写上述地区的是自称游历极广的汪大渊（1349/1350年）。

从汪氏的著作和另外一部残篇《南海志》（1304年）当中可知，那个时代的地理学家所遵循的是与其先辈不同的空间概念。东航路沿线各地被归于"小东洋"和"大东洋"之下，西航路沿线则是大小"西洋"。东洋与西洋的边界大致与新加坡海峡及苏门答腊岛处于同一纬度。

这种归根结底由航线引出的对东南亚海域的划分，说明上述地区之间产生了某种等值性，也就是说在蒙古人治下，年轻的东航路变得相对重要。这恰与下述考虑相符：在传统的西航路沿线，贸易交通暂时受到了军事行动的干扰，因此泉州商人致力于开发更东边地区的新市场。由于其中某些商人是穆斯林，也就为伊斯兰教在"苏禄区"（Sulu-Zone）①内部的逐步扩散铺平了道路。

13 世纪末西部航道沿线的动荡

早在宋亡之前，蒙古人就由北向南横跨了四川，向云南地区的大理国和越南北部的安南进发。针对安南的行动还要持续一段时间。从 1282 年起，元军加强了对安南南部邻国占婆的攻势。数百艘战舰被投入使用，它们在西部航线上穿梭。占婆进行了激烈的抵抗，并且向遥远的阇婆（现在的东爪哇？）寻求支援，因此战争比设想的要持续更久。直到 1289 年前后，双方才达成妥协。

三年以后的 1292 年，插有蒙古旗帜的大型舰队驰抵越南南端海域，从那里穿过加里曼丹岛，前往爪哇。参与的船舰据说达数千艘之多。但最终登上爪哇岛的军队却没有取得预计的成功，导致这场战事迁延日久，舰队不得不撤回泉州。整个行动要求频繁的补给输送，这可能影响了以往用于商业的西航路。

在舰队南下占婆和爪哇之前不久，或在南下过程中，东南亚的其他地区已经受到数次危机的影响。这些事件也许已经一度使

---

① 据詹姆斯·弗朗西斯·沃伦（James Francis Warren）在 *The Sulu Zone, 1768—1898* 中的观点，所谓苏禄区指苏禄海和苏拉威西海一带，并不专指苏禄苏丹国。

稳定的贸易区域陷入动荡。比如，日益强盛的素可泰（Sukothai）军队从泰国核心地带出发，进攻真腊、蒲甘（Pagan）和马来半岛北部，可能还抵达了今天新加坡附近的单马锡（Tumasik）。爪哇国王艾尔朗卡的一位继任者克塔纳伽拉（Kertanagara）向苏门答腊岛派遣了军队。因此，三佛齐自视多年腹背受敌。不久之后，三佛齐等地就向蒙古宫廷派去了官方使团，以求得到快速的援助。此外，和阿鲁、南巫里同在苏门答腊岛北部的苏木都剌－巴赛（Samudra-Pasai）也发出过自己的声音，并遣使至元大都（1282年），以求蒙古人垂爱。

这一切都说明当地完成了数次权力转移，自13世纪70年代以来，这几次权力转移就周期性地损害着广大西航路或至少其中几段上的贸易交通。这些变化最终促使元朝进攻爪哇。根据可汗的看法，对没有主动投降的国家和地区，包括爪哇等地，必须用武力钳制。对在中国的商人而言，面对相关的动乱，与其单纯依靠西线，也许还不如开发受影响程度较低的东线。在实现"蒙古和平"（pax mongolica）——也许是权衡的一部分——之后，航海者就能更好地利用西航路沿线各地区。

当然，上述内容并不意味着相关局部航道沿线的贸易完全停滞。尽管如此，在某一段时间内，东亚某些群体和他们在马六甲海峡以西的同行之间就断了联系。可以想象，苏门答腊岛西侧和穿过巽他海峡的可选路线将会更加活跃。但在巴鲁斯附近的洛布图亚（Lobu Tua），考古发现却基本无法支持这个论点。人们虽然在那里发现了许多古代物件，而且波斯和印度商人也曾在巴鲁斯活动，甚至我们还能重构当时远及埃及福斯塔特（Fustat）的交流，但我们不可以说这些证据集中于1300年前后。

满者伯夷（Majapahit）和远洋贸易的复兴

忽必烈死后（1294年），蒙古人对东南亚的压迫明显减弱。这正中某些国家的下怀，比如素可泰王国就得以免于元朝军队的蹂躏，马来半岛沿岸各地和爪哇地区也是如此。尽管直到14世纪20年代，在中国航海才变得更加自由，但上述状况很可能已使许多商人尝到了甜头。

也许是由于元朝进攻的失利，在当时的东爪哇地区，位于内陆的满者伯夷崛起成为新的重镇（1292年）。满者伯夷统治者的财富与声望主要应归功于农业、复杂的征税体系和爪哇北部的港口，这些港口已逐渐受其影响，并为其赚取了利润。

这些要点大多已无可争议，但人们对满者伯夷在14世纪上半叶发展出来的政治军事"影响力"却有着不同的猜测。这主要和著名的英雄史诗《爪哇史颂》（*Nagarakertagama*，1365年）有关。据史诗记载，当时一系列遥远地区均归附满者伯夷。有些历史学家认为这里指的是和平的、以仪式性为主的朝贡关系。另一些人则认为满者伯夷拥有战斗力极强的军队，且占领了许多地区。可以确定的是，满者伯夷曾多次活跃于巴厘岛和马都拉岛，后来还对苏门答腊岛东部采取过军事行动。这可能真的能够支持关于该国具备一定干涉能力的说法。中国史料甚至指出，在14世纪，满者伯夷曾介入过苏禄和文莱之间的一场争端。有些元素可以引导我们勾勒出一幅好战的霸权国家的图像。但另一方面，我们必须保留余地，承认大多数细节完全尚无定论，而且学术上并无确凿的材料来佐证假设中的军事行动。

此外，就14世纪初期而言，我们确实还能举出东南亚地区的其他局部冲突。但在跨区域的语境下，这些冲突没有什么意义。

很快，南海周边地区就趋于稳定，从而为国际贸易提供了必要的环境条件。虽然海盗会袭击外来货船，尤其在今天的新加坡地区，但却不再有蒙古大舰队渡海而来。相反，商人使整体面貌焕然一新，贸易繁荣，来自中国、占婆、爪哇、印度、西亚和其他地区的船只都满载而来。因此，我们可以推测，古老的西航路沿线各地区正在复苏。

在这条航线的中国一端，远洋贸易的进一步释放是促进局势稳定、推动新一轮繁荣的条件之一。在某几十年当中，甚至似乎存在过真正的"蒙古和平"，谓其真正，是因为没有出现黑暗的胁迫与制裁。但另一方面，在实际上，可汗的政治影响从未如此远及南方，因而对那里并未构成真正有效的监督。此外，时人也知道，远征日本和爪哇的行动是错误的，而且他们深知元朝统治者作为从前的游牧民族，从根本上对海洋毫无了解。

游记

文化传播和游记也是这个时代的产物。据说在13世纪末，马可·波罗从泉州出发，踏上归途。假如这是真的，而且他确实曾到过中国（显然，某些专家对此抱有怀疑），则大致在蒙古人入侵爪哇时，他必定也在东南亚。

关于其他威尼斯人在蒙古帝国的短暂停留，人们有过诸多猜测，但大多数细节仍有争议。有时传闻较盛的是葬于乌迪内（Udine）的珀德农（Odorico da Pordenone）。据说他曾乘船游历四方，在返回意大利（1330年）之后，令人撰写了一部长篇游记。后人隆重地宣称，说这位方济各会修士曾在十六年中使两万名异教徒皈依。但在本书的语境下，这次充满奇异元素的旅行并不能说明什么问题。尽管如此，我们依然可从中知道一些有趣的信息，如关于苏木都剌、尼科巴群岛等具有"异域风情"的地方。

著名的伊本·白图泰（Ibn Battuta）①所记载的则完全不同。在他笔下，个人和民族志的内容妙趣横生，融于一体。这位富有生活情趣的记述者，在他自称所到过的各处都不忘记录其教友和生意伙伴，叙述清真寺和其他伊斯兰机构。在这里，早已从摩洛哥扩展到了中国的穆斯林网络透过一位"内部人士"的视角展现出来。他基于自称亲历或杜撰的事实而做出的简评遵循着文学描述，这些简评有时拥有非常重要的意义：其中某处，他描写了中国的许多大船，并且以无以复加的溢美之词称赞了其稳定性和舒适度。在其他章节中，他又转而赞美女性，记述和杰出人士的际遇。从这些叙事和类似的插曲来看，关于伊本·白图泰究竟游历了哪些国家，我们仍应保持开放的态度。也许他的描述更偏重文学，而非史学。

相反，汪大渊的叙述读起来则近乎简朴。他也自称游历了东南亚和印度洋周边许多国家和地区，作品的跋指出，其旅行纯属私人游历。对汪氏的记载，我们也须存疑，但除了西航路之外，他还提到了东航路沿线各岛屿和地方，从泉州到盛产香料的小岛，都在其视野之内。在这个意义上，他的论述非常重要。因此，这部文献虽然不乏怪异的程式化描写，也颇多传统的冗余，但却具有关键意义。

另外一部作品出自周达观之手，专论高棉国。从该著作中，我们可以获得社会学、自然科学等方面的珍贵细节，包括吴哥建

---

① 摩洛哥穆斯林学者、旅行家。

筑。此外，周氏也提到了在当地活动的中国商人。很遗憾，在今天，宋元时代关于其他国家的同类著作都已遗失。但从古代目录的提示当中，我们还能感知到当时记述东南亚海洋区域的汉语文献是何等重要。其他地区流传下来的资料，都不可与之比肩。

第三节 东印度洋：争夺巨大利益的竞技场?

朱罗王朝：11世纪的海上强国?

上文已经表明，在500—1000年，我们已经可以确定有多条线路穿过孟加拉湾和安达曼海。最重要的航线从苏门答腊岛西端出发，先到斯里兰卡，再从那里通向印度东南岸。在我们将要介绍的这个时期中，情况可能也与此相似。对活跃在这条航线的两端（东南亚和印度）的主要势力，我们也不陌生，就是三佛齐和朱罗王朝。

11世纪，朱罗王朝通过占据印度南方大部分地区，既扩大了自己的势力范围，又打击了马杜赖的潘地亚国和马拉巴尔海岸上的哲罗帝国。到此为止，朱罗国占领了斯里兰卡，后来又占了印度中部原属遮娄其王朝统治的一些地区。1022年或1023年，朱罗军队直抵孟加拉，战胜波罗王朝。应该注意，这些行动都是陆战。

相反，对朱罗帝国的海上远征，我们知道的很少。进攻三佛齐的史实已无须赘述，有时从文献中可以读到，朱罗王朝也曾进军安达曼群岛和马尔代夫群岛，但相关的证据却仍很模糊。在这么早的时代，朱罗王朝大概不可能大范围地控制安达曼群岛。甚至在今天，其中许多岛屿仍然很难登陆，更不必说长期占领它们不能给朱罗王朝带来任何经济利益。即使马尔代夫"历险"也是问题重重，特别是因为这方面没有明确的证据。

如果朱罗王朝确实派出过舰队，那么其行动究竟属于何种性质呢？我们是否必须简单地将其视为掳掠？或者说它的确是一套复杂的扩张战略的一部分？如果是后者，那么我们所面对的就是11世纪中叶前后的一个海上强国，其政治影响力西起阿拉伯海东缘，经过马纳尔湾和斯里兰卡，东至东南亚西侧。在这种情况下，朱罗王朝确实应该被归为三佛齐的劲敌。试图控制尽可能多的货流、争得第三方的承认、追求宗教统治权的愿望，这一切都可能是这种竞争关系的成因。

但文献资料能告诉我们的并不多。虽然许多碑文指出，朱罗王朝曾与三佛齐、高棉等国保持活跃的外交关系，而高棉显然致力于获得朱罗王朝的垂青，但仅凭这些稀少的线索，就断定印度洋东部曾长期沦为互相敌对的海上势力争夺的目标，仍失之武断。如果事实如此，则汉语文献很可能会有记载。虽然周去非和赵汝适称朱罗王朝频繁和其他印度王侯开战，而且有能力整合六万头战象，但他们对其海上行动却未下一语。即使记载印度南部各使团（携带大量似乎产自马纳尔湾的珍珠）出使宋朝的一些简短文字也不能提供更多信息。

可以通过碑文证实的，是当时有不同的行会从朱罗王朝统治地区出发，定期前往东南亚从事贸易。比如，苏门答腊岛的巴鲁斯地区就有泰米尔商人。此外，同时我们还能够确定双方在文化上存在双向的影响。印度南部许多大规模寺庙群使人联想到吴哥建筑，而苏门答腊岛上的佛教造像则表现出明显的朱罗特征。因此，东南亚和印度之间很可能与之前几个世纪一样，存在密切的宗教交流。但这些并不一定与军事行动相始终。

马来半岛西侧：国际竞争的焦点？

11世纪，蒲甘王国在今天的缅甸兴起。不久，它占领了伊洛瓦底江三角洲的孟人的地盘，还占据直通（Thaton）等今天同属缅甸的领土，土瓦、丹老地区以及更靠近南方的其他海岸段也尽数落入其手。我们很难准确猜出这些发展给上述区域的贸易带来了哪些后果。南北向的沿海交流可能经历了一次繁荣，这也许对前往昭披耶附近地区的交通产生了积极影响。

这些考虑把我们引向进一步的推测。某种理论认为，在蒲甘王国影响范围南缘，著名的克拉地峡陷入了不同利益之间的冲突之中。在马来半岛中部的这块地方，蒲甘、朱罗王朝、三佛齐等国的地缘政治构想也许直接或间接地发生了碰撞。如果真是这样，那里就确实是敌对强国之间的摩擦区域。

有一种观点认为，作为贸易基础，半岛西侧的达瓜巴最终被更靠近南方的吉打取代，主要原因是不断扩张的朱罗王朝的介入性影响。据此，朱罗国相当于在蒲甘和三佛齐之间打了一根楔子。另一个略有变化的观点听起来稍微不那么戏剧性：不考虑更靠近北方的马来中部地区的政治状况，则除了朱罗王朝之外，主要是三佛齐对马六甲海峡表现出兴趣；相反，蒲甘等势力则希望恢复跨地峡交通的活力。严格地说，这就假设了两个关系紧张的区域：一个在克拉地峡附近，第二个更靠近南方。但这也仍然只是猜测。中国和阿拉伯的资料都无法真正佐证此类推断。

12 世纪的斯里兰卡

1070年前后，重心似乎再次发生了转移。朱罗王朝虽然暂时控制了印度西侧的奎隆（Kollam），但它对斯里兰卡的统治却走向了终结。在这里，波隆纳鲁瓦（Polonnaruva）帝国的历史开始了，尤其在12世纪，该帝国不仅在文化上获得了重要意义，还影响了这个岛屿的历史。

偶尔有人认为，在印度占领者的统治下，斯里兰卡的贸易受到了损害。如果真是这样，那么朱罗王朝的被逐也许还促进了当地贸易的快速复苏。可以肯定的是，此后常有船只从斯里兰卡前往缅甸和马来半岛。如今，之前流到泰米尔人手中的中国和东南亚商品更强势地抵达锡兰世界，同时反向流通的货物也再度增多。

难以解释的是一些碎片化流传（fragmentarisch überliefert）的事件，一般认为这些事件也发生在12世纪。据某一碑文的释读结果，1130—1176年，马来半岛东侧的单马令正式归僧伽罗人控制。另一件事与缅甸相关：为了惩罚蒲甘王国，渡海而来的斯里兰卡人攻击了伊洛瓦底江三角洲上的港口勃生（Bassein）和另外两地。甚至有记载称，蒲甘在"斯里兰卡国王的许可之下"进军单马令。这些记载有多少是真的依然是一个谜。然而，这些可能反映了斯里兰卡在东南亚暂时接过朱罗王朝曾经的"警察角色"之时所发生的短暂的政治斗争，而到了12世纪末，文化交流又占据了主导地位。

斯里兰卡和缅甸通过佛教相互接近，重新恢复了古老的传统。一个核心事件是一支小乘佛教宗派（1190年）在蒲甘的建立，这个宗派遵循锡兰大寺（Mahavihara）[①]的规矩。此后数年，

[①] 摩诃毗诃罗，斯里兰卡古寺院。

该教派在吴哥等东南亚其他地方也赢得了信众。同时，巴利文文学在缅甸兴盛起来。在某些佛塔上，我们还能看到斯里兰卡建筑的影响。但更重要的是，文化传播并不是单轨的，思想和知识技能也会反向流动。如波隆纳鲁瓦的沙特摩诃·普罗沙陀塔（Sat Maha Prasada），就表现出发源于柬埔寨和泰国的堕罗钵底风格。因此，总体而言，在12世纪，东南亚大陆和斯里兰卡之间的交流更趋密切。有利因素包括朱罗王朝政治军事控制的衰弱、同时期蒲甘王国的兴起，以及斯里兰卡横跨孟加拉湾的影响力。

12 和 13 世纪的印度东海岸

我们还必须考虑其他发展趋势，把视线移回印度南部。在那里，朱罗王朝仍将作为一个地方大国在12和13世纪继续维持一段时间的支配地位，但潘地亚王朝逐渐解体，这减小了朱罗王朝对马杜赖及奎隆地区的影响。同时，这也是马可·波罗自称穿过印度南部的时代。波罗描述的潘地亚王朝十分富饶，是许多异域商人的通行之地，商人们主要从西亚带来马匹，换取印度和东南亚商品。

许多势力也卷入了朱罗王朝和潘地亚王朝的斗争之中，其中就包括斯里兰卡。不过，当时的斯里兰卡在政治上四分五裂，因此，其作为贸易区和政治势力的实力很快就衰弱了。根据基于后世文献的重构，在13世纪，斯里兰卡还和遥远的单马令陷入了对抗关系。这种奇异局势的出现也许是出于宗教动机，但具体细节我们不得而知，它对远洋贸易所造成的后果我们也并不清楚。

12世纪，在前一世纪曾受到朱罗王朝攻击的印度东北部主要政权仍然是波罗王朝，该王朝后来被犀那王朝（Sena）取代，后者不久之后又被突厥－阿富汗的古尔王朝（Ghuride）征服。由此，孟加拉的许多佛教重镇也逐渐失陷了。有些僧侣逃亡到了缅甸，这增强了蒲甘等地寺院的力量，而孟加拉日益受到伊斯兰教的影响。由此，印度东北部各佛教中心和三佛齐之间的"轴线"就不可逆转地成了历史，南亚和东南亚之间的宗教联系日益转移到上述的斯里兰卡—缅甸一线。

不久以后，古尔帝国崩溃，孟加拉和比哈尔再度经历了严重的动荡，直到著名的德里苏丹国作为新的平衡势力介入其中。其后果就是南亚次大陆东北段海岸处于伊斯兰教影响之下。这很可能在不久之后就吸引了环阿拉伯海地区的商人前来，但具体情况已无迹可寻。关于孟加拉和东南亚穆斯林商人之间可能存在的交流，我们也所知甚少。后来，相关细节才见于阿拉伯语文献之中。

13 世纪末和 14 世纪初的重大事件

13 世纪向 14 世纪的过渡带来了进一步的变化。蒙古人从北部压迫蒲甘王国，当后者于 1289 年最终灭亡之后，曾经统一的各地区都在争取更大的独立性。在沿海地区，勃固是主要的受益者。另一方面，不仅蒙古人进一步施压，来自素可泰和其他势力的军事冲突也带来了负面后果。据此，至少在勃固的北方和东方，对贸易和交通而言，状况恰恰不那么有利。

同时，作为小规模贸易势力的苏木都剌变得越来越重要。我们可以从当地的纪年著作《巴赛列王传》（*Hikayat Raja Raja Pasai*）中看到这些标志。苏木都剌第一批伊斯兰教徒的痕迹可以追溯到公元 1300 年之前，这同时也是整个区域里阿拉伯－波斯贸易网络内部结构性推移的一个前兆，因为正如我们所知，后来对横跨孟加拉湾的伊斯兰航线来说，苏门答腊岛北部各港口发挥了日益重要的作用。甚至伊本·白图泰都声称，自己在往来中国的途中曾在那里停留。

当时，在印度西北部，我们会看到德里苏丹国卷入了对抗蒙古人的防御战中。蒙古人从陆地出发，由西北方发起进攻。但苏丹国首先守住了疆土，1300年前后，在国王阿拉乌丁（Ala-ud-din）的统治下，国家过渡到了扩张阶段。在这个过程中，德里苏丹国占领了古吉拉特，随后转向印度中部和南部。卡卡提亚王朝（Kakatya）于1310年陷落，成了这次南扩的第一大牺牲品，其都城瓦朗加尔（Warangal）位于今天的安得拉邦地区（Andhra-Pradesh）。随后被征服的是西南部的曷萨拉王朝，最后是潘地亚王朝的大都市马杜赖。这些地区继续向北方缴纳贡赋。

信奉伊斯兰教的德里苏丹国统治了被征服的南部地区。人们对这个事实有着不同的评价。沿海地区的贸易和交通似乎蒙受了损失。无疑，黄金和各种财富之所以从泰米尔地区转移到北方的大都市，大多是出于新霸主的安排。显然，由于对寺庙的系统性掠夺，某些沿海定居点的腹地也遭到了破坏。因此，由于南方缺乏资本，科罗曼德尔海岸各地的远洋商人不得不大幅限制自己的商业活动。

这似乎反过来对另一种发展起到了促进作用：马拉巴尔海岸各港口的崛起。有人论证，国际货流更频繁地经过卡利卡特和奎隆，因此流过纳加帕蒂南等东岸地区的频率就更低了。也有人考虑过泰米尔地区的内部重心转移。比如穆斯林商人频繁往来的纳格尔（Nagore）的兴盛，就抵消了纳加帕蒂南的劣势。但我们仍旧很少能够确证这些论点。

德里对印度中部和南部的统治没有持续很久。很快，有些地区再次独立，导致了新的动荡和战争。14世纪30年代，马杜赖宣布独立。当地统治者称自己的地区为马阿巴尔（Ma'arbar），并和以大都为都的元朝保持着密切联系。14世纪20年代分为萨特加翁（Satgaon）、松纳尔加翁（Sonargaon）、拉克纳瓦蒂（Lakhnawati）三个王国的孟加拉部分地区，再度走上自己的道路。1346年，毗奢耶那伽罗王朝（Vijayanagar）兴起，逐渐成为印度南部的主导性力量。当然，德里苏丹国并没有毫无斗争地接受所有这些变化。14世纪50年代，它曾多次进攻孟加拉各地区，但并无进展。不过，在坚信印度教的奥里萨，苏丹国得以暂时宣告胜利。随后数年，奥里萨却往孟加拉方向和南方沿海地区扩张了势力范围。

几乎在同时，斯里兰卡也受到了内部冲突的震动。显然，对某些地方的本土商人和外国商人而言，数次迁都以及一个独立的泰米尔政权在北方的形成（1325年前后），使商业条件更加恶化。甚至佛教的对外交流也受到了影响。有人论证，在一段时间内，国际航海活动不再重视斯里兰卡，转而开始青睐喀拉拉沿海各港口。

蒙古外交与国际贸易

随着13世纪走向终结，印度沿海的广大地区和斯里兰卡都陷入了压力之中。元朝的使臣们也定期"瞄准"南亚次大陆。因此，我们不仅听说过来到印度西南海岸并把异国商品带回中国的使团，还知道斯里兰卡和卡亚勒地区（Kayal）的交流。

在这一背景下，杨廷璧的航海活动尤其重要。其航海目的也许首要在于把印度南方部分地区更加紧密地笼络在元朝政府旁边。但除此以外，他的活动是否还有进一步的意图？也许鉴于曾经横跨孟加拉湾的紧张关系（我们只需想一想朱罗王朝），元朝是否有意永远"平定"苏门答腊岛和斯里兰卡之间的广袤海洋？是否甚至还考虑一面从海洋，另一面从北方经阿富汗来钳制印度中部？

这种可能性听起来有多么有趣，对它的怀疑来得就有多快。元军在爪哇岛上的糟糕经历就足以说明，对外扩张的努力是有极限的。无论借助军事联盟还是通过外交，都无法永久保持对海洋和航线的控制，而且一个地区离北方的中心大都越远，要成功地介入该地区就越困难。因此，环孟加拉湾和安达曼海的所谓"蒙古和平"大约很难成立，计划和现实之间毕竟离得太远。

元帝国的内部状态也值得考虑。早在 13 世纪末，帝国凝聚力就开始丧失。早在蒙古人统一中国之前，各汗国之间的矛盾就已开始出现，而且在古老的盟友之间引发了数次交兵，在这些事实面前，关于一个世界帝国的构想就像是一种美丽的虚构而已。仅凭这一论据，就可使所谓钳制印度中部地区的庞大战略失去说服力。可见，杨廷璧等人的航海背后是否存在多重动机，依然值得商榷。

不过，让我们再次回到事实的坚实地面上。正如我们所看到的，在 1300 年前后，当东南亚的海洋世界开始从元朝和其他势力引起的众多危机之中复苏时，该区域的贸易再度增长。不久以后，南亚某些地区（尽管绝不是到处）的状况也稳定了下来，这也许使得更多船只从东亚和东南亚出发，航行到印度西南部乃至更靠近西方的地区。散见于相应文献当中的线索以及考古发现都说明贸易活动有所增加。此外，引人注目的是，中国文献日益频繁地提到纺织品运输，特别是许多来自印度的棉制品。在宋朝，关于这点还从未有过如此准确的记载。

远游者和地理学家

最后，我们再来谈谈属于这一繁荣时期的远游者和地理学家。14世纪30年代正在游历四方的汪大渊，我们已经多次提到。他自称到过今天缅甸的丹老、土瓦、马达班，印度的奥里萨和印度南部，甚至还去了战火动荡的斯里兰卡。在其名著《岛夷志略》中，他对这些地区都给出了论述。书中还提到一座中国塔，于1267年建于纳加帕蒂南，当时正值宋朝，因此这证明了科罗曼德尔海岸地区有中国航海者的存在。此外，汪大渊还是中国最早描写马尔代夫群岛和卡亚勒地区的人。他不仅描述了当地风俗习惯，还列举了物产和商品。从中，我们可以构建出一个由重要货流构成的、几乎完整的局部图。需要补充的是，汪大渊将印度洋看作一片大海，同时还指出了马纳尔湾等更小的海域，并完全正确地将其和采珠业联系了起来。

更有名的是阿拉伯记录者，其中，伊本·马季德（Ibn Majid）和苏莱曼·马赫里（Sulaiman al-Mahri）尤其重要，因为他们留下的文本带有地理坐标和航海提示。其中有对孟加拉湾的精确描述。虽然严格来说，这些论著都是后来成文的，但构成其基础的原始材料却形成于我们所探讨的时间段。这些文章在许多方面超越了中国人的记载：一方面，这些资料对马来半岛西侧和安达曼群岛及尼科巴群岛的掌握要细致得多，另一方面，来自阿拉伯人的文字记载了关于几条小航线的提示，这是中国传统中所没有的。

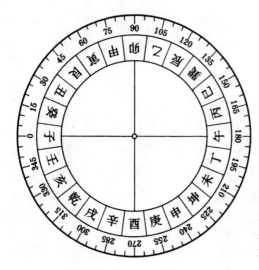

中国的罗盘分区，每两字标志着理想的方位。这类字符的组合见郑和航海图，亦见绘有通往琉球航线的地图。

第四节 西印度洋、红海、波斯湾：在亚丁与霍尔木兹、古吉拉特与喀拉拉之间

12 世纪之前的印度西海岸

我们再次从 10 和 11 世纪开始，起初，在印度的西南部，朱罗和潘地亚等王朝占有决定性地位。人们会说到马阿巴尔，而文献也日渐频繁地提到某些港口，其中包括后来变得重要的奎隆和卡利卡特。值得一提的是马匹贸易，在这方面，奎隆发展成了先进的集散地，因为频繁征战，印度南部诸王几乎需要不断补给马匹。

因此，印度西南部大多数地方都和南亚次大陆的西北部以及

阿拉伯星盘，标记和刻
度划分与中国罗盘类
似。见左侧插图。

阿拉伯半岛各港口之间处于不断的联系之中。同时，印度西北部
也和这些港口保持着活跃的交流，从9世纪起控制西北方的穆斯
林统治者对海上贸易相当宽容。该地区的印度王侯们似乎也很乐
于和遥远的国度做生意。可是，总体而言，跨越陆地的长途交通
占了主导地位，这也许只是因为在强大的德里苏丹国治下，从一
侧海岸到另一侧海岸的路线比较畅通。

位于今天孟买附近的焦尔（Chaul），是西北部最重要的港口
之一。据马苏第（10世纪）称，在此地的许多居民来自海湾地
区，包括西拉夫、阿曼、巴士拉甚至巴格达。其他资料记载过坎
贝（Cambay）的阿拉伯商人。甚至在内地，我们都能够遇见穆斯
林商人，如遮娄其王朝所在地帕坦。这座城市位于沿海地区和更
深的腹地之间的一条重要路线上。一些阿拉伯语碑文——大部分
来自13世纪——证明了相关商人群体的存在。

海湾地区，11—13世纪

10世纪，在更靠近西边的伊朗世界，统治者仍然是阿拔斯王朝。它与印度各港口之间似乎是通过海路保持交流的，很少通过陆路。其原因在于，从克尔曼（Kerman）到坎大哈（Kandahar）的传统航线经常被封，而在贫瘠的莫克兰沿岸，道路又过于艰难。但不久之后，阿拔斯帝国就衰落了，因为当地权贵和外部敌人对它构成了多重挑战。比如在布哈拉（Buchara）执政的萨曼王朝（Samanide）就是一个长期威胁。950—1050年前后，白益王朝（Buyide）控制伊朗西部到伊拉克及巴格达地区。叙利亚和埃及的部分地区由法蒂玛王朝（Fatimide）统治，海湾地区的许多地方也往往走上独立的道路。

在这些地方，首屈一指的是伊朗一侧的西拉夫，它在国际贸易中长期占据中心地位。约10世纪末，该港口的经济开始衰退，而到了11世纪，西拉夫作为区域内主要集散地的位置最终被在其以东的基什岛（Kish）取代。该岛和从前的西拉夫一样，也有印度等地的商人。但基什在政治上很弱小，1229年，霍尔木兹控制基什，取代米纳卜，获取了巨额财富，其统治者把权力扩张到了今天阿曼沿海的一些地区。此外，霍尔木兹是向北的一条活跃陆路的终点，所以从13世纪开始，它就成了该地区最重要的贸易点。

10—13世纪，波斯湾南侧大多只处于次要地位。沿岸部分地区受到海盗的骚扰，这妨害了国际贸易。卡塔尔和巴林等地虽然在考古上很重要，但总体而言，和西拉夫或后来的霍尔木兹相比，开展的商业活动偏少。只有阿曼沿海的苏哈尔港具备一定重要性。早在10世纪末，穆卡达西（al-Muqaddasi）[①]就曾赞美该港口是一

---

① 10世纪阿拉伯地理学家。

处重要枢纽。也许，苏哈尔港的地位要归功于从西拉夫迁来的商人。此外，直接来自印度的船只也将其当作避风港。也许抵达西拉夫的进口货物主要流向北方和西方，而不一定进入阿拉伯半岛内陆。

法蒂玛王朝、阿尤布王朝及红海

我们今天经常认为，在上述时代，印度西北部和海湾地区之间的联系主要受到阿拉伯穆斯林商人的影响，而印度的航海活动只扮演次要角色。在印度发现的阿拉伯语碑文也许能证明这一点，但许多线索却指向相反的事实，哪怕忽略许多证明印度商人存在的依据，我们也会发现，印度的航海和造船技术一如既往地流向海湾地区。这一切都可能暗示着一种颇为不同的局面。随之而来的问题就是，海湾地区作为印度和东地中海沿岸地区之间的通道，究竟是获得了相当的重要性，还是失去了意义呢？

要了解这方面内容，我们需要略微往前追溯。在北非沿海地区——在某种意义上是遥远的"西方"，一股新势力从今天的突尼斯发展起来：兴起于一个伊斯兰什叶派组织的法蒂玛王朝。969—973年，它占领了尼罗河三角洲，最终拿下整个埃及，不久又控制了红海的部分地区，主要是北部沿海地带。11世纪，在十字军东征之前，法蒂玛王朝甚至夺取了西西里。当时，开罗（包括福斯塔特）早已成为法蒂玛帝国的大都市。生活于埃及、信德和古吉拉特的穆斯林商人之间，联系日益紧密。有一种假设认为，从前从印度出发而到达海湾地区的货物，当时更频繁地经过也门（不久也处于法蒂玛王朝的势力范围之内），通过红海运到开罗，再从开罗进一步流向马格利布（Maghreb）、伊比利亚半岛，或是由威尼斯逐渐扮演核心角色的意大利。

　　作为地中海和印度洋之间的贸易通道，10世纪末的红海开始变得相对重要。在某种程度上，这是在法蒂玛帝国的保护下发生的，其代价是经波斯湾贸易的衰落，尽管西拉夫、基什岛等地有过短暂的繁荣。持此论点者认为，1171年法蒂玛王朝崩溃之后，在逊尼派当政的阿尤布王朝统治叙利亚且吞并埃及时，上述状况几乎没有变化。开罗仍然是各地区之间的大集散地，红海也仍然是重要的贸易动脉，而海湾地区一直承受着政治分裂，巴格达也多次遭遇自然灾害，可能未像埃及北部那样散发出经济吸引力。或许，我们可以补充说，霍尔木兹的黄金时代仍未到来。

　　如果单纯从印度西北部的视角出发，这幅画面在必要时还有待修正。因为对巴鲁克（Baruch）、坎贝、焦尔或索玛那塔（Somanatha，有多种写法）等地而言，要前往西方，海湾地区依然是比较舒适的通道。这条水道相对较短，这可以佐证这一点。印度的阿拉伯语碑文，以及我们所提及文献中的其他线索同样可以引为凭据。此外，从波斯湾北端的巴士拉出发，还有多条路线通过美索不达米亚平原，直抵地中海边缘。其中一条路线与幼发拉底河平行，绕过了巴格达，因而不一定受到该城市多次危机的影响。

　　回到开罗。当时统治开罗的阿尤布王朝在许多方面都非常活跃。由于十字军东征，有欧洲商人零星地从西奈半岛向南航行，阿尤布王朝不仅禁止基督徒在红海上航行，还控制了也门，派多艘橹舰把守也门海岸。这是法蒂玛王朝所没有做的。此外，它还加大对阿拉伯半岛宗教场所的资金支持。在亚丁，定义精确的关税体系问世。最后，在阿尤布王朝时期，卡里米（Karimi）商人崛起，他们主要是信仰伊斯兰教的大商人，很快就开始支配红海入口的贸易，并和印度许多港口以及瓜达富伊角以南的非洲东海岸各地建立了联系。

东非，11—13 世纪

在11和12世纪，还有其他地方的商人群体造访从索马里到莫桑比克的漫长海岸带，比如印度和海湾地区的商人，后者主要是生活于西斯夫等波斯湾沿岸城市和阿曼的西拉夫商人。这些材料出自阿拉伯语文献，如12世纪中期伊德里斯（al-Idrisi）[①]的记载。这种说法得到了考古发现的支持，在肯尼亚沿海的曼达（Manda）附近发现的陶瓷，让人联想到西拉夫出土的同类文物。

当时阿拉伯的地理学在整体上将东非沿海区域划分为四个区：从非洲之角到接近摩沙迪加（Mogadischu）的地方是柏培拉地区，以南为津芝，接下来是大致与桑给巴尔同一高度的索法拉地区，最后是笼罩在传说之中的韦韦（Waqwaq）王国。其中最活跃的似乎是索法拉北部和津芝。一些新城市在今天的摩加迪沙、蒙巴萨（Mombasa）、达累斯萨拉姆（Daressalam）周边建立起来。摩加迪沙本身就一度是最重要的港口。来自也门等地的移民在那里定居，主要从事黄金、龙涎香和象牙贸易。1250年前后，这座城市在文化上也已经举足轻重，以至于伊本·赛义德（Ibn Sa'id）将其称为伊斯兰的一个中心。

摩加迪沙以南分布着彭巴（Pemba）、桑给巴尔岛、马菲亚等岛屿。来自伊朗的移民似乎为这些地方的经济崛起做出了决定性

[①] 阿拉伯地理学家及旅行家。

的贡献。但要解读坦桑尼亚沿海出土的丰富的宋代陶瓷，就没有那么容易了。是谁把这些物品带到了东非？是波斯商人吗？另外一些模糊的证据说明，当时有船只日益频繁地从上述岛屿前往科

划艇上的阿拉伯航海者。出自哈里里的伊拉克手稿《布道书》(*Standpredigten*)中一幅细密画。此书是记载在虚构的世界各地游历的一个集子。

摩罗群岛和马达加斯加（文献中常作"al-Qumr"）。

比如，伊本·穆贾维尔（Ibn al-Mujawir）曾提到一条从亚丁经过摩加迪沙和基卢瓦，最后到马达加斯加的路线，也说起过一艘从马达加斯加直航亚丁的船。这指的是 13 世纪初期。伊德里斯甚至还指出津芝和远东之间存在交流。而赵汝适，其记载虽然出自二手资料，却说"层拔国"（大概即桑给巴尔）位于古吉拉特之南。这同样可以看成是一种不甚明确的指示，说明当时存在横穿印度洋的直接航海活动。但这些路线的轮廓仍然是非常模糊的。

马穆鲁克王朝（Mamluke）和红海

13 世纪中期，阿尤布王朝被马穆鲁克人①取代。如果说这次政权更替对红海的贸易产生了影响，那也只是暂时性的削弱而已。因为几乎与此同时，来自中亚的蒙古人侵入了阿拉伯地区。1258 年，他们甚至攻占了巴格达，进行了血腥的大屠杀。由此，阿拔斯王朝彻底终结，巴格达也降格为一省之府，位居大不里士（Täbris）之下。

在此期间，霍尔木兹已崛起为当地的贸易重镇，但蒙古人的存在显然让许多商人感到不安，经过波斯湾的海路以及穿过今天伊拉克而通往大马士革、阿勒颇、地中海沿岸的商路仍然受到阻碍。1260 年，马穆鲁克王朝暂时阻挡了蒙古人的行军，此后不久又在努比亚（Nubien）扩大了领地，势力不断扩张。这时，局势终于明朗：红海将继续是欧洲和印度洋广大地区（尤其是东南亚

---

① 中世纪服务于哈里发的奴兵，后形成军事集团，在阿尤布王朝式微后建立了自己的王朝。

贝登型阿拉伯帆船。这种
无龙骨的扁平船只完全是
"缝制"的，被用作小型货
船。似乎早在中世纪就航
行在东非沿海地区。

世界）之间更重要的那条"通道"。这种形势成了另外一些地区加强自身对埃及交流的契机。1283年，锡兰一位国王向埃及派去了使节，呈上了肉桂等贵重物品，并提出要在斯里兰卡和开罗之间建立官方联系。

红海的发展也迎合了当时受制于马穆鲁克王朝的也门拉苏里王朝（Rasulide）的希望。拉苏里人依赖关税收入，因此注重推动海上交通的发展。在接下来的数十年中，也门沿海的亚丁等地也可以顺理成章地巩固自己在埃及、东非和印度三者之间国际贸易中的地位。一位编年史家就曾记载，公元1300年之后不久，亚丁从中国收到了丰富的货物，包括几百公斤麝香、瓷器和各色香料。公元1340年之后，马穆鲁克逐渐放松了对红海南段的控制，所以也门的航海活动似乎更受鼓舞。

蒙古人在地缘战略上的考虑？

也许，我们暂且可以这样简单概括，在13世纪末及14世纪初，印度洋西部的国际航海受到以下港口和势力的决定性影响：卡利卡特和奎隆等印度西南沿海的小地方，以坎贝为首的印度西北部城市，最后是霍尔木兹、亚丁以及非洲的一些地点。位于"幕后"的陆上强国是定都开罗的马穆鲁克王朝、包括位于今天伊朗境内伊尔汗国在内的蒙古政权，以及印度北部的穆斯林帝国。尤其是马穆鲁克，该政权致力于倡导航海活动。

印度、也门、波斯、阿拉伯、中国等地的生意人和犹太人构成了最重要的商人群体。在一处犹太档案馆中，我们发现了出自开罗的文献，印证了这些人在古代的活动。这些资料包括地理文献和游记，以及大量碑文和编年史。考古材料也同样复杂，仅海湾地区出土的陶瓷和铸币，就反映出巨大的文化多样性，这有时甚至足以让人就某些地方的繁荣和衰落得出相当精准的结论。

此处，我们需要再次提到蒙古人在波斯的影响，毕竟他们和一个前所未有的因素紧密相连：虽然只维系了几十年，但东亚沿海和伊朗海滨由同一个陆上强国所控制，这在历史上还是第一次。对远游者而言，这意味着他们在陆路上可以相对顺利地从大都经中亚到达西亚。而从泉州经苏门答腊岛及印度西南部而前往霍尔木兹的海路却需要经过政治分裂地带。虽然亚洲沿海地区的许多小地方和小政权也许听说过大汗的军队，但他们究竟是否畏惧这支大军，仍值得怀疑，因为在海上，至少在印度洋上，并不存在所谓的**蒙古和平**。简而言之，我们的印象是，当时的海上交流仍然像11和12世纪一样繁荣，陆上交通的竞争和政治多样性并未对它造成消极影响。

　　然而，上述13世纪末汉－蒙舰队的行动，也许还有东印度洋周边某些国家和地区的敌对关系，可能暂时干扰了特定航段上的贸易和交通，由此产生的各种影响远及西亚。其次，我们还要想到在印度南部活动的元朝使节。他们追求的是哪些目标？他们希望（这方面内容在某种程度上微不足道）对跨阿拉伯海的海洋关系网施加影响，甚至削弱政敌吗？在元朝的考量当中，霍尔木兹之类的地方可能又扮演了何种角色？

　　但是，如果想到蒙古各帝国基本上在1300年之前就走上了各自的道路，因此我们不能将远东的元朝和日益受波斯影响的伊尔汗国等量齐观，那么这些问题也就变得多余了。14世纪初期，商人经陆路由东到西的旅途再次变得艰难。此外，中国沿海，接着是环孟加拉湾某些地区的状况都发生了变化。1320年或1330年前后的海上交通并未面临重大阻碍，从泉州到西亚各港口的整条航线都是如此。对于海上交流而言，这只能有益无害。

霍尔木兹，13世纪末和14世纪初

　　在这段时间里，汪大渊自称曾航行于西印度洋之上。他是我们最重要的一位时代见证人，也许也是不止一次置身于那片"偏远"所在的远行典型之一。当然，他真正费心去办的是哪些任务，依然是他自己的秘密。值得注意的是，他对卡利卡特、奎隆等马拉巴尔海岸上的地方均有说明，在当时，这些都是其他中国文献中没有记载的。此外，对霍尔木兹、巴士拉等西亚港口，甚至关于非洲，他也做了报道。

　　汪大渊是一位专注的观察家。无论是喀拉拉海岸的胡椒经营，还是定期从霍尔木兹至印度的马匹运输，都没有逃过他的眼睛。从他那里，我们可以读到，有时人们通过用椰壳纤维"缝制"（不是钉合）的船运送数百头动物，而甲板下面填满了乳香。这些线索似乎和霍尔木兹—奎隆航线有关。同时它们不仅说明霍尔木兹和乳香产地哈德拉毛海岸之间的密切联系，也证实了霍尔木兹从伊朗腹地或阿拉伯半岛购置马匹并继续运往印度的说法。

在汪大渊的时代，霍尔木兹已经成了远途交通的一个枢纽，成了经典的**中央商场**（emporium）。它本身并没有什么产品可资供应，甚至水和食物都必须依赖进口，但却有稳定的外部条件，这使得贸易具有可预见性，因此吸引着四面八方的人们。此外，狭小的霍尔木兹王国的中心不再位于伊朗大陆，而是转移到了霍尔木兹岛上，距旧址向西南数千米，战略位置更好。从那里非常利于监控波斯湾出口处的海峡。和波斯湾西部的其他港口一样，在提比（al-Tibi）家族短期统治下，基什岛得以再度巩固自身的地位，但最终也同样依赖霍尔木兹。

也许，伊朗大陆的各部分都依靠这个小王国来供应商品。霍尔木兹购自印度和中国并重新出口的一些货物，经过伊斯法罕（Isfahan）和大不里士到了今天的土耳其和黑海流域。特别是当我们设想，大约从开罗崛起和巴格达衰落开始，经过两河流域的道路就和艰难险阻联系在一起的时候，那么霍尔木兹的地位又是证明波斯湾经久不衰的生命力的一条论据。我们还必须考虑，中亚地区陆路可通行程度的降低，在多大程度上有利于霍尔木兹等地。曾经通过陆地到达西方的许多产品，现在可能要通过海路来运输了。

1340年前后，伊朗的局势开始发生本质的变化。伊尔汗国逐步解体。这一过程伴随着外交上的挑战以及后来大陆上爆发的瘟疫，这些虽然在政治上可能对霍尔木兹有所助益，但却未必在经济上带来积极作用。至少我们可以想象，原先接受霍尔木兹供货的一些老主顾将消失。也许，亚丁及其背后的也门贸易网络能够从这些变化当中坐享其成。

14 世纪初期的亚丁和东非

亚丁不仅是霍尔木兹的一个贸易伙伴，也是一大竞争对手。因为作为也门的一座大都市，它也吸引着各地商人。比如，伊本·白图泰就曾提到过那里的一个印度"殖民区"。此外，拉苏里王朝还向东扩展了自己的势力范围，在 1279—1280 年占领了佐法尔（Zufar，也写作 Zafar 或 Dhufar 等）。毫无疑问，此类军事胜利抬升了亚丁的地位。即便它无法总是控制哈德拉毛的居民佐法尔人（Zufaris）和哈德拉姆人（Hadramis），但至少，如果能够在亚丁和霍尔木兹之间选择合适的商业伙伴，那么像穆卡拉（Mukalla）或希赫尔（as-Shihr）等位于霍尔木兹到亚丁直接航线上的一些地方会更多倾向于亚丁。

尽管波斯湾周边地区和也门各港口都与东非保持着联系，但和这片黑色大陆关系更近的却是亚丁。因此，卡里米商人利用了这个机会，通过也门把瓜达富伊角以南的不同地方与红海北段马穆鲁克王朝控制下的各中心联系起来。同一时期来自也门的青瓷分布十分广泛，从埃及的科赛尔（Qusair）经过米纳卜，直到索马里和坦桑尼亚沿海的一系列地点均有发现，这个现象与这里的情况非常符合。虽然如此，霍尔木兹和非洲港口之间大概也和从前一样存在平行航线，这些航线经过哈德角、佐法尔和索科特拉岛，从而绕过亚丁。

有时也有人认为，13—14世纪，非洲海岸上发生了另一次重心转移。显然，商业活动的重心正在转向南方，首先从肯尼亚沿岸的拉姆（Lamu）往彭巴和桑给巴尔方向移动，然后再到今天坦桑尼亚的基卢瓦。在13世纪之前，基卢瓦几乎没有发挥过任何作用，但此后却日益被纳入国际海上交通之中。石造建筑的兴起、自身货币的铸造、玻璃珠和瓷器的进口（中国货物尤其多）等，都是人们津津乐道的标志。同时，伊斯兰化也在不断向前推进。这一过程很可能始于最初来自西拉夫或伊朗腹地（设拉子）的穆斯林群体，后来在马赫达利家族（Mahdali/Mahadila）治下则主要由也门的客旅或移民推动。其他非洲港口的伊斯兰化也与他们有关。

因此，在1330年前后，基卢瓦崛起为最大的中转地之一，与它北方的亚丁、东方的科摩罗和马达加斯加以及南方的索法拉等地都维持着联系。此外，它还从非洲内陆置办商品。这一发展似乎造成了摩加迪沙的损失。如果确实如此，则说明亚丁和基卢瓦的联系更胜一筹，而海湾地区与摩加迪沙之间的交流只能退居其次。

从东方再次回望西亚，14世纪上半叶

在14世纪初期，商人们如果想从卡利卡特、奎隆等马拉巴尔海岸各地前往西方，本质上有两种选择：前往霍尔木兹或者亚丁。伊本·白图泰曾经提到一位富有的船主，这位船主在中国、波斯和也门都拥有许多船只。据说在卡利卡特，还有一位来自巴林的港吏（shabandhar），他掌管关税事务。实际上，这说明经过阿拉

伯海的海上交通存在一定的"双轨性"（Zweigleisigkeit），也说明它所依赖的是印度西南部、霍尔木兹和亚丁这三个极点。

此外，马尔代夫群岛也像从前那样被纳入国际货物流之中，它作为处于从属地位的商业场所，主要供应也门的造船从业者和阿曼人所需的椰壳纤维。而且，当时很可能还存在其他不那么常用的航线，它们把印度港口直接和佐法尔或哈德拉毛海岸连接了起来。据此，中国船只（伊本·白图泰声称今在卡利卡特一地就见过十三艘这样的船）必定和其他所有西行的船一样，选择了其中最合适的路线。但至于哪些理由决定了这种选择方式，未见记载。

一方面是海湾地区的政治权力转移和伊尔汗国的衰落，另一方面是马穆鲁克王国和亚丁的持续强大，所有这一切也许可以佐证人们对印度—也门—开罗航线更集中的使用。但这种印象可能具有欺骗性。14世纪初期，中国的陶瓷出现在许多地方，其数量往往比其他商品更多。但中国陶瓷的分布并不能让我们反推出人们在目的地选择上可能存在的偏好。如果就像我们常常设想的那样，可以把所有相应的出土物视为汉－蒙商业利益扩张的表征，或者甚至将其看作中国船只在阿拉伯海上不断增强的存在感的信号，那么就可以假定，元帝国商人应该更偏爱经过波斯湾的那条更短的向西之路，因为他们很早就对一直维护着通往波斯和中亚道路的所谓波斯商人相当熟悉。也许仅此一点，就足以构成他们如此选择的充分理由了。这些似乎都在支持霍尔木兹和海湾航线。

另外，在挖掘结果和汪大渊记载的鉴照之下，我们也考虑过中国人在东非海岸上的活动。有一种观点甚至认为中国人已经知道了非洲内陆的一些地方。然而，对许多地名的阐释都有争议，现在还没有合乎逻辑而有说服力的证据。我们几乎不可能去衡量14世纪初各条商业航线的重要性。同样，关于存在和也门等地贸易网络相对立的某种"伊朗–中国联盟"的提法也很牵强。相比之下，下面这种看法也许更正确一些：当时这些互相竞争的体系之间存在一定的平衡，互相之间并非泾渭分明，而是允许众多横向联系的存在。

第五节　总论

在公元1000—1350年这段时间里，我们可以发现前一个时期的某些结构特征。这尤其适用于以下几点思考：在特定几个时期内，从东向西的海上航线得到发展的原因之一，是陆路不够畅通。海陆两个领域之间存在一定的交互作用。海上航线本身也划分为段，借助商贸港口，不同分段经常在其边缘地区互相联结。但一些商人群体仍旧活动于多个航段上，在东亚和西亚之间从事远洋贸易。

从整体上看，各独立海域更加紧密地结合在一起。之所以如此，也和各"强国"的经济动力有关（正如从前的部分情况一样）。在远东，宋朝首先散发出相应的吸引力，然后是元朝，而在地理上的另一端，引人注目的主要是控制着红海及波斯湾的那些帝国。在这方面，东方世界也许是更强大的一股动力。在中国，多种因素共同作用：金融技术的系统工具和资本流动得到改善，生产力提高，沿海地区逐渐形成许多城市中心，对进口的需求不断增大。最后，还不能忘记：中国是当时人口最多的地区。虽然我们在法蒂玛、阿尤布和马穆鲁克等王国那里也可以观察到释放了新力量的结构性变革，但这些地方并不能与中国相抗衡。

此外还有许多技术进步。比如宋朝的造船业进一步发展，陶瓷工业繁荣，又比如阿拉伯地理学家对某些海域的掌握等。再者，无论东方还是西方都开发了一些到那时为止尚属边缘的空间，并首次（至少在文献和考古发掘的反映下）系统性地使这些地区更趋近业已存在的核心地带。属于这种情况的，在远东，是那些位于东部航线区域之内的岛屿，在西端则是东非及马达加斯加沿岸的一些（之前没有被频繁使用的）海岸段。在与此相关的活力上，东方再次强于西方，而且能把这些利润登记入账的大多是一个强国：中国，或者更确切地说，是驻扎在福建（尤其是泉州）的商人。相反，东非的"局部利润"却要由多个群体分享，这些群体主要是来自印度西北部、海湾地区和也门的商人。

随着"东航路"区域和非洲其他地段被纳入亚非海洋关系的整体网络，这个庞大组织的空间扩张也在某种程度上触碰到了它的自然边界。直到欧洲时代，才出现新的推力，特别是好望角航线的开辟，以及把菲律宾群岛和新世界连在一起的跨太平洋交通的开辟。

在各局部空间，某种程度上是在基础层面，我们同样可以观察到多种演变，有些是已知状况的进一步发展，另外一些则可能是新的变化。在远东，中国沿海地区的分裂（宋朝退居南方，辽金占据北方）对前往朝鲜和日本的海上交通产生了影响。在南亚，斯里兰卡、泰米尔地区和马拉巴尔海岸三者之间形成了某种互动：不同地区在不同时期各领风骚。而关于亚洲海上交通整体的西部边缘，我们又面对着如何估量海湾地区和红海的问题。

国际航线上交易的仍然是昂贵的奢侈品，其他产品较少。但革新和数量上的某些特点也是显而易见的。在元朝统治下，当地的沿海交通前所未有地繁荣，主要涉及稻米运输。此前，大概没有任何一个亚洲国家像中国一样，在如此短的时间内，通过海洋运输了如此大量的食物。与早先各时代相比，中国瓷器和铸币在国际上的传播量显著增多；如果说当时曾有过某种"主导货币"，那可能就是中国的钱币。在我们的印象中，印度开始向许多地方大量输出棉花制品；这些产品自然不仅流向西方，同时也进入了东南亚。而在伊斯兰世界的部分地区，海上奴隶贸易曾在一段时间内扮演过重要角色，成千上万的人口从非洲被劫掠到今天的伊朗和埃及等地。

战争是当时的另一大主题。特别是在东亚和东南亚，尤其是蒙古人当中，军事行动日益频繁地使用大量船舰。但是，在孟加拉－安达曼海域也第一次出现了跨洋行动，比如朱罗王朝和斯里兰卡，这是一个真正的新现象。同样值得注意的是，这些事件为进一步的猜想提供了空间：元帝国是否如同在亚洲大陆一样，对印度洋也抱有政治野心？

和以前一样，海上文化交流也占据着重要地位。除了实用知识和工艺技术之外，佛教和儒家思想也再次经过东亚的海洋到达日本；东南亚继续吸收印度元素，但同时也接受了许多中国文化；伊斯兰教非常普遍地从阿拉伯－伊朗世界向东方传播。在此过程中，商人群体的小规模聚居区往往起到了类似桥头阵地的作用，相关文化元素的传播或接受正是依赖它们。

我们还可以提出最后一个想法：特别是从13世纪开始，我们接触到了更多记述海上国家和地方的作品，在我们遇见的文本中，真实和虚构往往结为一种无法厘清的共生关系，自有之物如同施魔法一般被置入陌生之境，有时表现出一种对异域之风的敏感。也许正因如此，我们的如下断言不无道理：不知何时，该时期在对海洋地区的感知上迸发出一种新的文学品质，并在后来将其注入了"海上游记文学"。

第七章

转型时期（约公元 1350—1500 年）

第一节　蒙古人之后：碎片化（约公元1350—1400年）

三分法

上一章从以下背景出发：整体上，亚洲海域从东亚地区得到的推动更多，而来自西方的动力相对较少。但是，随着蒙古人的世界帝国逐渐分崩离析，不久之后元朝开始衰落，状况也再度发生变化。在约1400年之前的数十年里，各海域重新被地域性利益集团主导，更高层面的"推动者"销声匿迹。在不同地区，即便还不是所有地区，地方势力的影响甚至持续到15至16世纪。只有东西方之间的核心海域，如南海、东印度洋、西印度洋的部分海域，在短时间内再次陷入远东的旋涡之中。这里指的是郑和远航的时代，这次明代（1368—1644年）初期由国家主导的航海活动，以某种方式主导国际远洋贸易的某些分支路线长达约三十年，它使此前的各种发展相形见绌。

以下的论述与前几章的划分方式略有不同。首先，占据中心地位的是14世纪中期至该世纪末的发展。这一段的探讨方式仍然主要是"地域性"的，某些情形下也须兼顾15世纪初期的一些事件。第二部分（约1405—1435年）暗含着一次视角转换：它描述了明代早期的一系列国家行为，这些行为似乎笼罩在"整个体系"的分裂之上。在这些行为结束以后，在局部已经变化的征兆下，整个体系再次回到了之前的碎片化状态。这就是第三部分（约1435—1500年）要讨论的内容。而欧洲人的到来宣告了另一次转折，第三部分终结。

朝鲜和日本

让我们再次从极遥远的东方开始我们的描述，从朝鲜和日本入手。早在13世纪期间，朝鲜沿海许多地方就多次遭到日本匪帮的进攻，这些人在文献中被归于"倭寇"这个笼统的名称之下。14世纪下半叶，此类事件再度增多。《海东诸国纪》和一些编年史著作给出了相关的说明。盘踞在壹岐、对马、济州、九州、五岛列岛等岛屿上相互为敌的群体，不但扰乱了环朝鲜半岛的贸易，而且也影响了各地与中国沿岸之间的海上交通。朝鲜方面的应对措施经常无效，因为不同的倭寇匪众不断结成新的帮派。有时，他们在劫掠时还使用从自己岛上带来的马匹，以便深入朝鲜内部。

这段时间，东北亚普遍权力分散，倭寇问题只是这种现象的一个表征。元朝一直处于衰弱状态，这个状况影响了很多其他地区。这不仅让统治朝鲜的高丽王朝必须面对如何应对海疆群寇的问题，还让它面临着在陆地界线上寻找可靠伙伴的困难。朝鲜宫廷所考虑的是最终可与谁订约的问题：是14世纪50年代开始把越来越多的地区纳入自身势力范围的反元起义军，还是中国东北部的女真，还是继续忠于他们本应顺服的蒙古人？因此，使团来来往往，还爆发了数次边境冲突，这周期性地妨碍着朝鲜与其邻国之间的关系。元朝的统治崩塌之后不久，高丽军队甚至短期占领过辽东半岛部分地区，这让刚刚掌权的明朝非常不快，因此明朝在当时对朝鲜采取了敌对态度。这些变化一同让高丽王朝处于内外高压之下。这最终在1392年导致了朝代更替：朝鲜转而由李氏家族统治。

但倭寇侵袭的密度并未随着这次朝代更替而降低。朝鲜仍然受到主要来自对马岛的困扰。李氏家族的回应是发放通商许可，他们希望以此让海上交通顺利过渡到正轨。此外，他们还试图动员控制着对马岛部分地区的权势家族宗氏与之合作。但非法领域的整肃并非一日之功，而且正常贸易活动和"海盗行径"之间的边界也是流动的，并非泾渭分明。因此李朝认为，有必要和从前的高丽一样引入军事手段。比如1419年，朝鲜向对马岛上早田家族①的诸多据点发动了大规模进攻。

这些活动似乎在一定程度上减轻了环朝鲜半岛周边海上交通的负担。但对马岛作为区域性贸易据点的意义已由此减弱。如果说该岛从前与一些遥远地区保持着联系——人们喜欢列举那里出土的越南陶瓷为例，那么这些联系现在已经明显减少了。同时，朝鲜方面加强了和琉球群岛的联系，通过琉球，朝鲜获取了更多来自东南亚的货物。朝鲜和琉球群岛之间的新"轴"似乎可以在某种程度上取代经过对马岛的老"线"。下面，我们将更详细地探讨相关内容，以及在15世纪变得日益重要的琉球航线。

中国东北

在中国，元朝的崩溃影响了从辽东半岛到长江口的几乎整个

---

① 早田家族的家主早田左卫门大郎是当时著名的倭寇头目。

沿海地带。虽然黄海和东海的海上交通还没有因此完全瘫痪，但却不得不经受严重的干扰。洪水、干旱、瘟疫、起义，还有元帝国和后来由朱元璋领导的起义军之间的军事斗争，不仅毁灭了某些港口的经济地位，还破坏了元大都赖以维持其保障系统的稻米运输。我们知道，通过船只，人们把大米从长江河谷的产地经过山东运到渤海地区。为了保证后续的供应，当元朝即将失去对沿海航线的控制时，朝廷试图拉拢张士诚和方国珍两大豪强，他们曾经在起义中承担过领袖的角色，统治今天江浙的部分地区。但这种尝试取得的成功非常有限，因为张氏和方氏维持着广阔的贸易网络，掌握了通往东南亚和横跨东海的多条航线，这突显了他们自身在政治和经济上的独立诉求。

在中国、朝鲜和日本之间余下的民间贸易之中，有很大一部分受到新兴的权势个体的控制，而朝廷对此束手无策。这些人的角色完全能使人想起后来福建贸易巨头的广泛活动。相关商人到处都能利用现存体系当中的空隙来实现自己的经济和政治目标。极端地说，张士诚和方国珍可以说是这类人的第一批"原型"，至少是第一批在文献中有记载的原型。

14世纪60年代元朝的彻底灭亡使张氏和方氏陷入了和朱元璋势力的冲突。朱元璋不仅征服了蒙古人及其盟友控制的多个依赖商业的区域，而且在1368年刚登基建立明朝之时，就下令严禁民间与外国通商。新朝过于害怕"海疆"上出现未来的敌手，以至于无法像14世纪元朝治下那样允许民间自由贸易。此外，首都南京离海岸很近；旧统治者虽然早已退回北方，但却仍然危险，他们和南京民众之间可能出现的联系是朱元璋无法容忍的。因此，类似张士诚和方国珍这样的人物被视为威胁，任何情况下都要防止他们崛起。

这一政策把中国的沿海地区推向了一种不同寻常的境地。因为朱元璋一贯地坚持自己的要求，毫不松动，所以民间贸易很快就萧条了。这位皇帝希望，进入中国的唯一道路应该是朝贡贸易。对此，明朝发布了详细条款，规定了使团的数量、频率和规模。相应的规章主要见《大明会典》，而针对民间出海贸易的处罚则大多载于《大明律》。

中国沿海所有地方都受到新政的牵连，但那些位于东海边上的地方，大概尤其苦于这一政策。这同时也触动了整个东北亚的贸易空间。虽然官方使团常往来于明朝和朝鲜之间，但出于上文提到的理由和对朝贡的严格限制，使节的来往也笼罩着不和的阴影。确实，朝鲜偶尔从陆上或从海上出发，经山东供应马匹和当地特产，但这些来送的货物并不能满足民间商人的愿望，他们被远远排除在交易之外。中国和日本之间的官方交流也乏善可陈。因此，正如中国和朝鲜之间出现过的场面那样，少数几个商人试图破坏贸易禁令。但这些努力很少成功，因为明朝政府对"突破海禁者"大多极为严酷。

琉球群岛

实际上，从这些发展中受益的只有一个地区：琉球岛链。我们已经提到，14世纪末，在朝鲜接受东南亚等地区供货这一方面，这组群岛的重要性日渐突显。这一趋势到15世纪仍在延续。相应的线索主要出现在两种文献里：类似一部巨大日记的朝鲜官方文集《李朝实录》，以及琉球典籍《历代宝案》。后者还包含了载有琉球群岛其他对外交往历史的珍贵资料。

从14世纪晚期到15世纪初，琉球的主岛冲绳上存在三个小王国。从14世纪70年代开始，它们更频繁地往中国派遣进贡的船只。为了能够顺畅地办理手续，明朝仿照前朝的先例，在福建设立了市舶司。其他地方也有类似机构。市舶司的地理分布虽然随着时间的更易而变化，有些年份甚至完全关闭，但基本来看，琉球的使团总是经福建入境，而接待东南亚使团和日本使团的则分别是广州和浙江。

无论是来自冲绳还是其他地方的朝贡贸易者，在抵达中国之后都可从事民间交易，不过只能在专为此类行为而设的地方，而且规模也很有限。这个事实也并非不重要，它说明朱元璋实行的严格政策至少还留下了这样一个余地。但有些商品却是外国商人绝对不能从中国获取的，比如某些金属的出口就在禁止之列，其原因之一在于它们可以用来铸造兵器。对于琉球使臣而言，单凭交通的便利就值得渡海来华，因为在有利的天气条件下，航程最多只要两到三天，运输成本很低。显然，这一切都促使琉球方面在整体上遵守明朝严苛的规矩。

因此，在中国的朝贡体系之内，冲绳岛上的三个国家成了中国朝贡体系内的"蛮夷之典范"。不久以后，中国就推进了与这些新邻国之间的交流，毕竟它们证明了自身的可靠，而且还频繁地送来中国缺少的马匹和制造火药所需的硫黄。另外，一个有利条件是，现在海上国际交流的核心部分都要经过一个前哨，它名义上在中国朝廷的监督之下，却和大陆保持着安全距离。这正合朱元璋的心意，因为他对沿海各地，对海洋和与海洋"背后"的世界有关的一切，一直怀有猜忌。

为了强化同冲绳的良好关系，明朝随即施以"发展援助"。

青年男子可以在中国研习儒家经典，作为传播者，他们回国以后将按照中国的意思发挥作用。许多中国家庭也获得官方许可，得以在冲绳的都城那霸定居，以便对他们的本地同事进行技术指导，尤其是在造船方面。这类服务大多来自福建。

由此，我们已经进入了15世纪。在此期间，琉球的三个国家也已融为一体。从许多方面看，这使琉球对中国的交流变得更容易了。《明实录》的相应记载告诉我们更多关于贸易使团的信息。不久以后，除了上文提到过的货物，它们也越来越多地把东南亚商品运往福建，如胡椒、锡、苏方木等。甚至偶尔还有包括武器和漆器在内的日本货。琉球群岛已经建立了从北部的日本和朝鲜到南海某些地方的独立贸易网络，这可以解释上述现象。由于中国的隔离政策和福建省的援助，琉球群岛崛起为东亚贸易中的一个新枢纽。

但如果说中国的进口需求主要通过冲绳的朝贡贸易而得到满足，这就有些夸张了。通过零星的文献线索，我们知道中外商人已日益懂得避开明太祖出于战略原因而发布的禁令，而15世纪琉球的船只和他们一样，有时也无视朝贡条例，非法前往中国。中国沿海地区的供需早已处于增长态势，完全无法通过死板的律条来控制。因此，15世纪及此后，违禁的海外非法交流变得越来越多。

中国南方海岸

明朝初期，台湾岛在国际航海格局当中仍旧无足轻重，它只是东海和南海之间起划分作用的一个地理标志。但此时已有新的状况，随着琉球王国的统一，台湾岛北部第一次出现一股非中国的贸易势力，这股势力准备在台湾以南和东南亚活动。此前，能够在类似的活动中取得成功的只有中国航海者，特别是福建人。

由于当时通行的经商禁令，福建人虽然不能前往东南亚，但正如已经指出的那样，我们知道有些人索性绕过了中央条例。对于居住在广东的商人来说也是如此。但广东的非法行业却给人一种不如福建活跃的印象。也许其原因在于，作为南方大都市的广东享有优先权，每年可以接待更多来自东南亚的外国使团，有时也有来自印度洋沿岸国家的使团。相反，福建只负责办理那霸来船的业务。因此可以想象，与福建相比，广东得到了更多通过朝贡贸易产生的进口货物，所以进行非法活动的诱惑也就相应地减弱了。

两省之间的另外一个差别要追溯到元明易代之际。让我们回忆一下：在蒙古人治下，许多穆斯林在泉州定居，而通往产香料各岛的东部航线的开发也始于泉州。随着明朝——明军从海陆两方面占领了福建——建立，情况发生了改变。在当地发生激烈斗争之前，穆斯林已经遭到驱逐，对他们的追捕甚至持续到多年以后。作为蒙古人从前的合作者，他们绝对是不受待见的。因此，一些在元朝积累了财富的穆斯林商人似乎在文莱、占婆等地落脚。这些人长期试图从远方再次让从前的交流活跃起来，他们可能鼓动在福建的同行从事非法生意或与正在崛起的琉球方面合作，而此时的琉球已经开始对福建产生了一定的吸引力。但这个假设的许多内容仍然没有定论。在明代早期，我们几乎没有发现中国在东部航线上活动的线索。即使考古学也未能举出反证。

在1368年4月投降的广州，朝代更替造成的变化却是以另外一种方式进行的。那里并没有像泉州那么庞大的穆斯林社群；因此，广州没有出现福建所必须忍受的后果。此外，东部航线的暂时停运可能几乎没有影响到广州。它不仅在过去主要和西部航线相连，现在也仍然如此。最后，与浙江和福建的港口相比，广州的地理位置离国都更远；所以在遥远的南方，中央的监督可能从一开始就相对宽松一些。

海南岛被占领（1369年）之后归广东管辖，明朝在行政管理上对它做了新的安排。关于那个时代的海南历史，最重要的文献是16世纪早期的一部内容丰富的当地史书《琼台志》。它告诉了我们文昌、万州、崖州等沿海各地的情况。此外，它还记载了海盗的袭击，但却未能真正阐明其社会经济背景。总体来看，在明朝初期，海南岛对古老西部航线上的行船大概还没有发挥核心作用。

东南亚大陆

14世纪，统治越南北部的是大越陈朝。中国文献几乎一直称该区域为安南。在某些方面，如教育和行政，陈朝遵循儒家的典范。此外，他们还经常派遣朝贡使团进入明朝首都，但大多是通过陆路，经过广西。15世纪初，越南的统治家族已经更替，明朝军队曾进军大越。此后漫长的军事冲突不仅劳民伤财，也许还影响了北部湾局部的海上交通。但这种态势似乎没有或很少波及海南。

公元1400年之前，大越就以损害占婆地区为代价扩张了自身的领地。因此，占婆定期派遣使团去中国，以期鼓动明朝进攻大越，从而为自己解围。类似的局势古已有之，但正如我们所见，它直到1400年之后才成为现实。至于明朝对大越的战争是否在经济上也帮助了占婆，很难确定。国内交通可能受到了这些事件的影响，但海外贸易则没有。通过西部航线，占婆对来自中国和东南亚的商人来说基本上是开放的，其中会安是最重要的港口。这里仍然居住着一些穆斯林，维持着通向海南的几条航线，也许还开启了新航线，连接着他们和他们那些在元明易代之际迁居东南亚的教内兄弟们。

在14世纪及以后的时期，泰国的海岸已经牢固地成为海上国际贸易的一部分。在某种程度上，高棉地区也是如此。同时，这两个地区之间偶尔会爆发一些冲突，它们各自和其他邻国之间也时有摩擦。特别是1351年在昭披耶河下游建立的大城王朝（Ayuthaya），它曾发动数次战争，一度占领了高棉首都吴哥和马来半岛沿海的一些地方。

朱元璋并没有兴趣介入这些争斗。但他派出使团向这些地区宣告了中国发生的权力更替，并且接见了数量奇多的真腊（高棉地区）和暹罗（中国当时对泰国核心部分最通行的称法）朝贡使团。他们几乎总是经过广州来华，有时似乎也受到华人的引导，这些人之前定居吴哥、昭披耶地区，为他们的新王侯效力。后世史料中记载的传说也提到过和当地王侯家族通婚，并由此取得官职和名望的中国人。

真腊和暹罗的朝贡船队把苏方木等热带珍奇带到了广州，随之而来的还有原本产自马来世界的大象、象牙、香料等各色异国珍宝。其中有几次朝贡的规模十分可观。比如有记载称，1390年的一支暹罗使团总计献上了重达80吨的"香药"，很可能是胡椒、香木或类似的物质，而且所称的重量也许只是指名义上进贡部分的量，还不包括那些"顺带"（私下）进来的货物。很遗憾，我们不知道进口的总量究竟有多大，但可以确定的是，与官方记载中稍晚从琉球抵达福建的货物相比，这种规模的发货要多出数倍之巨。这无疑增强了上文猜想的说服力，即明代早期广州的进口量要高于福建同类港口的货物输入。

尤其引人注目的是大象的运输。无论是真腊还是占婆，都多次把这些皮糙肉厚的动物送往中国。少数几次甚至还留下了具体数量：如1386年，占城国运来54头；1387年，唐敬从真腊带回59头；1388年，真腊又进贡了21头。我们无法知道这些动物如何渡海抵达广州，也无法知道这种提议究竟始于何人。但这都无关紧要，无论如何，这种行为的花费必定很高。此外，这类"重货运输"让人们感受到当时海上贸易的能力，以及中国对南方各国形成的向心力。毕竟，这些国家显然不遗余力地要讨这个中央帝国的欢心。

马来世界

明朝第一位皇帝朱元璋把海洋世界纳入了他的关注范围。虽然拒绝进行军事干涉，但在有必要的地方，他愿意在外交上介入。当东爪哇的满者伯夷侵占日益萎缩的三佛齐王国的部分领土时，中国方面表示不会无条件同意苏门答腊岛发生权力状况的根本性变化。当然，只要明廷允许满者伯夷的军事行动，它就无能为力。其后果是巨港作为跨区域货物集散地的地位一度衰落，而爪哇各港口的重要性则日益增加。我们在上一个时期就已经谈到了这个过程，其结果最终是满者伯夷的崛起。

还有另外一股势力懂得利用元明易代之机、朱元璋的军事守势以及苏门答腊岛上可能出现的权力真空，那就是苏木都剌－巴赛。14世纪，该地区的重心已经转到了苏木都剌以东的巴赛。但这并不重要，特别是历史学家大多将"苏木都剌－巴赛"看作一个实体。更有趣的是，这个政权在此期间已经发展为穆斯林贸易航线的枢纽。来自阿拉伯半岛和古吉拉特的商人可能把它当成了通往爪哇北部和马来世界内部其他地区的跳板。因此，和仍然深受印度教－佛教影响的满者伯夷（只有爪哇北部的一些港口接受了伊斯兰教的影响）相比，苏门答腊西北部就构成了它的某种对立面。

另外一个猜想同样很有趣，它认为，苏木都剌－巴赛在14世纪下半叶曾试图控制马六甲海峡的部分地区；苏门答腊岛西北部的其他地方，以及对面大陆上的吉打都成了苏木都剌-巴赛某种性质上的附庸。但是这些想法大多基于马来史书，而这些文献形成较晚，关于其说法的可靠性也存有许多争议。

所以许多内容仍然没有定论。遗憾的是，东南亚历史的另一个篇章马六甲的崛起也是如此。据说马六甲的兴起要归功于来自苏门答腊岛的一位王子，他出身于古代三佛齐的精英阶层，其名字拜里米苏拉（Paramesvara）也可以看作是称号。[1]时代相近的中国文献、16世纪的葡萄牙文献以及后来才固定为现在这种形式的《马来史记》（*Sejarah Melayu*）都记载过相关事迹，但有些细节互相之间却实在无法调和。今天人们大多认为，拜里米苏拉巧妙地利用了海盗，为自己的成功奠定了基石。

显然，马六甲漫长的诞生过程始终有中国相伴。中国的反应很可能是着眼于爪哇和周边地区的状况。15世纪早期，这一点尤其清楚：中国支持马六甲拒绝大城王朝令其朝贡的要求。一系列措施似乎稳定了经过马六甲海峡的海上交通，因为只要亮出明朝

---

① Paramesvara 取自梵文，意为"至高无上的君主"。

的旗帜，就没有其他势力能够在海上兴风作浪。同时，马六甲的影响可能也波及了周边一些地方。

中国文献还提供了额外的信息。它们大多和朝贡使团有关，有些就来自马来半岛东侧的彭亨和吉兰丹。这些地区及其可能存在的"伙伴"之间维持着海上联系，但关于这些联系的性质，至少在1350年到1400年之间，罕有进一步的说明。不过，通过碑文和考古发掘，我们知道这段时间里有更多穆斯林定居下来，他们对东方、对文莱方向以及苏禄群岛保持着更加密切的联系，并在那里协调组织，努力传教。

此外，我们最后提到的那些地区还和今天菲律宾的棉兰老岛和吕宋岛等地维持着松散的交流，而和明朝港口的联系尽管很少，也聊胜于无。这些交流的道路经过东航路的北段。苏拉威西海沟通了苏禄海地区和苏拉威西海北部及位于东南方的马鲁古海，而经过达图角，苏禄海又和今天的泰国联系到了一起。考古发现主要证实了加里曼丹岛北部和泰国之间的关系。

在这种语境下，我们还需要考虑到爪哇。上一章已经讲到，苏禄国和文莱正在交战，此时满者伯夷出面调停。这件事情真实的成分可能是，满者伯夷对苏禄区的某些部分和印度尼西亚东半部一些岛屿施加了一定影响。这至少有助于解释朱元璋面对这些区域时的守势。另一方面，此时也存在朝贡性质的交流。许多传说也暗示中国民间商人在苏禄群岛和加里曼丹岛北部不断增强的存在感。在他们当中，可能大部分是元朝末年从泉州迁移至此的穆斯林。

这些碎片可以引导出更多的猜想，但它们之间并非没有矛盾。其中一种说法是，苏禄诸侯的逐渐崛起得益于有权势的中国

20世纪苏拉威西海南部的快速细帆船（prau）。早先时代的船只的外观可能与此类似。

人的扶持；他们与文莱的争端只是地区性事件。另一种观点认为，苏禄区和爪哇北部港口之间存在错综复杂的伊斯兰教交流，这可能意味着，不受伊斯兰教影响的满者伯夷核心地区也是如此。最后，无论在苏门答腊岛东部（三佛齐的剩余领土），还是在元代真正为航海开发的东海区域的许多地方，满者伯夷多线"作乱"，所以朱元璋可能干脆将其看作一个危险的对手。在这种局势下，中国对马六甲和苏木都剌–巴赛的兴趣就有了额外的重要性。简而言之，中国需要全面遏制满者伯夷。至于早期的明帝国是否真的这么考虑过，我们不得而知。

从丹那沙林到奥里萨

在马六甲以北，马来半岛西侧在政治上处于分裂状态。根据某种视角，吉打一度位于苏木都剌–巴赛的影响之下。其他地区则受到大城王朝的威胁。南亚的势力，比如从前的朱罗王朝，已经失去了影响力。丹那沙林海岸——土瓦、马达班等地仍是来自阿拉伯海地区的穆斯林商人的地盘。我们对这一地区的内部道路并不熟悉。公元1400年之后不久，有一个朝贡使团从土瓦前往中国，但文献对它行进的路线没有进一步的描述。伊洛瓦底江三角洲上孟人势力的中心勃固，仍然可从它以北各地区（特别是1349年建立的东吁［Toungoo］王朝，还有卑谬［Prome］）和环孟加拉湾沿岸各地之间的贸易当中得利。孟人向其邻国供应大米和来自海上各国的进口货物，而其邻国则在勃固出售产自缅甸内陆的宝石、麝香等贵重物品。

关于若开（Arakan）海岸的可靠资料很少。相比之下，我们对南亚次大陆东北部了解得更多。14世纪下半叶，此地多次受到德里苏丹国的威胁。早在14世纪50年代，德里的最后一位伟大君主菲鲁兹·沙（Firoz Shah）曾两次率大军征讨孟加拉，但没有成功。其间，他的军队还挺进了印度教占主导地位的奥里萨。不久以后，德里就卷入了艰难的自卫战争，因为帖木儿帝国掠夺了伊朗各城市，甚至还洗劫了巴格达，随后就从西北方入侵了印度。1398年，他们攻占了印度北部中心，此事成了南亚次大陆历史上的一个极为重大的事件，特别是与帖木儿的胜利相伴的破坏活动异常暴烈。

在南亚次大陆北部和西部受到战争震撼之时，位于背风面的孟加拉和奥里萨继续致力于追求自身的利益。菲鲁兹·沙第二次进军之后，孟加拉再次恢复了平静，这带来了随后数十年的日益繁荣。与此同时，奥里萨被恒伽王朝（Ganga）统治。在整个时代，孟加拉和东南亚许多港口保持着活跃的交流，而且这些交流仍在继续。即使远至若开，似乎也存在定期的联系。

科罗曼德尔和斯里兰卡

同一历史时期，南方的毗奢耶那伽罗王朝已经发展成主导力量。建立不久之后，这个重要的帝国就吞并了周边的许多地方，包括马杜赖（1370年）。随后，其领土一度向北方扩张。所以在15世纪的最初25年里，它第一次和奥里萨爆发了公开的冲突。围绕着科罗曼德尔海岸的激烈而漫长的斗争由此开始。这场斗争基本在两个主要信奉印度教的王国之间进行，它们主要是为了争夺对几个贸易站和农业腹地的控制。这似乎也影响了经过孟加拉湾的货流。

与毗奢耶那伽罗隔海相望的斯里兰卡虽然也受到大陆风波的牵连，但同时也在忙于自身的事务。因为岛上也布满了相互竞争的势力，小国甘波罗（Gampala）就是重要势力之一。该国境内生活着一些来自印度南部的商人，他们在数十年的时间里获得了权势和名望。尤其是波隆纳鲁瓦帝国时期迁入的亚烈苦奈儿（Alagakkonara）①家族，试图影响他们新家乡的命运。其中一项努力就是要削弱自己对手的影响力。与亚烈苦奈儿家族竞争的是泰米尔人，他们盘踞在北方的贾夫纳，俯瞰着保克海峡。

亚烈苦奈儿家族之所以有这样的举动，是因为贾夫纳拥有一支规模虽小，但战斗力强的舰队，而且对印度大陆的某些地区表现出了兴趣。但贾夫纳也很快就受到了其他竞争者的挑战，科提王国（Kotte）就是其中之一。该国的中心位于斯里兰卡西侧，来自马拉巴尔地区的穆斯林商人常经过科摩林角并在此聚集。伊本·白图泰可能也在其中，他甚至自称登上过著名的亚当峰，却

---

① 又译"阿罗伽拘那罗"。

没有怎么注意当地的政治经济变化。在这方面，他显然和其他旅行者几乎没有区别，他们对亲身经历和耳食之谈，都不习惯于批判地看待。

要完整地描述东印度洋周边的世界，就必须提到它和其他遥远地区之间的交流。正如我们所见，地区性的重心转移、中国的王朝更替、帖木儿的扩张，都毫无疑问地对航海产生了影响，但远途航行一如既往地在发生，从前存在的网络也仍在延续。明朝初期，印度南部和远东之间就互相派遣了一批官方使团。从公元1400年开始，文献中卡利卡特和科钦（Cochin）出现的次数也日益增多。甚至印度南部和中国之间很可能继续存在民间交流，这些活动绕过了明朝的贸易禁令。同样，我们也可以认为，经过印度和斯里兰卡，东南亚的一些贸易重镇和遥远的"西方"亚丁、波斯湾等地区之间还保持着不断的联系。无论如何，考古发现和散见于文献中的线索能够支持这种看法。

马拉巴尔地区

14世纪，马拉巴尔的大多数港口都越来越多地受到穆斯林群体的造访，他们的商业据点很快就开始扩张，定期和西亚及非洲保持着联系。卡利卡特的统治者扎莫林王室（Zamorin，也有Samudri Raja等其他写法）信仰印度教，但即便在那里，也有穆斯林身居要职。随着印度西南部穆斯林商人数量的增加，植根于科罗曼德尔海岸的传统商帮的影响力下降了。在更早的年代，我们观察到印度南部的贸易重心逐渐从科罗曼德尔一侧转向马拉巴尔海岸，在这个意义上，上述的现象与大趋势是相符的。

我们可以很清楚地认识到，卡利卡特早就崛起为马拉巴尔海岸上处于领先地位的港口。它向腹地供应着从西亚进口的商品，渡海而来的商贩们则从这里购入胡椒，继续去北方港口或者前往波斯－阿拉伯世界。当然，有一部分胡椒经过埃及和黎凡特被运往欧洲。这一时期流传下来的数字记载虽然很少，但我们可以根据这些记载推断当时运输量之大。因此，如果说开罗等地不断增长的需求刺激了马拉巴尔地区的生产者扩大胡椒种植，也并非不可能。需要注意，中国和这些事实并无关联。这是东南亚种植胡椒地区的市场。

卡利卡特、科钦、奎隆等地还承担了另一种功能：它们同时为印度西北部和西亚供应产自东南亚的丁香花干、肉豆蔻籽以及肉豆蔻花。终端买主往往仍然位于开罗和地中海地区，这里和运输胡椒所用的是同样的道路，它们与经过两河流域的古代商路共同构成了重要的纽带。

14世纪下半叶，对中国市场而言，印度尼西亚东部的香料似乎并不重要。我们还记得，在蒙古人治下完善起来的经过东航路（从产地经苏禄区，再到泉州）的直接路线暂时已经失去了意义。虽然有某些商队另辟蹊径，取道爪哇北部或其他中间站前往广州，但印度尼西亚东部所产香料的大部分可能流去了印度和西亚方向。如果情况确实如此，那么我们可以推断，反作用于东南亚和印度的至少有三个因素：中国限制贸易的政策、苏禄区的局势、西亚的需求。

古吉拉特

在南亚次大陆的西北侧海岸上，14世纪当地局势的发展似乎特别有利于古吉拉特的各个港口。不久以前，在德里苏丹国一些君主治下，坎贝等地更紧密地被纳入不断扩张的穆斯林贸易网络。税收收入、来自腹地的供货以及腹地对进口的需求、穆斯林商人不断增长的影响力，都是推动经济发展的驱动力。即便到了 14 世纪末，这种基本格局也几乎没有发生变化，因为帖木儿帝国允许古吉拉特不受干扰地继续保持其独特地位。

这为坎贝的进一步兴盛铺好了道路。特别是在后来的文献中，我们可以发现该地购置了许多原料，并向外界出口手工制品。比如，从马尔代夫群岛购入玳瑁，用于容器等日常用品的装饰，然后出口到西亚的港口。在某种程度上，坎贝与福建的角色类似，后者在相对较早的时期就有进口原料、出口相应加工产品的记载。

但之所以要重视古吉拉特还有另一个原因。在 14 世纪，定居此处的商人越来越多地把触角伸向了东南亚。这种商业扩张一直持续到 16 世纪，其结果之一就是从印度尼西亚经过爪哇北部和苏门答腊岛购置香料，这条路线绕过了马拉巴尔海岸上的港口，而这些港口大多独立于古吉拉特，从东南亚进口相应商品。尽管马拉巴尔人不如古吉拉特人积极，有时甚至还依赖其他地方供货，但两者之间似乎还是进入了互相竞争的态势，特别是在西亚，他们经常拥有同一批主顾。这自然让人想起中国的情况：在那里，福建人和他们来自印度西北部的同行一样，非常积极地参与海上贸易；同时他们也要和广州竞争，而广州正如马拉巴尔一样，常常要依靠他人。

霍尔木兹和马穆鲁克王朝

早在公元 1340 年之前不久，伊尔汗国的逐渐瓦解就影响了伊朗地区。众多后继者意图以新的形式复兴蒙古遗产，他们之间纷争不休。这些势力当中，最重要的无疑是帖木儿。但这位恐怖的统治者看重军事权力和声望，对海上贸易似乎没有什么兴趣。因此，霍尔木兹的地位即便没有提升，至少也可以毫无障碍地延续自身作为海湾地区门户的角色。我们已经不能确定它是否在名义上臣服于帖木儿帝国。在现实中，我们今天所设想的朝贡状况也许完全是另一种面貌。

帖木儿对巴格达等"伊拉克"城市的攻占（大多发生在14世纪90年代初期，帖木儿征服伊朗地区之后）似乎也并未真正妨碍经过霍尔木兹的货流。海湾周边的多个地点还出土了14世纪后半叶的瓷器——还有时间更早的陶器，这证明了该地区在这个时代的重要性未曾衰减。同时，霍尔木兹、阿曼、哈德拉毛海岸和也门之间的交流也显然没有陷入沉睡。我们也再次遇见了之前就已观察到的形形色色的商人团体，主要是穆斯林，下面仅举几例：和也门保持着密切联系的穆斯林富商群体博赫拉（Bohras），吸收了一些印度教观念的霍加派穆斯林（Khojas），以及此前权势显赫的卡里米商人。

卡里米商人把我们的视线引向了埃及。14世纪40年代末，瘟疫侵袭了开罗，而且也肆虐于叙利亚、欧洲及中国部分地区。据推测，当时马穆鲁克首都的人口从五十万缩减到三十万。埃及可能丧失了其八百万居民的八分之三，因此不但进口需求减少，劳动力也突然紧缺。这可能影响了对国家出口和富裕做出显著贡献的当地纺织业。因此，马穆鲁克王朝发现自己面临着严重的问题，并做出了不同的努力，以求"结构性"缓和咄咄逼人的窘迫处境。

所以他们致力于更牢固地控制贸易和手工业。这尤其触动了卡里米商人的利益，因为他们对埃及北部的供货很容易被征税。

马穆鲁克政权懂得通过更高的税收来自救和充盈国库，但这同时也损害了商人的地位。另外一种论证认为，在某种程度上，在高税收之外，意大利的竞争也造成了卡里米商人的衰落。

正当开罗和卡里米商人自14世纪中期开始衰微之际，帖木儿帝国的状况有了本质改善。它不仅从印度取得了黄金等财富，还把叙利亚的能工巧匠引入帝国都城撒马尔罕。面临着局势的这些变化，霍尔木兹和坎贝却处于安全的"背风面"，由于这两处港口通向北方的各条陆路直接和帖木儿帝国的网络相连，甚至还能从帝国的强盛之中分一杯羹。这种情况同时也推动了海上贸易，因为帖木儿帝国腹地所渴求的商品往往是经过海洋运来的。类似的情况在埃及北部并不存在。14世纪中期的不利进程导致了开罗经济的倒退，也许开罗作为经过红海的贸易之路的终点已经失去了其重要性。

亚丁和非洲

上述发展对亚丁有何影响？这点已经难以查明。和从前一样，拉苏里王朝的生存仍旧依赖向商人征税，有时也接受慷慨的馈赠，礼物主要来自卡里米商人。但双方也会陷入冲突，因为拉苏里王朝本身也从事海外贸易，因此在一定程度上是商人的竞争对手。除卡里米人之外，当地还存在自古就有的印度人群体，其中就有所谓巴尼亚①（Baniyas）。巴尼亚们大多来自古吉拉特，据传和喀拉拉有密切关系。他们向也门提供各类奢侈品。我们可以找到14世纪后半叶和15世纪初的相关线索。种种证据表明，尽管埃及北

① 或 Vanias，印度的一个贸易商或银行家种姓。

部的经济状况不景气，亚丁却依然繁荣。无论如何，进口货物之丰富，不仅能够满足亚丁自身需求，还可以覆盖其他许多地方。

我们观察到，亚丁延续了从前的发展，扩大了对东非市场的交流，这种现象也应当纳入上述考虑。基卢瓦在此过程中变得日益重要，而摩加迪沙则相应地失去了重要性。至于这种趋势是否持续到公元1400年之后，我们无法轻易断定。15世纪的中文文献提到过摩加迪沙和巴拉韦，有时也讲到过马林迪，但对于饱受赞誉的基卢瓦却没有只言片语。

另外一种猜想也值得考虑。常有人主张，古吉拉特人在14世纪经过索科特拉岛或直接增加了对非洲的供货，特别是印度纺织品的供货。和从前一样，沿着东非海岸的许多小港口可能对不同的商人群体存在不同程度的偏好。因此，一部分港口可能和亚丁有过合作，另一部分港口则与霍尔木兹或坎贝来往。同时，我们可以想象局势曾发生过数次偏移，有时有利于一方，有时又有利于另一群体。总体来看，在所有参与者的均衡之中，非洲市场显然已经变得更加重要。它们不仅有利于坎贝等地的繁荣，而且还促使亚丁在开罗经济衰落的状况下捍卫住了自己的地位。

第二节　明朝的国家航海活动（15世纪初期）

权力与伟大：国家舰队

本章之初已经提到，中国曾在约三十年的时间里处于核心地位，现在就让我们去关注这段短暂的时间。在以铁腕统治国家的明太祖去世（1398年）之后，中国首先经历了短暂的内部斗争时期，其结果是朱棣的崛起。当他于1403年在南京登基时，实际上，中国的对外关系进入了一段特殊时期，因为与前代帝王相比，这位年号"永乐"的新皇帝推行的是一种更具进攻性的政策。他不仅向在北方仍对明朝构成威胁的蒙古人发动了数次征讨，还发兵越南。尤其是在"海疆"上，他动员了新鲜力量，引发了一连串轰动性事件。

当时，中国的海岸通过两个层面和海洋世界联系：一个是非法的民间贸易，另一个是国家允许的朝贡往来。永乐皇帝虽然仍旧严格执行惩罚民间贸易的命令，但朝廷却系统性地扩大了第二个领域的范围，不仅像从前一样允许朝贡使团入境，而且还以不同寻常的方式加大了对国家主导的海上交通的支持。

新政最显著的特征之一，是在永乐帝统治之初，位于南京的中央朝廷就发布了一个建造舰队的宏大项目。此后，人们打造了数百艘航海性能卓越的舰船。位于都城的多处皇家造船厂、福建各港口以及其他一些地方必须齐心协作，共同完成造船计划，这就意味着，从前在非法营生中碰运气的许多人如今被吸纳到了国家差役当中。

据说，朝廷敕令建造的远洋舰队包含了二百到三百个单位。其中有六十艘所谓的"宝船"，即大容量货船。后来的文献记载称这些船体积巨大。但实际上，这些船很可能只是三桅或四桅结构，仅仅在规模上远远超过了同时期东亚或印度洋上航行的其他船只而已。更准确的信息没有传世，除了南京船坞出土的一些难以阐释的文物之外，至今尚无真正明确可靠的考古证据。计划在未来进行的挖掘行动也许会让我们有所进展。

　　为皇帝船队领航的大多是宫中的宦官，其中尤以郑和与王景弘最享盛誉。前者出身于云南的回民家庭，后者据说在福建长大。郑和似乎通晓阿拉伯语和波斯语，且具备军事经验。1405—1433年，他率领七支船队下"西洋"，也就是我们曾多次提到的西航路沿线区域，这片区域从占婆经马来半岛和爪哇，直到印度洋周边国家和地区。据说郑和手下有两万到三万人之众，包括水手、士兵、官员、医生、技师等。

　　至于郑和的兵士拥有何种武器，尚有争议。文献中出现过两三次的"火器"一词含义并不明确。也许是指同时流行于东亚的小型火炮，也许只是炸炮、火矢、燃烧桶等。这个问题并非不重要，因为郑和在海上曾和敌人遭遇，如果那期间使用过火炮，那么就必须对欧洲人才真正在海上进行过炮战的通行观念予以修正。

地理维度

　　对于规模巨大的明朝船队的内部组织和后勤状况，我们几乎一无所知。但有些文献表明，当时有几个访问过不同地区的分队，它们分散在各处。具体的分布情况没有传世。此外，我们还知道国家根据需要安排的一些规模小得多的航海行动，这些行动与郑和下西洋平行。大多数行动涉及西航路，而东航路和通往日本及朝鲜的海路几乎没有引起任何兴趣。因此，国家的航海政策集中于东南亚的西半侧和印度洋的部分地区。

　　当然，在郑和船队来往最频繁的地方，国家和地区的名称流传了下来。相应的内容不仅见于中国的碑文，也载于随郑和下西洋的马欢、巩珍、费信等人的历史地理作品，以及《明实录》的众多条目之中。根据这些记载，船队的大部分船只从南京出发，经过福建，直接抵达越南沿海，大多不在广东和海南的港口停留较长的时间。他们从越南出发，开往今天泰国的部分地区、马来东岸、苏门答腊岛东部和爪哇北部港口。新加坡海峡另一侧的重要目的地有马六甲和苏木都剌－巴赛。以此为出发点，船队大多直接前往斯里兰卡、科钦和卡利卡特。孟加拉位于这条主路以北，造访它的更多是各个分队。相反，对于郑和来说，丹那沙林、若开和印度东侧几乎没有影响力。

不久以后，明朝就派出船只横渡阿拉伯海。他们从喀拉拉出发，或直接，或经马尔代夫群岛，前往阿拉伯半岛和霍尔木兹。显然，霍尔木兹扮演着核心角色，特别是它在记载中经常被作为目的地，而且在中国古代的一张海图（《郑和航海图》）当中也有突出的地位。这张图虽然也记载了坎贝和印度西北部的一些地方，但关于和这些地方的定期交流，我们一无所知。可以确定的是，船队还到了东非海岸的多个港口，航行大多经过亚丁或霍尔木兹，但也有从南亚直接出发的。

上述内容让我们得出一个结论：明朝为国家服务的船只在南京和东非之间的众多海域往来。虽然从前就有更小型的护航船队克服过漫长的距离，有时甚至将远东和海湾地区或红海联系了起来，比如波斯商人，但这些活动几乎无一例外地出于私人动机。此外，上文也已经展示，亚洲的贸易空间被分成由不同群体所使用的几个大区。明朝的船队剧烈地打破了这种结构，因为这是第一次有一个亚洲政权在亚洲几乎所有海域当中展现存在感。

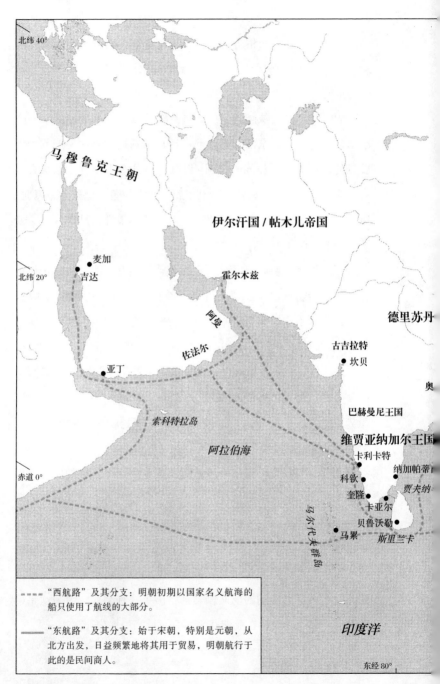

中国航路与明朝初期航海行动

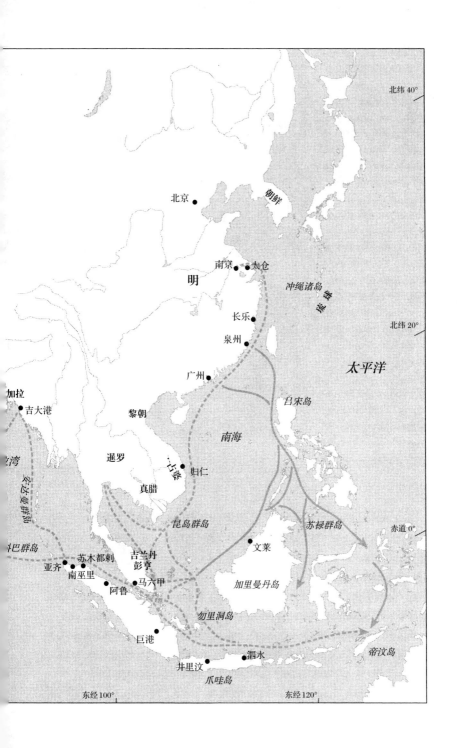

北纬 40°

北京

朝鲜

冲绳诸岛

琉球

北纬 20°

南京 太仓

明

长乐

泉州

太平洋

广州

吕宋岛

加拉

吉大港

黎朝

南海

暹罗

占婆

归仁

真腊

台湾

安汶群岛

昆岛群岛

苏禄群岛

赤道 0°

文莱

巴群岛

亚齐

苏木都剌

吉兰丹

彭亨

南巫里

马六甲

加里曼丹岛

阿鲁

勿里洞岛

巨港

帝汶岛

泗水

井里汶

爪哇岛

东经 100°

东经 120°

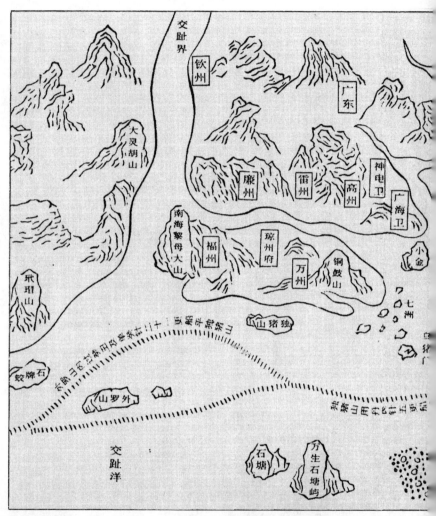

《郑和航海图》局部，形成于约15世纪初期。该图描述了从中国经东南亚前往印度、霍尔木兹、亚丁和东非的"西航路"。全图共数页，必须从右向左读，各部分之间由用短线表示的航线及海岸线连接。航线旁边的文字大多标注方向和距离。此处的局部图展示了中国南部海岸的一部分，如香山周边（今澳门附近）、海南岛、北部湾和越南北部。图下方边缘的小点和岛屿指西沙群岛和中沙岛礁。可见从福建和广东去越南的航线从海南和西沙群岛之间穿过。

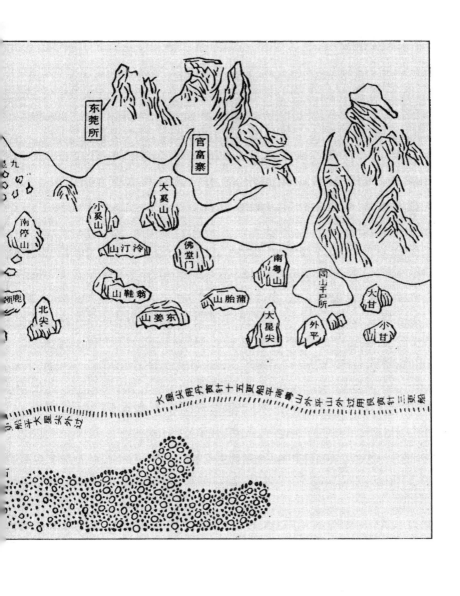

军事政治维度

无论当时使用的是何种"火器"，我们可以发现，军事领域也出现了革新。汉－蒙军队对日本和爪哇采取的行动以及朱罗帝国对三佛齐的袭击只是触动了海洋世界的局部。郑和的远航则完全不同：它清楚地证明了远离故土进行介入的可能性。中国的登陆部队在苏门答腊岛北部干预了一次当地的内部冲突，还在斯里兰卡擒获了一位反对郑和指示的当地统治者。

在自己的地盘（这里指南海）之外进行干涉的前提是先进的后勤系统以及天衣无缝地控制返程航线的能力。如前所述，我们不清楚这一系统的具体面貌，但仍有一些线索可供思考：明朝在巨港、马六甲、卡利卡特等地或附近地区都保有仓库或补给站，作为所得货物的中转仓库或补给手段。有观点认为，一些地方可以和《郑和航海图》中标识出来的"官厂"或"官屿"等同。巨港等地还设有中国官员。这一切可能是表明"殖民地雏形"（这种表达无可厚非）存在的证据，至少这是区别于一般海外聚居区（像古代蕃坊一样）的一种海外存在方式。相对于我们之前观察到的现象，这一事实也许有理由被看作是变革。

尽管如此，仍有许多问题没有确切答案。比如牵涉到数量级的问题。当时，东南亚大多数沿海地区的居民数量显然少于一万或一万五千人。当巨大的中国船队抵达一个地方，哪怕只是载有三千到四千人的十到十二艘船，当地是如何解决他们的生活供给的呢？流传的船员数量是否有误？也许相关船队的规模要小得多，或者在供给上自给自足。如果不是这样，则中国在马六甲或苏门答腊岛北部的存在岂不是一定会在当地引起压迫感？此时的马六甲不仅居民较少，而且刚从历史的黑暗中走出来。另一面，当郑和与他的手下官员见到马来半岛上各个地方的建筑主要是小木屋，他们会做何感想？也许他们会认为这些地方极端落后，因为根据当地记载，当时的中国已经拥有无数被复杂的石造防御建筑环绕的城市，修建了学校、街道、桥梁、仓库、市场和各类管理机构。但两者之间的对比，没有在史料中流传下来。

经济维度

明朝巨大船队真正的作用和使命也是一个争议话题。明朝的船上确实运载着士兵，以便在危急关头实施武力进攻，这一点已为斯里兰卡和苏门答腊岛上的事件所证明。但同时，船队还运输以丝绸为主的贸易商品，返程时则购置香料、热带木材、药用物质、异国珍兽等贵重货物，以带回中国。此外，船上一直有外国使节，他们代表其君主奉上贡物，根据中国的解读方式，这是外邦正式向明朝称臣的标志。因此，郑和的船队身负多重任务，主要任务是贸易和外交上的，少部分是军事上的。在军事层面上，早期的明帝国有别于欧洲的一些后来者，这些欧洲人虽然同样追随贸易兴趣而来，但在必要时更频繁地动用武力。

相对于同时代的其他海上势力而言，明朝在质与量两方面都占有优势，在这一观点上，学界也许是一致的。无疑，中国拥有更多的船只和人力，以及当时世界上最大的船。因此，郑和的船队很可能在远洋贸易上占据了主要的份额，贸易范围不仅包括南海和印度洋东部海域，甚至还涉及经过阿拉伯海的某些航线。而沿海贸易则被留给了欧洲人等后来者。

在南京和东非之间的许多重要战略区域，中国都发挥着影响，比如在马六甲海峡、苏门答腊岛西北角、印度西南部、波斯湾出口、亚丁附近等，这导致了另外一个结果：在永乐皇帝治下，到南京的外国使团数量出现了跳跃式增长。和从前一样，如果遵守相关法律，这些人在原本的"朝贡贸易"之外，还可以从事民间交易。整体来看，虽然明代的文献很少提及相应的进口量，但和14世纪下半叶相比，进口在数量上肯定出现了强有力的增长。这反过来又可能刺激了出口地区某些原材料的生产。在关于更早时代的论述中，我们已经表达过类似的想法。但在那时，推动增长的不是国家的倡议，而是民间团体。

当然，在这种考量中，还需要顾及另一个方面：随着明代朝廷改善政府、扩大海外影响力、雇用中国沿海地区人员，沿海地区的负担减轻了，而且更紧密地和中央联系到了一起。也就是说，无业人员的数量下降，愿意避开贸易禁令并从事非法商业活动的人也变少了。同样减少的可能还有非法移民的人数。也许，朝贡贸易和国家贸易行业不仅提高了中国的总进口量，而且同时减少了非法供货在其中的份额。官方贸易行业正朝着实际的垄断地位发展，但却永远无法成功，因为它毕竟不可能完全控制走私活动。

海外华人和国家航海

在这里，我们自然会提出另外一个问题：海外华人和国家船队之间的关系如何？早在宋元时期就有中国人在东南亚定居。有些人早已适应了他国，另一些人则维持着与故乡的联系，推动对福建和广东沿海地区的民间交流。这是违背这两省法律的。明代朝廷试图抓捕违法者，就我们所知，至少在一个事例当中，郑和有条不紊地解决了位于东南亚的国人。他跟陈祖义发生了一次短暂的军事冲突。陈祖义在中国犯下了多重罪行，凭借大批随从，他令巨港一带局势动荡。据文献记载，明朝军队不得不毁灭陈祖义的武装势力。

在其他情况下，郑和大多受到华人的欢迎。后来的叙述往往提及这点，但真正可靠的只有少数细节。我们可以猜测，国家航海行为和海外华人之间存在某种程度的合作。人们对这个现象有着不同的解释：一些移民和东南亚当地统治者之间早就形成了良好的关系，他们常常帮助后者与中国建立朝贡关系。这恰好符合郑和的意思。其他海外华人负责购置明朝所需的贸易商品。也许甚至还存在某种地区性的分工：明朝船队使用西航路，而包括定居爪哇的商人在内的民间商贩，则负责从遥远的东部地区把香料运到实际的贸易中心。另外，我们还要考虑宗教角度：再次拉拢华裔的穆斯林（不少人已定居爪哇、文莱等地），使其与中国政权的关系更紧密，无疑比长期视其为敌人更加聪明。我们还能想起：泉州地区在不久前经历了穆斯林商人的大批离开；对明朝来说，这些人和其他国外穆斯林之间的紧密联系也许并非好事。

动机的困境

到现在为止，除了已属阐释范畴的一些其他问题，我们已经勾勒了明代早期扩张活动的最重要特征。现在我们终于可以提出一个逾期已久的问题，去追问这种不同寻常的海上力量发展背后的深层原因。需要提前说明的是，这个问题并不存在清楚的答案，因为文献中流通的尽是不同的观点。因此常有人说，这是多个动机共同作用的结果，只是各动机的权重并不恒定。让我们简单地看一下最流行的几个观点：

（1）永乐皇帝认为逃亡的建文帝寓居国外，出于对他可能策动异邦人对抗中国的恐惧，永乐皇帝花重金寻找他的下落。反对观点认为，建文帝在永乐皇帝崛起的内战当中已经丧生。但最近又有不同的主张出现，这种观点认为郑和在中国曾暗中与建文帝相见，无论出于何种原因。

（2）根据另一种理解，朝廷单纯为了展现自己的权势而推动朝贡往来，特别是按照明朝的观念，朝贡是"蛮夷"臣服于中华英明领导的象征。

（3）无论与展示权势有无关系，明朝政府进口了许多稀罕之物，特别是那些具有一定象征意义、表达和谐与和平的物品，以宣扬统治者的合法性，证明他"天子"的身份。

（4）另一些人认为，船队的任务实际上更偏重于为朝廷或民众进口奢侈品或消费品。第二种变化是胡椒、贵重木材、药品和其他在中国市场上流通的物品的进口。

（5）有时更重要的是购置马匹，这也是为了育种。马匹是《明实录》中提及次数最多的"贡物"，大量购自朝鲜等地。北方的骑兵需要借此对抗蒙古人。但我们不知道海上进口在整个语境下的地位如何，因为并无相关数据。留下一些数字的只有琉球供应的马匹，但这与郑和无关。

（6）据另一观点，海上扩张只服务于有限的政治军事目的。其内容是摧毁扰乱贸易的海盗势力，或牵制满者伯夷的利益集团。中国在马六甲、巨港和爪哇北部港口树立了旗帜，而这些地方在1400年前后都背离了满者伯夷，因此在这个意义上，可以想象，明朝此举意在遏制该国。但这一切都无法解释中国船队为何同时开往印度、霍尔木兹和非洲。

（7）更简单的做法是假定朝廷把海上的功业视作对征伐北方和攻打大越等军事行动的"补充"，同时也是明朝总体扩张追求的一个元素；这样，经济成分就居于其次了。

（8）最有意思的论点和帖木儿帝国有关。帖木儿原计划从新疆突破，席卷中国：因此中国试图疏离帖木儿潜在的南亚和西亚伙伴，"从后方"抓住敌人。但有一个事实构成了这个论点的软肋：帖木儿很早就放弃了这个入侵计划，但中国去霍尔木兹和亚丁的航行却仍在继续。因此，与之相对的一个观点认为，永乐皇帝致力于拉拢帖木儿，使其保持中立，以便阻止帖木儿－蒙古联盟的形成。许多线索都支持这种猜想，但中国在东南亚的投入又是为什么呢？

最后一个观点成立的前提是卓越的地缘战略能力，至少是良好的地理和空间知识。相应的信息，包括地图学知识，早在元朝时就已具备。中国和西亚的交往也由来已久。无论是为了削弱帖木儿的物质实力而从那里购买马匹等商品，还是单纯为了给帖木儿留下积极的印象，希望与之形成伙伴关系，都可以解释明朝为何频繁地把霍尔木兹当作目的地。如果是这样，我们就可以推断，郑和的船队必定要寻访古吉拉特各港口，因为这些港口也为帖木儿帝国供货，但显然，郑和并未去过那里。

出于上述考虑，朝廷并不一定是为了推行某种宏大的夹击战略而派出巨型船队，哪怕我们无法把这种可能性排除在外。在这样一种大局势之下，明朝在东南亚采取的措施只能归于次要地位，最多是为了稳固后方的航线。但问题并不局限于此：关于郑和与15世纪初期仍处于繁荣阶段的阿拉伯－印度航海活动之间的关系，我们所知甚少。古吉拉特人沿印度和东非海岸不断扩张的贸易网络究竟是一种竞争性质，还是一种互补性质的系统？中国是否自视为阿拉伯海部分海域的"调节性力量"？抑或中国只在东南亚西半部充当这种角色？马六甲和苏门答腊岛西北角的一些地区位于中国影响范围之内，这是否意味着古吉拉特人和其他商人团体不能遂其所愿，自由地向东方扩展？这些又是没有答案的问题。

但毫无争议的是，明朝的国家航海行为和欧洲殖民时代的行动不同，它并非为了传播宗教观念，不具备传教元素。另外有一种大胆的看法，但我们还无法证实。这种观点认为郑和奉命去发现新的国家和岛屿，甚至声称他开发了太平洋和好望角，开辟了经大西洋到欧洲和美洲的航线，甚至还到过北极水域。诚然，郑和也许进行过一定限度的考察航行，如经过索法拉以南地区（旅行者始终感激这些有利信息），但如果像最近一些不可靠的出版物所称，把郑和航海称为对未知空间的系统性探险，则纯属无稽之谈。无论是郑和还是其他人，都无法与哥伦布和卡布拉尔（Pedro Álvares Cabral）① 相提并论。

国家航海行为的终结和后果

1433 年，郑和的海上壮举在正式开始三十年之后最终停止了，中国也完成了其漫长历史中引人注目的一个篇章。但问题并未停止：大量国家和地区或多或少都向中国派出过外交使团，从摩加迪沙到亚丁、霍尔木兹、卡利卡特、科钦、斯里兰卡、孟加拉和东南亚，很多国家和地区还自认为是明朝的臣属，某个僧侣甚至还通过中国朝廷来认证其地位。从外部看，中国官方的航海

———————

① 葡萄牙航海家、探险家，被普遍认为是最早到达巴西的欧洲人。

政策是一段成功的历史，那么为何竟陡然终结？也许可以告诉我们答案的相关文件已经在皇宫的一次火灾中化为灰烬，至于是偶然还是有意，没人确切知道。也许这些材料包含一些负面内容。无论如何，文献的许多线索都说明航海活动过于昂贵，过多的人因此丧生。简而言之，海上权力的发展最终变得无利可图了吗？

反对观点认为，如果测算材料和人力费用，则国家的船队建造计划绝对没有形成额外的财政负担。其他支出要比这高得多。朝贡贸易可能甚至还有盈利，特别是朝廷获得了许多昂贵商品，而在后来的年代中，明朝的回礼主要是仪式性物品和纸币。外国使者又用这些纸币购买中国商品，而且只在中国本土交易，因为这些纸币在他处并无价值。

其他的想法则往往流于泛泛：1420年或1421年前后，朝廷从南京迁到寒冷的北方都城北京。皇帝仍旧更加关心陆上疆界，一心要消灭蒙古人。因为没有威胁从海上袭来，明帝国就失去了对海洋世界的兴趣。当后来需要节约开支之时，这部分并不必要的开支就被划去了，其中就包括船队政策。这种阐释方式也许听起来比较可信，但却无法回答郑和航海的本意和多重维度的问题。

无论如何，结束国家航海项目的决策贯彻得畅通无阻。不久以后，巨大的远洋航船就无所事事地停泊在港口里，很快就成了廉价木材，被拆卸一空，而航海人员则被投入建筑和内部交通等行业中。其后果是无法避免的：不久，明朝就不再拥有亚洲海洋的主导地位了。虽然朝贡使团仍在流入，但已是乘外国船而来，而到了15世纪中期，印度洋周边国家的使团一般都已远离中国水域了。

只有东南亚邻国仍旧对皇帝保持着忠心，也许是由于中国是附近的强国。因此，约八十年后，马六甲仍希望中国帮助它对抗葡萄牙人。显然，15世纪的明朝在有些地方还长久地享有强大保护势力的声誉。值得注意的还有：16世纪伊比利亚半岛的几个文本还提到过中国国家船队在亚洲的影响。相应的段落可能主要基于口头传统，但它们让人感受到，中国航海达到了使人印象深刻的规模，因此持久地影响了同时代人的记忆。对后来出自今天印度尼西亚的一些传说，我们亦可做类似评论。正如历史事实的重构中有时可资参考的一些马来史籍一样，我们对中国郑和"故事"里的某些元素也完全应该严肃对待并重新评价。

中国退出世界海洋的行为还带有另一个特征：该举动并非受到外力的胁迫，而是出于内部的权衡——无论这种权衡可能是何种性质。而其他的航海大国往往经过长达数十年的斗争，受到对手的驱逐而成为悲惨的输家，不得不离开舞台。明朝的退出单纯是出于自主选择。正是这一点额外地刺激了传说的形成。明代早期的航海活动早已被视为和平崛起、经济增长和文化交流的表达。中国希望以此和英美世界的帝国主义诉求划清界限。

第三节　其他航海者（15世纪早期及以后）

中国、日本、琉球

关于明朝国家航海行动对亚洲其他航海活动的影响，人们的评论可谓迥异。同样，针对明朝停止航海的后果，也存在很不一致的观点。对那些认为文献资料无限夸大了郑和航海规模的人而言，航海政策的终结并无任何重要性。他们主张，除了明朝，当时还有许多其他群体在正常地发展，丝毫未受中国方面的影响。但另一些人认为明朝的国家航海行动曾在某些区域占有极强的主导地位，因此它削弱了当时的竞争关系，使竞争关系直到1430年或1440年才回到历史进程中来。

　　也许真相恰处于这两种极端说法之间。也许明朝船队的存在和撤出在区域上所造成的影响很不一致。让我们再次从亚洲东北部开始。郑和与日本、朝鲜几乎毫无牵连。而且无论是郑和之前，郑和航海期间以及郑和之后，中国和这两个地区之间的民间贸易始终是被禁止的。当时，日本岛内出现纷争，举国动荡，足利幕

福建至琉球路线，出自萧崇业、谢杰《使琉球录》（1579年）。路线从右向左，东－东北走向，经过彭佳屿、钓鱼岛等地（台湾以北及东北方向），通向琉球岛链主岛。航线上的文字给出了距离和方向。小框内为岛屿名。

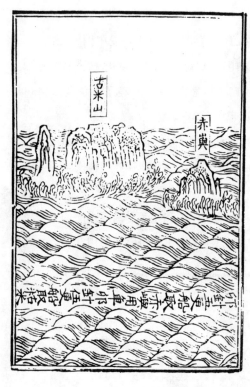

该图仍然从右向左，与前页图右侧相连，系同一出处。

府在日本的统治似乎难以预料，至少中国在东海边看到的是一个日益分裂的世界。因此，中国和日本个别地区之间的贸易往来很不规律。

有时，海盗与匪帮令中国沿海陷入恐慌，有些盗贼来自日本，但从整体上看，这些事件并没有带来什么影响。另外，宗教交流虽然不像从前那么频繁，但也仍旧存在。毕竟15—16世纪来中国的日本旅行者留下了为人所熟知的类似日记的记录。当然，我们也可以看到中国对日本的官方描述，但此类资料更倾向于对日本持保留态度，有时甚至持批判态度。

琉球群岛的状况则全然不同。明代初期，琉球在中国的朝贡贸易体系中扮演着海上"蛮夷之典范"的角色。郑和远航结束之后，汇集于冲绳的各条贸易航线获得了额外的意义。东南亚的货物不仅日益频繁地经过琉球抵达日本和朝鲜，还运往福建。因此，冲绳和东南亚之间的交流也变得重要了。

在15世纪，琉球朝贡使团的最大数量和朝贡频率始终由中国方面规定，但人们经常绕过这些规定。这种现象的发展必定有一部分要归结于此前在国家航海领域服务、如今却盼望着获得正经营生的福建人，归功于他们及其伙伴在冲绳的秘密合作。所以，在前章已经提到的来自福建的、合法的"发展援助"还多了另一层色彩。长期来看，它导致琉球网络个别部分发生了某种程度的"福建化"。

在官方层面上，琉球和中国的往来局限于福建和冲绳之间的交流，但文献表明，在不久之后，琉球的船只还造访了中国沿海的其他地区。15世纪下半叶，我们发现它们甚至还到过今天澳门附近的香山一带。甚至在海南，琉球商人似乎也留下了足迹。

在这些地区，琉球的航海活动往往是和福建人合作的。但并非一直如此。经过发展，福建非法贸易的部分领域完全脱离了对琉球贸易的依赖。秘密合作只涉及某些部门或群体，在其他方面，双方是竞争关系。15世纪下半叶，这一点表现得尤为明显。这是琉球贸易逐渐衰退的最先征兆，因为从长期来看，在向中国供应东南亚商品方面，琉球已经难以跟上步伐。

中国南方、苏禄区和东航路

15世纪下半叶，中国对民间层面的海上贸易仍旧施行禁令，但禁令后来逐渐形同虚设。海禁的日渐虚空，自然也要归结于其他

山东德州的苏禄东王墓。为求得
中国对他国家的支持，东王于
15世纪初期来华。他在山东去
世后，中国朝廷为他举行了隆重
的葬礼，树碑勒铭，称赞他为最
忠心的藩属。维护墓碑的任务交
给了使团随行成员及其后人。

群体的活动。文献中零星的线索透露，东南亚等地商人在通行的朝贡规定之外还在广东和海南沿岸碰过运气。大多数情况下，明朝的海防机构会惩戒这类非法"因子"，但偶尔也与之勾结，因为海外贸易总是有利可图，而且私下获得外快的希望也颇具吸引力。但这种变化直到16世纪初才取得突破，几十年之后，到了16世纪五六十年代，走私贸易已经失去控制。当地官员无视法令，通过非法交易大捞油水，而原先貌似无害的走私团伙也逐渐演变成大型的武装匪帮，他们袭击沿海卫所，洗劫城市，甚至陷入内部的小规模战争之中。

在郑和的官方航海活动中，东航路没有发挥较大的作用。15世纪初有兴趣和明朝取得紧密联系的只有苏禄群岛和文莱。那里的两个高级别使团曾出访中国，两位当地君王在中国的土地上去世。他们配有帝王碑铭的陵墓保存到了今天。这些状况说明两点：东南亚确实承认中国的宗主国身份，苏禄和文莱两个王国可能在寻求明朝的优待。同时，朝廷懂得在修辞上利用这种场合，慷慨地赞扬死去的国王面对崇高的天子时所表现出的"坦率"和"钦佩"。

明朝航海政策结束之后，苏禄和文莱之间的关系如何发展？15世纪后来的时间里，苏禄区和中国之间的交流属于何种性质？对这些问题，我们只能猜测。无论如何，官方使团已经绝迹，但民间交流（比如霍洛岛、文莱的福建商人和穆斯林商人之间的交流）可能还存在。曾经偶尔向中国纳贡的菲律宾世界的其他地方也许已经成了这张关系网的一部分。另外，在伊斯兰圈子的推动之下，苏禄区内部的宗教交流有了显著的增加。

在伊比利亚半岛的早期文献中，我们可以看到15世纪的马鲁古群岛和苏禄区之间也存在定期的联系。其载体很可能主要是当地的贸易网络。苏禄群岛发展成了文莱、菲律宾某些地方、苏拉威西岛和几个产香料岛屿之间的地区性集散地。此外，有人猜测，马鲁古群岛受到的第一波伊斯兰教影响就来自或者经过苏禄海岛链。

1500年前后，马鲁古群岛北部主要受两位君主的统治，分别来自特尔纳特和蒂多雷。两者都逐渐地向几个政权建构尚不完善的周边岛屿和地区扩展自己的势力范围。这些地区和安汶岛（Ambon）、塞兰岛（Ceram）、班达群岛等岛屿一样，和爪哇各港口乃至以西多个地方都有交流。

东南亚大陆东侧

在此期间，南海对岸的大越国已经摆脱了明朝的统治。黎朝后来成了交趾地区的统治者。但中国文化的影响依然无处不在，因为黎朝治国仍和前代类似，主要遵循儒家原则。此外，他们还和占婆一样，继续向中国派遣使团。

大越和占婆互相争夺中国的优待，许多细节保留在了中国的文献里。两国似乎都以各自的方式融入了郑和之后的海洋世界。它们和不同贸易伙伴的交流都有迹可循，这些交流远至东北亚和东南亚的马六甲等地。相关陶瓷的出土使得这一图像更趋完整。有时甚至有人猜测，大越的陶瓷生产商与中国还形成了竞争关系。

占婆与琉球及日渐崛起的马六甲之间维持着关系，但在对中国的朝贡关系当中，大越自认为是琉球王国的对手。这是当时的另一个特征。到目前为止，我们只能粗略地辨认出这种局势。更重要的是，不久以后，大越就开始向南扩张，于1471年攻打占婆，由此使自己贸易强国的地位变得更加重要。这些变化也许造成了穆斯林商人的负担。数个世纪以来，他们一直将占婆当作根据地，如今几乎要完全向文莱、爪哇等地重新调整方向。

在今天的泰国一带，大城王朝方兴未艾。中国商人（也许大多来自福建）在当地市场上也占有一席之地。他们私下或直接，或经过琉球而和国内保持着联系。此外，大城王朝也遣使入明朝，《明实录》中记载了不下几十个这样的使团。生活在大城王朝并与当地精英阶层有关系的中国人也参与了使团的筹备。

大城王朝在政治军事上的耀眼之处在于1431年占领了吴哥，迫使高棉统治者退守金边（Phnom Penh）。但面对北部邻国时，它却并非一直那么成功。在南方，它接手了那空是贪玛叻，并尝试将更遥远的几个地区纳入其不断扩张的贸易网中。

当时，马来半岛东侧中南部一些地方尤其盛产一样东西：胡椒。但帕塔尼（Patani）这类后来典型的胡椒港口还未享有后来这么重要的地位。包括中国文献在内的资料还提到了彭亨、吉兰丹等地区。显然，这些地方在一定程度上依附于大城王朝，但关于两者之间究竟是何种关系，我们只能猜测。这些地区和明朝的关系以及它们自身之间的关系也都并不清楚。郑和之后的中国文献除了提到一些零散的来往之外，别无其他。

马六甲、苏门答腊、爪哇

通行的观点认为，在马来半岛西侧，大多数航线都汇集于马六甲。但关于它在明朝官方船队撤出之后的发展，人们存在不同的意见。一种论调称，明朝船队远离之后，马六甲才真正得以"自由"发展，独立自主或吸收印度商人群体的影响。这些印度商人主要来自古吉拉特、孟加拉和泰米尔地区。同时，当地和相邻几个聚居区的伊斯兰化进程也由此而向前推进。另一种论点指出，决定性地推动了马六甲继续繁荣的，主要是和中国保持着非法往来的海外华人或福建人。

马六甲在15世纪中期和15世纪末究竟有多重要，也是一个有争议的问题。16世纪初的葡萄牙文献把这个港口介绍成重要的商业中心，但有证据表明，葡萄牙人的描述夸大其词。原因之一是他们必须在果阿和里斯本"证实"他们积极的想象，以及与之相关的各种期待。在葡萄牙占领马六甲（1511年）之前的几年当中，这种期望就已到处流传。因此，声称马六甲拥有五万多居民的某些论点，其实不甚合理。也许马六甲只是马来半岛上一个中等大小的聚居点，统治着相邻几个地方，大致和苏木都剌–巴赛或稍后的亚齐类似。

我们已经说过，巨港和爪哇北部各港口生活着一些海外华人。郑和之后，他们仍旧留在当地。15世纪，新移民至此的福建人增强了他们的势力。和很久以前来到爪哇的福建人不同，这些福建移民已经不再是穆斯林。也有人论证，1471年占婆的灾难①可能推动了中国籍穆斯林向爪哇北部的迁移，移民中也包括其他地方的穆斯林。

井里汶（Cerbon）、三宝垄（Semarang）、淡目（Demak）、锦石（Gresik）、图班（Tuban）、泗水（Surabaya）等港口维系着自己的贸易网络，囊括了婆罗洲、产香料各岛、帝汶岛、马六甲和苏门答腊岛各港口。早在15世纪初，爪哇北部的许多地方就已

---

① 指占婆受到大越的攻打。

经脱离了满者伯夷，加强了和伊斯兰世界的交往。明朝船队的存在可能推动了这一进程。船队离开之后，这个过程仍在继续，古吉拉特等地的群体对此起了推动作用。在某种意义上，这加剧了政治上的分裂，而且宗教重心的推移也变得更快：沿海地区日益伊斯兰化，而内陆在很长时间内仍固守古代传统。

15世纪下半叶，经过巽他海峡的海上交通显然已无法和马六甲海峡的交通量相比。尽管如此，苏门答腊岛上的楠榜（Lampung）等地仍然占有一席之地。在对面的爪哇西北部，万丹（Bantam）的重要性第一次突显出来。以后它将崛起为中国人频繁光顾的大贸易中心。

和爪哇北部沿海一样，苏门答腊岛的北岸在政治上也处于分裂状态。在郑和时代被描述为重要集散地的苏木都剌-巴赛，现在以佩迪亚（Pedir）①为代价对外扩张，但却面对着阿鲁这样一个劲敌，该地在当时的强盛甚至足以挑战马六甲。文献提到的还有南巫里等地。也许这里和苏木都剌-巴赛一样，在郑和海航前后都居住着一些华人。直到15世纪80年代，苏木都剌-巴赛都在向中国派遣官方使团。

总体来看，郑和船队撤出苏门答腊北部各港口似乎在短期内留下了一个与马六甲情形类似的真空地带，这种情况很快被古吉拉特人利用。在这个过程中出现了不断更替的竞争状况。主要是苏木都剌-巴赛和马六甲争夺带着印度、中国、爪哇等地货物的外来商人群体的青睐。比如，琉球的船只最初两个地区都去，后来则更多地开往马六甲。而一些铭文上的线索表明，波斯背景的

① 亚齐一港口城市。

旅行者更偏爱苏门答腊岛的港口。相反，古吉拉特人在两地都有
分布。他们还和从前一样经过巴鲁斯和巽他海峡前往爪哇。巴鲁
斯等地还留有波斯的印记。

谢尔曼（Lucian Scherman）收藏的蒲甘王国货船模型，慕尼黑州立民族学博
物馆（Staatliches Museum für Völkerkunde München）。几百年前航行于今
天缅甸沿海的蒲甘等地的船只，其外观可能与之类似。

缅甸沿海和孟加拉

我们在环孟加拉湾和安达曼海地区看到的，是另一种状态。在那里，郑和船队的影响不像在苏木都剌－巴赛以东那样强大。船队撤出的效应最多可能涉及印度南部—斯里兰卡—苏门答腊岛北部一线，而不影响北方地区。葡萄牙文献指出，许多因素，包括马六甲自身的兴起，促进了它与孟加拉各港口之间交流的活跃。如果说这可以归结于明朝船队的退出，则其中至多存在一种间接的因果关系，而绝非直接关联。

勃固呈现出一种特殊的局势。明朝的国家航海行动几乎没有触及今天缅甸的海岸。但是，1433年以后，远在北京的朝廷仍然需要奢侈品，而其中不小的一部分，比如宝石，正是经过伊洛瓦底江路线和云南进入中国的。因此，我们可以设想，这段路程在某种意义上是海路的补充，而勃固刚好从中赚取了利益。

勃固和马达班位于今天的缅甸，当时它们和孟加拉有着频繁的交流。虽然我们不清楚15世纪中期这方面的细节，但是在论述此后时代的葡萄牙文献中，可以发现当时使用这条航线的主要是孟加拉商人。当然波斯人的名字也并不鲜见，这表明，来自伊朗和受波斯文化元素影响的其他地区的各类群体早已通过印度北部进入了恒河三角洲的贸易中心。至于是否可以从中推断印度北部和缅甸之间关系的强化给缅甸和斯里兰卡之间的关系造成了压力，仍然属于争议问题。

15世纪30年代中期，孟加拉西南方的奥里萨经历了一次王朝更替。此后，其势力范围覆盖了印度东部海岸的广大地区。这暂时是以孟加拉的利益为代价的，因为奥里萨的势力有时会波及恒河三角洲水系的西部支流。不过，这对孟加拉各港口的海上对外关系并未形成持续性的影响。

无论是孟加拉还是勃固，或者是奥里萨，都和马尔代夫群岛有联系。马尔代夫从孟加拉购买大米，以货贝交换。在明代，这些货贝甚至经过伊洛瓦底江路线到了云南，作为当地支付手段，和铜、银等金属共同流通。其交换率与缅甸及印度记载的类似。因此，从云南到缅甸再往南到奥里萨的货币系统是"同源"的，如果不是孟加拉人在15世纪扩大航海范围并发挥中介作用，这些都是无法想象的。

科罗曼德尔和斯里兰卡

郑和的制裁行动让斯里兰卡受到了长期的震荡。直至明朝国家航海活动终结二十年之后，斯里兰卡还向中国派遣使团。使团于1459年到达北京。比斯里兰卡使者和商人更重要的是泰米尔人群体（文献中往往称为"Kling"或"Keling"），他们主要是所谓的仄迪商人（Chetti），其基地位于强大的毗奢耶那伽罗王朝的势力范围。和孟加拉的同行一样，他们也向南亚输送棉花产品，在这个领域与孟加拉人竞争。马六甲是他们的重要目的地之一，在该地被占前后，这些商人与葡萄牙人维持着密切的联系。

如果说早期的明朝船队决定了印度南部、斯里兰卡和苏门答腊岛西北角之间的远洋贸易，那么从15世纪30年代开始，在这条航线上，主要来自科罗曼德尔海岸或古吉拉特的印度船只取代了明朝船队。相反，在苏木都剌–巴赛和马六甲以西地区，生活在东南亚的中国商人，或从中国出发从事非法贸易的福建人已经几乎无足轻重。只有一些小群体也许还在环孟加拉湾的其他港口活动。这意味着，郑和之后，中国民间航海的范围大多局限于东南亚。在那里扩张的过程中（毕竟他们需要满足中国巨大的市场需求），它们无法同时向斯里兰卡和印度方向扩张，这是因为它们既缺乏必要条件，也没有兴趣。

因为买家可以比较规律地在特定商贸港口获得特定产品，所以这既节约了运输成本，也很少需要规划"跨区域"的远航，这就形成了海洋空间广泛的分区化。郑和之前，这种情况非常盛行，而在郑和之后这种情况又重新出现了。整个系统仿佛又回到了从前的状态。当然，少数几个群体和港口变得更加重要，并第一次站在了国际的前沿，比如马六甲。但相对于1400年之前的时代，这个时代并没有发生深刻的质变。

马尔代夫群岛和印度西海岸

15世纪早期，马尔代夫群岛曾向中国派遣朝贡使团。据马欢记载，从苏门答腊岛出发可直接抵达马尔代夫，无须在斯里兰卡或印度南部的港口停留。值得注意的是，《郑和航海图》在马尔代夫岛链的中央所标示的"官屿"显然是马累。也许这里和苏木都剌–巴赛附近一样，曾设过一个小型的中国贸易站，而中国的船只也许曾在一段时间内主导着经过马尔代夫地区和苏门答腊—斯里兰卡一线的海上国际交通。中国人离开后，其他航海群体弥补了这个空白。也许这正好符合孟加拉人、古吉拉特人和阿拉伯人的利益，整个15世纪和16世纪初正好是他们频繁在马尔代夫群岛航行的时代。

在印度西海岸和环阿拉伯海地区，郑和的撤离没有留下比较大的真空。但是我们可以想象，对于那些和坎贝等贸易中心有着

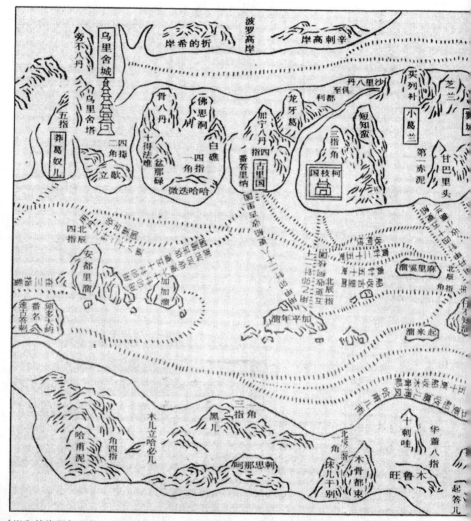

《郑和航海图》局部。顺时针旋转90°会使地图布局更加易懂：大岛是斯里兰卡。左侧的长条状地带（旋转后位于上方）是印度。从绘有卡利卡特和科钦（图中建筑物）的印度西海岸出发，有多条短线通往位于西侧的马尔代夫和拉克代夫群岛。右侧（旋转后的下方）的小群岛可能是查戈斯群岛，但并不确定。下方（旋转后的左侧）边缘是东非海岸，仿佛位于马拉巴尔海岸的对面。沿东非海滨还标示着若干地名，如柱状标志旁边的马林迪。海路旁边的文字标出了方向和距离。有一条线标明了从马累到摩加迪沙的直接航线。

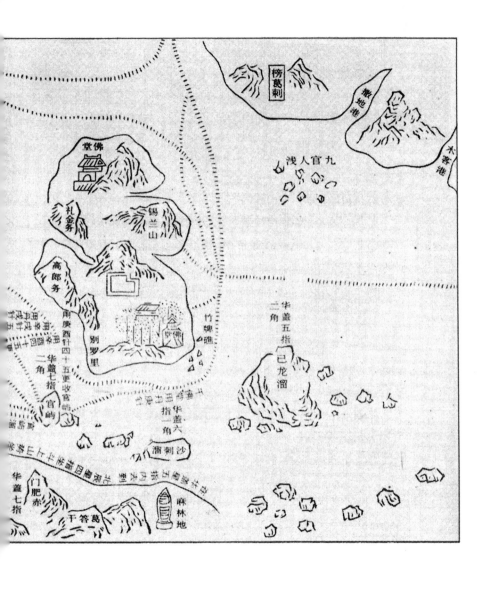

联系的港口的供需，早期的明帝国产发挥了额外的推动作用。古吉拉特人和马拉巴尔人再次成了其中的赢家。

马拉巴尔海岸各港口相对没有受到毗奢耶那伽罗王朝的干扰，和14世纪下半叶一样，它们仍旧和传统的"伙伴"来往活跃，包括霍尔木兹和亚丁。尤其卡利卡特进一步改善了它在喀拉拉沿海地区的领先状态。有一些不明确的证据表明，当地并不一定积极正面地接受了中国的存在，但在郑和之后的时代，这一点已经没有意义。从15世纪中叶开始，科钦等地逐渐重要起来。同样，有线索指出，马尔代夫所引起的政治兴趣也在升高。这种政治上的关注主要来自坎纳诺尔（Cannanore）。

在印度西海岸中段的康坎地区，毗奢耶那伽罗王朝和巴赫曼尼王朝（Bahmanid）的长期争端导致了时有出现的土地易主的情况。巴赫曼尼王朝是毗奢耶那伽罗王朝的北部邻国，统治着印度中部的广阔地带。受到两国冲突波及的主要是果阿，这个城市在当时还不像16世纪在葡萄牙人治下那么重要。它和巴特卡尔（Bhatkal）等地偶尔从西亚买马，供应在印度腹地开战的双方。

15世纪末，巴赫曼尼苏丹国最终开始瓦解。我们无法估计随之伴生的混乱给印度西部沿岸各地所造成的影响。在该王朝的后继者中，重要的有比贾普尔（Bijapur）、艾哈迈德纳格尔（Ahmadnagar）、格勒康达（Golkonda）等。在这些地方，许多西亚文化的影响很显著，有些可以追溯到伊朗或呼罗珊（Khorasan）；但我们已经迈入16世纪深处了。

古吉拉特人懂得在郑和之后继续扩大他们不断延展的贸易网络。因此在15世纪，他们不仅出现在阿拉伯半岛沿岸、东非和马拉巴尔各港口，还到了斯里兰卡，尤其是东南亚。该世纪中叶，他们在某些地方成了最重要的外国商人群体。比如在有他们定居的马累就是如此，尤其典型的要数马六甲。古吉拉特人积极地致力于传播伊斯兰教，特别是向东方传教。他们中间也有非穆斯林，据说他们主要在东非活动。

霍尔木兹和亚丁

对波斯湾的门户霍尔木兹而言，中国船队的出现很可能带来了好处。中国人离开后，它更多地吸引了印度商人。可以想象，印度大陆上的纷争激活了古吉拉特、康坎、马拉巴尔沿海各地之间的竞争。而霍尔木兹则从中渔利，因为它同时接待着这一系列港口。15世纪末，霍尔木兹的居民大约有五万，其中包括居住在相关城区的许多外国人。在这个意义上，我们尽可以把霍尔木兹勾勒为一个可以和亚丁、马六甲等地相提并论的多元文化中心。

显然，在整个15世纪，霍尔木兹也促进了波斯文化的传播。相关的名字、标记、碑文，以及散见于16世纪初葡萄牙文献中的表述，使我们可以感知到，在环印度洋的不同地方曾经居住着一些"伊朗出身"的商人，他们是知识分子和不太有影响力的人物。这让人想到早期的波斯商人和在异国身居高位的海外华人。但是，我们无法确知，在那个时代，这些被认为是波斯人的群体究竟是通过霍尔木兹，还是通过印度各港口出海的。他们也往往不是来自今天的伊朗，而是来自撒马尔罕或中亚的其他地方。

霍尔木兹曾多次与北方的陆上各强国妥协，先是帖木儿帝国，后是土库曼人的部落联盟白羊王朝（Aq-Qoyunlu）。简而言之，它有时会缴纳贡赋，但以此换来的是商路的畅通，这不仅吸引了商人前来，还使人们可以持续不断地购置来自伊朗、高加索或中亚腹地的货物。在经过霍尔木兹运往大海的产品当中，仍然有在印度受到热烈追捧的马匹。据推测，到15世纪晚期，每年通过霍尔木兹对外出口的马多达两千匹。当然，相对于中国–朝鲜或中国–北亚空间有记载的交易数量，这个数字听起来仍然比较小。另外，我们也知道，在阿拉伯半岛周围从事贩马生意的还有其他港口，霍尔木兹并非独家供应商。

在那个时代，霍尔木兹还没有真正值得一提的船队。它的生存依靠再出口、征税，以及和从前一样控制伊朗和阿曼一侧的几个相邻地区，其中包括马斯喀特（Maskat）。位于"海湾中部"的巴林也是霍尔木兹的附庸之一，监管阿拉伯一侧的部分贸易。再往西边是古老的两河流域，掌权的大多是什叶派各家族。通往阿勒颇和大马士革的商路受到阻碍，其中一个影响因素是土库曼人，他们当时控制着伊朗西部、高加索部分地区，以及安纳托利亚高原东部。

在这些地区，奥斯曼人还不重要。在整个15世纪，他们作为海上势力，主要活动于地中海，后来才在亚洲产生影响。而且当时的马穆鲁克王朝不仅统治着亚历山大港、开罗和埃及的地中海沿岸，还控制了红海北部。同时，1454年以前，阿拉伯半岛南岸也受拉苏里王朝管辖，后来塔希尔王朝（Tahirid）接管了重要港口城市亚丁，而佐法尔和希赫尔则落入了卡提里人（Katiriden）的手中。

亚丁和佐法尔也留下了明朝船队的足迹，但由于它们和远东之间遥远的距离，我们很难想象明朝的航海活动在这里产生的影响能够和它在苏木都剌–巴赛和卡利卡特的作用相比。在这个意义上，如果说中国在此留下了持久的影响，显然是夸大其词。另一种更趋保守的观点则认为，中国人在十五或二十年内是当地的"个中翘楚"（primus inter pares）。但即便是这种看法对许多人而言都略显大胆。因此，中国船队的离去不可能引发大规模的替代效应。

我们更容易想象，在短暂的中国"插曲"之中，以古吉拉特人为代表的印度群体增强了自己在上述地区的实力，但这主要发生在中国船队撤出之后。在这里产生作用的，可能是我们在探讨霍尔木兹的时候已经考虑过的机制：印度各港口互相竞争，需要更多的西亚商品，因此更多商人出现在亚丁这样的地方。

可以肯定的是，到了15世纪下半叶，最晚到16世纪初，卡里米商人组织最终消失了。相反，据点位于哈德拉毛海岸的哈德拉毛商人影响力上升，日益频繁地走向国外。有些不明确的证据和传说甚至把他们和爪哇北部的伊斯兰化以及东非联系到一起。他们中的一些人也和波斯、东非、马格里布（Maghreb）等地的商人一起生活在亚丁。

海上的朝圣者

在整个15世纪，尽管有时不得不承受政局的变化，但和霍尔木兹一样，亚丁一直到16世纪初都是一个有吸引力的地方，就交通和贸易而言，其重要性还有增长的趋势。之所以如此，还需归结到另一个特殊原因：在之前的几个世纪，印度北部、东非、斯里兰卡以东海面上几个地方的伊斯兰化进程发展迅猛。因此，希望经过红海到达伊斯兰教圣地的麦加朝圣者迅速增多。这些人一般经过亚丁到吉达，再从那里走陆路去麦加。如果朝圣队伍在古吉拉特或康坎各港口乘船，他们自然就可以参访哈德拉毛海岸的港口。在这些旅行中，宗教和商贸元素天然形成了共生关系，贸易和宗教修行互为补充。

　　根据史料的状况，我们知道，从15世纪开始，上述发展变得非常明显。当然，这种发展在之前的时代就已发端。从贸易技术的角度看，在很早以前，红海入口的各地就拥有一种亚洲其他地方不存在的区位优势。就我们所知的一切而言，即使是佛教传播的早期阶段，也没有引发过大规模的跨海朝圣流。

　　显然，我们无法精确地估测从印度和东非出发，经过亚丁而抵达麦加的"净"客流量。但它完全可能促进了消费品以及汇集于亚丁的贸易流的周转。伊本·白图泰曾大加赞赏的中国大船肯定有能力接收旅客总量的一部分，但在郑和之后，中国船队就远离了印度洋西部。因此，我们可以设想，取而代之的主要是印度的船只。

第四节　总论

　　1350年之前的时间段展现了亚洲海域是如何逐渐融合成一个内部存在空间划分的一体化结构的。一般假设认为，其动力主要来自东亚。随着元朝统治下海禁松动，元朝逐渐崩溃以及明朝兴起（明朝大力破坏了民间贸易），整个系统再次进入了一个多元的阶段。尽管中国以其巨大的人口数量有潜力再度承担火车头的角色，但在这个阶段，增长的动力来自不同的方面，并不存在一个主导性的动力源。这里依次出现了三个以深刻变革为特征的时期。

在第一个五十年（约1350—1400年），中国仍然位于幕后，只对东南亚产生一些向心力。同时，东方的琉球网络开始兴起。爪哇等地似乎也在海洋世界中越来越多地发挥着重要作用。相反，东航路仿佛失去了吸引力，至少中国的史料反映出这个信息。印度洋领域则出现了以下趋势：马拉巴尔各港口日益重要，古吉拉特人的贸易网络正在扩张。霍尔木兹和亚丁作为重要集散地，保持住了自己的地位，总体而言，与印度竞争者相比，阿拉伯-波斯航海活动的相对重要性有所下降。

在第二阶段（约1405—1435年），整个体系的某些部分面临着源自东方的新挑战。中国突然再次独占鳌头。明朝远离本土进行干预的能力和来自东亚市场的极大需求带来了许多后果。某些地方和本地市场似乎从中获得了利益，比如马六甲、苏木都剌-巴赛和爪哇北部的一些港口，此外还有卡利卡特和科钦，也许甚至还包括霍尔木兹和亚丁。相反的是，某些领域的发展则出现了阻滞，比如印度的航海业。

第三阶段（约1435—1500年）在时间上以明朝国家航海行动的终结和欧洲扩张的开端为标志，在一定程度上再次处于碎片化状态。那霸、爪哇北部港口、马六甲、卡利卡特、坎贝及其他主要位于印度沿岸的地方持续繁荣。同时，不同群体的活动有所增强。在东亚，明朝的守势给琉球商人带来了利益；在其他贸易网络之外，中国的私人贸易网络逐渐扩大。古吉拉特人、孟加拉人、泰米尔商人在印度洋东部活动。其中，古吉拉特人还崛起为印度洋西半部的主导群体，而阿拉伯-波斯的航海活动进一步失去了空间。卡里米商人构建的曾经联系着埃及、亚丁和东非的贸易网络，在这一时期已经完全销声匿迹。

引人注目的几点：中亚的陆路时通时阻，和腹地内的几个强国一起影响着海上贸易和交通。如果没有帖木儿帝国，霍尔木兹和坎贝的发展肯定会走另一条路。马穆鲁克王朝也施加了一定的吸引力。在其他状况中，存在某些地方单纯依赖海上贸易为生的印象，比如那霸和马六甲。此外，还有一些港口在整体上保持"被动"姿态，负责创造基础设施上的有利前提，坐待外国商人受吸引而来；而其他地区，本身就很积极主动。毕竟有迹象表明，在这整个时期内，越来越多的人打造了自己的贸易小帝国，大多（但并不总是）绕开位于上方的中央权力或地方政府，建立起了广泛的网络，并影响着政治决策。在这些网络中，人们使用了不同形式的资本参与方式，均由契约规定。

一般来说，货流的结构保持恒定。但贸易量可能有所增加，而且如果仔细观察，我们可以断定其中发生了几处推移：作为远东的进口货物，产自东南亚的胡椒变得更加重要。15世纪初，西亚的马匹不仅到了印度，还在一段时间内到过中国。此外，明代朝廷还吸收了许多奢侈品和昂贵的"异国奇珍"。其中有些物品经过伊洛瓦底江路线和云南，被运到北方。根据印象，印度方面的纺织品和当地制成品出口量（比如来自坎贝的商品）有所增加。印度尼西亚产的香料更多地流向西亚和欧洲，恰好与我们的猜测相符，即东航路的使用已经不再频繁。另外，早先经常卖到中国去的乳香，如今更多地运到了西亚和南亚市场。

人们有时也认为，在15世纪印度周边的某些航线上，大象和用于造船的铁和木材等物品的贸易显著增多。同样，更多的食物（如孟加拉和勃固的稻米）也通过海运跨越了遥远的距离。但普遍意义上从奢侈品到廉价的大众货物的转换并没有出现。大众货物的运输要占据很大的船体空间，必须以运输效率的提高为前提。在日需品的供应方面，只有少数地方还高度依赖海上进口。大多数情况下，港口后的腹地足以为其提供充分的补给。

在东印度洋周边的多处海岸和东南亚的部分地区，伊斯兰教的传播有了很大进展。这在很大程度上是因为古吉拉特人和孟加拉人的贸易网络深受伊斯兰教的影响。哈德拉毛人和来自今伊朗地区的学者们尤其善于利用这些地区的贸易组织。远东的状况则又与此不同：随着元末政乱，许多穆斯林商人最终撤离了中国。同时，中国本身在东南亚的魅力也极大地提高了。相反，尽管泰米尔商人的活动范围也扩大了，但在东南亚，来自印度的新的文化影响几乎未见记载。

贸易和文化传播高度依赖单个群体的兴趣。这些群体仅代表自己，很少服务于上层的国家目标。但也有例外：琉球的船只大多是为国家而出海的。此外，也存在一些受西亚等地宫廷指派的航海行动，当然中国在明代早期的航海活动构成了一个非常特殊的个例。但在这些"系统"当中，许多结构具有共性：它们都推动了现存的海外散居组织的发展，有利于新的海外存在形式的形成。其中有些形式使人联想到郑和的航海活动，它们可能已经表现出后来的欧洲海外定居点所具备的某些特征。

第八章

尾声：1500 年之后的海洋世界

第一节 基本发展：亚洲人与葡萄牙人

观察方式

前几章的行文顺序是自东向西。但随着15世纪末第一批欧洲人到了亚洲，这种书写方式就难以继续了，因为众所周知，欧洲人的扩张是从好望角航线开始的。此外，研究沿海地方和交流关系的历史学家还陷入了另一种根本性的困境：来自欧洲的报道忽然成了多数，而亚洲的记载则退隐到幕后。因此，海洋历史的书写往往纯粹出于西方视角，也就是欧洲人强加给亚洲国家与组织的殖民史。人们对历史的观察先是透过葡萄牙人的眼镜，后来则受到荷兰人及其他资料的影响，这种历史就像盖奶酪的钟形玻璃罩一样，被欧洲人套在了亚洲海洋空间之上。与之相联系的，有时还有这样一种信念，认为全新的时代突然在1500年前后开始，似乎一切都从根本上改变了。

诚然，欧洲人的到来确实构成了一道分水岭，但这道分水岭并没有触及亚洲海上交流的方方面面。有些元素几乎一成不变地继续存在着，或者即便没有欧洲的影响，它们也会发展，而且还存在明显的地域差异。在有些地区，我们可以立即感受到欧洲的气息，比如在印度洋的西半部，而在另一些地区则并非如此，比如东海的周边。发展一直都存在，因此关于1500年之前的时代主要处于一种静态的说法并不恰当。

　　因此，这一章的视角仍然是自东向西的，有意以一种概括性的方式来描述，特别需要指出，这部分的性质是尾声，我们要以此结束我们的论述。接下来的时期越来越多地受到一些元素的影响，变得更丰富。这些元素并非源自本土，而是从外部对本土产生影响。严格来说，这个过渡的过程一直延伸到近代。我们可能永远无法准确地为它固定一个"终点"。但显然，我们不必为此感到困扰，因为对16世纪和17世纪早期的观察就已经揭露了某些特征，这些特征标志着一种缓慢而无声的转折。我们为尾声而选择的形式将要指出的是一些也许并不那么特殊的特殊之处（请原谅此处的自相矛盾）；这也正是这个开放式的结尾所要顾及的地方。以印象主义的方式来表述：我们的叙述中断的地方，恰是欧洲开始令人感到无聊的时代……

　　首先是一些关于空间–地理发展的一般性论述，然后按照由东向西的方向探讨单纯的事件史（Ereignisgeschichte）。最后一部分要勾勒中国国家航海体系和葡萄牙的亚洲"帝国"之间的异同，两者分别是15和16世纪最引人注目的架构。这种鸟瞰式的不同寻常的眼光，以及从非欧洲时代向欧洲时代过渡之际两条多少有些前后相继的道路之间的比较，其背后很可能藏着隐秘的魅力。

亚洲海洋空间的开放

　　宋元时期，东航路的使用日益频繁，后来整个体系还纳入了东非沿海地区。从地理上看，这两个史实使亚洲的航海结构经历了最后一次空间上的延伸。欧洲人在这个体系边缘的两个地方打开了它：最晚从达伽马（Vasco da Gama）开始，好望角航线把印度洋西南一端的"角落"和大西洋、巴西、葡萄牙连在一起，而后来的麦哲伦（Magellan）及其后继者则通过跨太平洋的航行，在菲律宾群岛、今天的印度尼西亚和墨西哥、秘鲁之间连起了纽带。这两个开口将长期地引起亚洲航海结构内部的变革。从前经过黎凡特向西运动的货流改道输往里斯本，这至少在开始的时候损害了一些亚洲竞争者的利益；这种改道也伴随着发生在印度洋西半部的各种冲突。经过一段时间的延迟，跨太平洋航线的探明推动了菲律宾群岛融入东亚和东南亚贸易世界，从而融入了东航路的范围，此外，该航线的开发还有利于福建人关系网络的进一步发展，因为菲律宾群岛上的西班牙人需要中国的中介和货物。

值得注意的是，亚洲的各大贸易强国对新的跨洋航线几乎长期没有兴趣，尽管至少中国本来具备远洋航行的技术条件，但直到近代，亚洲各国都没有派出任何一艘自己的船去往亚洲及非洲以外的世界。如果说东航路的开辟和东非沿海的发现是发自"内部"，也就是发自现存航海系统自身的，那么到了现在，也许是因为某种自我满足感，这个系统显然缺乏必要的活力去踏出关键性的一步，进入另外的世界。换言之，由西班牙和葡萄牙人引起的"开放"来自外部，这恰好应该被视为新现象。因此本书引言中就提到过的"全球化"等新潮标签主要指这个过程，或者更确切地说，指一种从这里开始的、但并不一直受亚洲人欢迎的长期发展。

简而言之，在1500年以前，没有任何一股该系统之外的势力尝试过控制这个系统的某些部分。希腊商人（无论他们可能是什么人）、犹太商人、意大利商人、来自地中海地区或西亚大陆的商

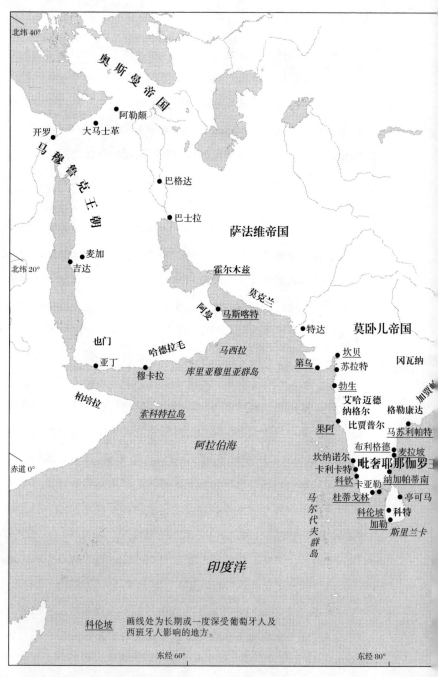

北纬40°

奥斯曼帝国

阿勒颇

开罗　大马士革

马穆鲁克王朝

巴格达

巴士拉

萨法维帝国

麦加

北纬20°　吉达

霍尔木兹

莫克兰

阿曼　马斯喀特

特达　莫卧儿帝国

也门　哈德拉毛

坎贝

亚丁　马西拉　第鸟　苏拉特　冈瓦纳

穆卡拉　库里亚穆里亚群岛　勃生

艾哈迈德　加贾特

柏培拉　纳格尔　格勒康达

索科特拉岛　果阿　比贾普尔　马苏利帕特

赤道0°　阿拉伯海　布利格德　麦拉坡

坎纳诺尔　毗奢耶那伽罗

卡利卡特　纳加帕蒂南

科钦　卡亚勒

杜蒂戈林　亭可马

科伦坡　科特

马尔代夫群岛　加勒

斯里兰卡

印度洋

科伦坡　画线处为长期或一度深受葡萄牙人及
西班牙人影响的地方。

东经60°　东经80°

16世纪，西班牙与葡萄牙殖民时代的亚洲

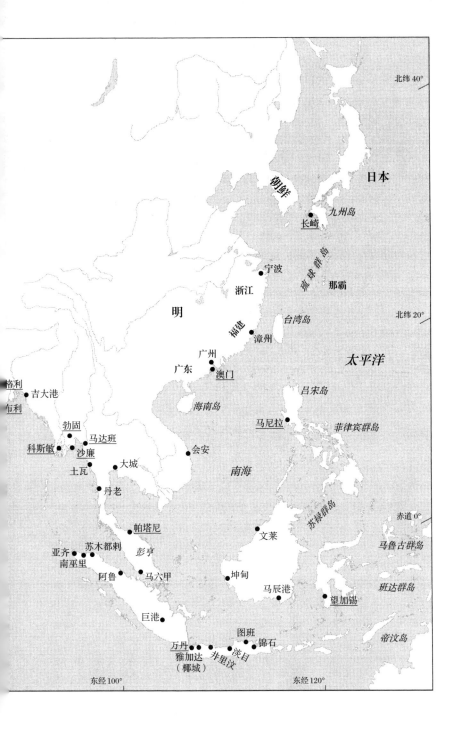

人等，虽然参与了经西印度洋部分地区的贸易，但没有维持类似16世纪及以后欧洲人定居区的组织。这些组织受其位于欧洲的各中央政府控制，后来大多被归类为殖民地。从欧洲的视角看，一个逐渐跨越大洋、自成一体的更大的世界把亚洲的海洋世界，包括它下属的各分领域囊括在内，后者是前者的一部分。早在1494年，著名的《托尔德西里亚斯条约》（*Vertrag von Tordesillas*）在考虑罗马的利益的同时就规定，将全球分为两个"负责领域"①，这种划分也许比任何其他措施都更能代表这种特殊的愿景。

东海，约 1500—1550 年

16世纪初，东亚的广大地区还处于我们上一个时间段介绍过的那种状态。明朝第一代皇帝颁布的海禁仍然阻碍着中国和日本之间的自由往来。在官方层面上，在日本相互竞争的各大贸易家族为了和中国做生意，不得不遵守中国的朝贡规定。由于无视游戏规则，日本贸易势力在宁波（古称明州）等地掀起了数次风波。中国和朝鲜以及朝鲜和日本之间的海上交流也并非一帆风顺。日本某些团体对朝鲜沿海地区的侵袭暴行尤其频繁。

在16世纪，日本生产的白银日益增多，而中国的经济也在不可遏制地增长，因此当时明朝的贸易限制完全不合时宜。尤其是在16世纪中期，海禁的影响促使一直以来秘密绕开法律的、无足轻重的个别走私团伙成了大规模组织，他们令人建造自己的船队，装备先进武器，不仅内斗，还公然与明朝军队为敌。为了拿到中央政府禁止他们获得的东西，他们时常劫掠整个地带。地方官员

---

① 条约规定西、葡两国共同垄断欧洲之外的世界，以位于佛得角以西370里格，即西经46°37′附近的经线为界。分界线以西归西班牙，以东归葡萄牙。

和有影响力的沿海商人常常和这类组织合作，因为他们希望在白银、丝绸等物的交易中赚取利润，而且他们认为海禁纯属荒谬。由此，许多大区域常和中央对立。

在明朝史料当中，按照古代的修辞说法，大多数非法团体被称为倭寇，即"日本盗贼"，但这些群体的构成早已不单纯是日本人，而主要是来自大陆的中国人。这些人多数来自浙江和福建。一些倭寇团体还维持着广阔的贸易网络，与日本和东南亚保持着联系。因此它们在某种程度上已经国际化，有了掌握几十艘船和大量资本的小型贸易帝国的特征。假如16世纪早期和中期亚洲的

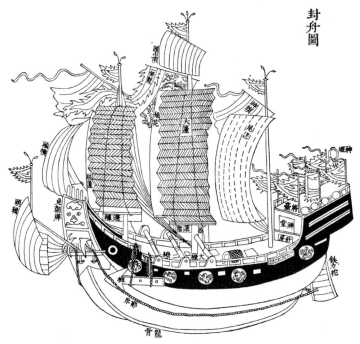

周煌《琉球国志略》（1758年）中国（或琉球）船。类似的交通工具在明朝已有建造。

贸易团体留下了准确的数据，那么占据前几位的很可能主要是中国的"商业联盟"（Konsortien）。

另一个把东北亚和东南亚的命运连到一起的组织是琉球人。但早在15世纪末，他们的影响力就让位于福建人的关系网了。16世纪，这个过程仍在延续。因此，日本白银在东亚内部的分布和琉球群岛几乎没有关系。琉球虽然在名义上仍是中国的朝贡者，但就中国的进口总量来看，琉球供货的重要性很快就降低了。在日本和朝鲜，它也失去了地位。

马六甲的被占和南海，约 1500—1550 年

1500年前后，东航路一带的某些地方、爪哇北部港口、马六甲、泰国湾周边几个聚居区（受大城王朝控制），以及苏门答腊岛北部一系列沿海聚落构成了东南亚最重要的商业门户。依附于它们的是一些本地的或跨区域的贸易网络，这些网络各不相同，部分存在重叠。同时，泰米尔人等印度团体和中国人尝试把这些中枢囊括进其各自的交流体系中，这些人大多来自外部而非东南亚本土。在这方面，中国人也许是最成功的。

16世纪中期，中国沿海的"倭寇贸易"爆炸式发展，日本的白银出口也开始增长。但在这些现象出现之前，第一批葡萄牙人和西班牙人就设法进入了东南亚。由此，海洋世界的这一部分出现了两个新的（外来）群体。在他们登上历史舞台之初，1511年，阿尔布克尔克（Afonso de Albuquerque）占领了信奉伊斯兰教的马六甲。这一事件一再被标记为东南亚近代历史的转折点，因为它明显地破坏了现存的"平衡"，损害了其他所有地方和群体的利益，开始了殖民政权对这些地方的压迫。但对这次短暂战争的某

些后果，最近有了更细化的看法。

确实，之前让马六甲成为中央商场一般的地区性枢纽的伊斯兰教网络，退避到了苏门答腊岛北部或爪哇港口以及马来半岛西端的柔佛和廖内地区。这样，一条把吕宋及文莱与柔佛连到一起的新航线就脱胎于老的马六甲—文莱—吕宋"轴线"。爪哇北部一直数量众多的中国穆斯林和琉球商人都离开了马六甲。但其他中国人没有走，特别是最初甚至与葡萄牙人合作的福建漳州（Chincheo）人。

因此，马六甲的陷落并没有损害全部群体，在某些方面甚至还促进了贸易。中国大陆商人习惯于从东南亚带胡椒和香料去广东和福建。1511年之前，他们往往从马六甲购置这些产品。不久以后，葡萄牙人也向中国输送胡椒，以期为达成自己的目的而打开中国市场，所以双方互相侵入了对方的领域。福建人对此做出了非常灵活的反应：他们舍弃马六甲，更多地从帕塔尼、彭亨等地区购买东南亚商品，刺激了当地的胡椒种植业。这些地区离中国更近，也就意味着更短的运输距离和更低的成本，毕竟到帕塔尼等地比去马六甲要快得多。

不久以后，葡萄牙人和广州官方产生矛盾，第一次正式出使中国也以失败告终，原因之一是当时流亡的马六甲苏丹曾向明朝说明敌人的情况并请求援助，这也给福建人带来了优势，因为原先海禁松弛的广州向葡萄牙人关上了大门，强调只准朝贡船只入港。但很快，港口上的朝贡往来也衰落了，几乎只有从暹罗才继续有朝贡商品来华，由于监督极为严密，贸易也很难退避到非法的民间交流中去。因此，沿海地区一切非法活动的重心都自然而然地转移到了管制松懈的福建。不久，连葡萄牙人也尝试在那

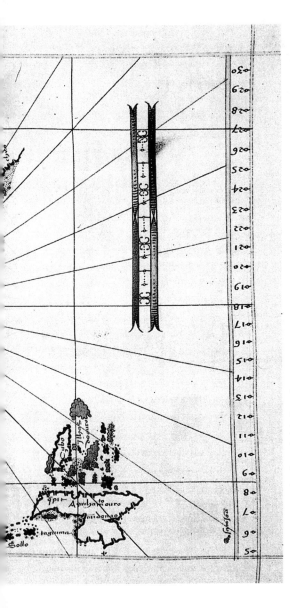

佳斯帕·维加斯（Gaspar Viegas）
所绘地图（1537年）中的东南
亚。越南海岸前可以清楚地看到
西沙群岛和其他浅滩，部分浅滩
是想象出来的，这些在图中合成
一只角的形状。值得注意的还
有：北部湾向北变窄，呈漏斗
形。欧洲人的其他地图描绘这些
地区也用类似方式。可能这种绘
图形式要追溯到中国的范例，可
比较《郑和航海图》。

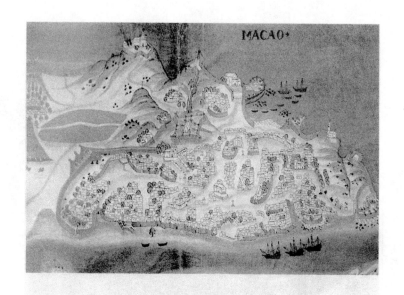

17世纪的澳门。中国插图来自《澳门纪略》（18世纪中期），葡萄牙插图出自
雷森德斯的《葡属印度记录》（约1636年）。在中国插图中，澳门半岛南端位
于左侧，葡萄牙插图中为右侧。此处有一座著名的庙宇，供奉中国的航海女
神（妈祖或天妃）。有观点认为此庙早在葡萄牙人到来之前就已建造。

里和更北的浙江立足，但并未取得长期的成功。他们也未能涉足琉球岛链，不仅因为资本和船只不足，也可能福建人要维护自己的利益，把不受欢迎的竞争对手拒于那霸之外。总而言之，葡萄牙人在远东出现所导致的状况完全给福建的（倭寇）贸易带来了利好。

16世纪中叶，正值非法活动在中国的鼎盛时期，历史又完成了一次转折，但这次和马六甲无关。对福建在该领域的成功，广东嫉妒已久，因此重新对葡萄牙人开放。这最终导致了澳门的设立，如果此事不是由来自北京的中央政府首肯，至少也经过地方官府的批准。具体背景和状况至今仍有争议，但这并不重要。

更重要的是，澳门从16世纪60年代开始经历了一次快速的繁荣，而葡萄牙人在此前二十年左右才第一次到达日本。此后，葡萄牙的船只就定期向广东运输日本的白银，又将中国的丝绸运往日本，这些都要经过澳门。正如前文所述，白银和丝绸的交易自然也经过浙江和福建。这暗示着一种地区性的分工。葡萄牙人联系着广东和日本，福建人和其他中国群体则偏爱日本—福建以及日本—浙江航线。

"东航路"区域和至17世纪初的东亚

我们暂且回到16世纪初期。西班牙人早已涉足东南亚，这给了葡萄牙人一个警告，这股来自伊比利亚半岛的竞争势力声称，根据对《托尔德西里亚斯条约》的准确解读，东南亚的部分地区属于他们的势力范围。从西班牙人第一次出现在这里（麦哲伦航海），到跨太平洋常规航线固定下来，尽管用了许多年，但实际上葡萄牙人还是很快做出了反应，他们把目光投向了马鲁古群岛，这是古吉拉特人为印度市场和黎凡特购买丁香花干的地方。这虽然在某种程度上损害了伊斯兰贸易群体的利益，但却使葡萄牙人在马来世界东缘的地位暂时趋于稳定。

围绕着马鲁古群岛的竞争导致了生产力的提高，而且从长期看，加强了伊斯兰教方面的传教努力。在此期间，西班牙人也参与了进来，他们主要从北部的菲律宾群岛介入。站在西班牙的立场看，这些产香料的小岛只是次要舞台。对他们来说，更重要的是菲律宾世界，在那里，1571年，西班牙人在马尼拉建立了他们的总部。

从福建人的角度看，西班牙人来得正是时候。中国市场对国内流通的白银的需求越来越大。而除了日本，西班牙也恰好大量提供白银。在其他方面，福建也时来运转：1567年，限制私人交易并导致中国沿海发生严重纷争的荒谬的海禁被废除了。非法的倭寇大部分变成了合法的商人；私人贸易在原则上仍需接受法律规定的监督，但已经可以相对自由地发展。此前，福建人就已经部分地开辟了菲律宾群岛的国内市场，向南一直延伸到苏禄群岛。如今，他们不断扩张的贸易体系发展得更快，在取消海禁的契机下，牢固地使已开辟的菲律宾市场成了自身贸易体系的一部分。西班牙人在这里充当了历史的催化剂，因为福建的船把丝绸等商品带到马尼拉，换得拉丁美洲的白银。中国的白银供应经过福建人之手，由两个源头保障：日本和西班牙。这种初始状况为福建人提供了额外的资本，有利于他们打开其他市场。我们也许可以说，当时的发展在很短的时间间隔内先后引发了多种状况，而福建商帮无疑是这次发展中最大的赢家。

几乎同时，长崎发展成了日本这个岛国大多数对外交流汇集的城市。远东的白银和丝绸及其他商品的贸易，包括铜、名贵药材、贵重木材等，依赖多个重要支柱。这些支柱环绕着东海和东南亚世界，其分布如下：长崎、马尼拉、福建各港口（尤其是漳州），以及澳门。更靠近南方的一些区域属于次要舞台，也涵盖在这张复杂的网络之中。日本人沿着越南海岸航行，经营着广泛的贸易网络，他们与倭寇时代的海盗组织早已全然不同。显然，所有这些地方之间的不同航线上也一再出现竞争状况，这导致了不同的局面，且一直到持续到17世纪初，但参与者之间却几乎没有爆发过较大的纷争。当然，具体细节我们无法在这里一一描述。

当东亚和东南亚世界的大部分地区都在享受一定程度的繁荣之时，当然也存在不那么有利的事情。16世纪末，日本过渡到了扩张时期。占领马尼拉的各种计划都没有成功，但是日本士兵进攻了朝鲜。不久后，这个之前耶稣会的传教活动一直非常成功的日出之国开始了对基督徒的迫害。另外，一些西班牙人曾雄心勃勃地建议从吕宋岛出发，在葡萄牙人和异国援军的帮助下，通过奇袭攻占福建和中国的其他地区，但这些建议远没有日本带来的威胁大。西班牙人的殖民体系早已铺得太开，缺乏船只、金钱和士兵，而且澳门也丝毫感觉不到有必要支持宏大的征服思维。还有两点需要补充：在这些充满幻想的计划及其被拒的背后，当然是葡萄牙和西班牙对远东势力范围的竞争。此后，在1580年，伊比利亚半岛的这两个强国在哈布斯堡家族的统治下"合一"了，但它们各自的海外帝国却必须在行政上划分清楚，在亚洲也是如此。

西班牙人在菲律宾群岛上的存在还具备其他特征。他们不满足于占有各沿海据点，而是要将各岛屿整个纳入统治，因此，西

长崎港的中国帆船。船尾朝向观察者。船头的大眼睛十分醒目。绘画出自后世

班牙人是第一批获得大面积亚洲领土的欧洲人。行政上，这些地区隶属于墨西哥，因此它们是殖民地之下的殖民地，这是西班牙

统治的另一个特点。由此，新世界的边缘被推向了远东。此外，作为一支天主教势力的马尼拉陷入了与菲律宾群岛南缘的穆斯林群体的长期冲突之中。西班牙人还试图向北在台湾立足，正如17世纪20年代的荷兰人。因为同时迁往那里的还有福建人，所以台湾岛第一次成了各方势力争夺的焦点，这个东亚最后的"边缘空间"，就这样被融入了已有的海上贸易体系中。

到17世纪初的马来世界

16世纪下半叶，今天的印度尼西亚和马来半岛周边没有一个主导海上贸易的本土政权。将成为葡萄牙的一个枢纽的马六甲，多次受到想要"解放"此地的伊斯兰联盟的进攻。在其他时代，葡萄牙人也致力于寻找马来盟友，希望以此巩固自己在马六甲的地位。这一切都给和平交流造成了负担。

爪哇北部各港口最初参与了反抗葡萄牙人的活动，但后来，这些港口之间互相竞争，从中国人和其他供应商身上获取利润，有时甚至还和小型的葡萄牙私人商业团体做生意。位于泰国湾周边的帕塔尼等地也日益融入已有的网络，主要是中国的网络。甚至日本人也一度在此活动。在国王自己都经营贸易的大城王朝，甚至还一度存在过日本"殖民地"。而从澳门或马六甲而来的葡萄牙人也对大城王朝和越南沿海感兴趣。

加里曼丹岛南侧及西侧的马辰等地，以及苏拉威西岛上的望加锡（乌戎潘当）更牢固地被包含在了各种贸易流形成的现存体系之内。在某种程度上，这是一个新现象。特别是在16世纪的最后几年，望加锡的崛起尤其明显。这些港口从印度获得纺织品等货物，进一步输往其各自的腹地，或向东卖到马鲁古群岛、班达群岛等地区。望加锡还参与玳瑁、东印度尼西亚香料、主要产于帝汶岛的檀香木等商品的贸易。17世纪，它一度崛起为地区性贸易中心，和菲律宾群岛、马鲁古群岛、爪哇北部、澳门、马六甲等地维持着密切的交流。

对我们来说，沿苏拉威西岛西侧、从苏拉威西海往南至爪哇的南北向航线周边的区域是一片不熟悉的地方。但这些地方在地图上被标了出来。去那里的很可能是当地群体和中国人。相比之下，我们对帝汶岛地区了解得更详细，因为葡萄牙人和中国人恰好在这里置办檀香木。在整个17世纪，檀香木是运往中国的主要出口品之一。

尤其值得注意的还有和苏门答腊岛隔海相望、出产胡椒等商品的爪哇西侧。中国人主要从万丹购置胡椒，所以那里很快就形成了一个规模可观的海外福建人聚落，当然他们也和该地区其他的华人定居点保持着联系。在这个过程中，万丹的中国人陷入了和其他群体的竞争之中，比如葡萄牙人。但葡萄牙立足爪哇的倡议大多只是一些短暂的插曲。葡萄牙人在那里的存在虽然有据可考，但从贸易量上看，并没有产生特别重要的影响。

在这一时期，和狭长的北岸一样，爪哇西海岸的重要性也有所提升，究其原因，不仅是因为中国对这块地方的兴趣日益增长，还因为沿苏门答腊岛西侧的航线把这一地区和当时已成重镇的亚齐等地连在了一起，由此，爪哇就和跨印度洋的贸易相接了。简而言之，自从马六甲衰落以来，一条通往古吉拉特的替代性航线就经过万丹运行了起来，航行于此的是印度商人，他们大多来自坎贝。当然，在16世纪下半叶，葡萄牙人早已向许多穆斯林当权者做出了有利于后者的妥协，但由于战争频繁，航行若取道传统的马六甲海峡，无疑是一种冒险行为；因此穆斯林的航海活动喜欢避开它，选择其他航线，这自然而然地给苏门答腊岛西侧的一些地方，比如巴鲁斯，带来了利益。

因此，在此后的16世纪中，东南亚沿海空间的广大地区都享受着繁荣，唯有马六甲地区是个例外。如果不考虑当地的冲突，则马来世界商人的境遇和他们位于北部相邻地区的同行们一样，总体并不差。可以设想，大多数地区或多或少都经历了持续性的经济增长。从16世纪末开始，整个体系又再度处于各种外部影响之下。这些影响来自当时开始向爪哇扩张的荷兰人。他们偏偏选择了在巴达维亚（Batavia），即今天的雅加达建立亚洲总部，这在贸易战略上是一个明智的决策，因为众所周知，在马六甲以西和环印度洋地区，荷兰最重要的对手葡萄牙的势力要强得多，与这些地方相比，荷兰人在马六甲以东盈利的希望更大。

孟加拉湾和安达曼海

16世纪初，印度洋东部的国际贸易掌握在古吉拉特、孟加拉和泰米尔地区的印度商人手中。马六甲汇集了众多货流。但正如上文所述，在马六甲被葡萄牙人占领之后，亚洲的许多商人群体就转战东南亚其他港口了。

在穆斯林竞争者看来，葡萄牙人夺取马六甲而非苏门答腊岛西北角某地，既是幸事，也是不幸。如果葡萄牙人选择的是亚齐或南巫里，那他们就可以凭借很少的消耗同时控制两条航线的出发点：其一是马六甲航线，其二是从苏门答腊岛西侧到巽他海峡的航线。站在穆斯林的立场，马六甲的陷落意味着他们只是失去了一条航线。如果我们假定穆斯林方面存在一定程度的合作，那么他们可能是有意识地把葡萄牙人在事件前沿的注意力引向了马六甲，丢车保帅，以免失去其他可能在战略上更重要的地方。无论如何，引人注目的是：葡萄牙人挺进马六甲时怀着极高的期待；这些占领者以后必定要将其表述为具体的决策，因此关于这个据说（或确实）如此富裕的地方，他们的记载也表现出异常肯定的态度。

占领行为的受惠者主要是亚齐。16世纪初，亚齐强势扩张，兼并韦岛（Weh），征服南巫里、佩迪亚和苏木都剌－巴赛。16世纪60年代，它甚至把势力范围东扩至阿鲁。而在西方，它不仅服务于那些主要来自古吉拉特的穆斯林商人的利益，还与葡萄牙人的对手奥斯曼人维持着关系。因此，印度洋另一端的土耳其人向亚齐供应武器，使其有了维系一支有打击能力的船队的条件，可随时震慑马六甲。

让我们把目光转向北方。在国际贸易流的整体语境之下，今天缅甸的丹那沙林和其余海岸当然不如亚齐和马六甲重要。1569年，孟人在和大城王朝之间的多次战争中最后得胜，但在17世纪，土瓦、丹老（亦称万耶克）和孟人的其他一些地方都落入敌手，大城王朝遂能直接进入安达曼海。因此，横穿中南半岛的陆地运输可能又变得重要起来，这也许导致了马来各港口的损失，但至今还没有清楚的实质性线索可以说明这点。

勃固是伊洛瓦底江三角洲上一大贸易中心，在1511年以前，它是马六甲重要的供应商。此时的勃固也和印度伙伴保持着联系，其贸易伙伴甚至还包括穆斯林，后来也和葡萄牙人做生意。有些葡萄牙人还在科斯敏（Cosmin）、沙廉（Syriam）、马达班和今天缅甸的其他一些地方定居，大多属私人行为，而不一定有葡萄牙当局的许可。他们将自己的知识提供给当地统治者，成为顾问、雇佣兵，或参与贸易。而另一侧大城王朝的情形也类似，那里同样居住着一些葡萄牙人。

在印度，16世纪孟加拉湾另一岸的特点是大量战争和权力更替。特别是信奉印度教的各大帝国，形势十分艰难。1565年，毗奢耶那伽罗王朝崩溃，此后不久，奥里萨的加贾帕提王国（Gajapati）灭亡。南亚次大陆的广大地区随即被崛起于16世纪初的莫卧儿帝国统治。与之并存的是许多小王国，它们也由穆斯林诸侯统领，而且发生了无数冲突。这些变化对印度东岸的贸易和工商业产生了非常不同的影响。尤其是在科罗曼德尔海岸各港口，和以前一样，这里存在一定程度的替代效应：涉及国外交易时，一个港口往往会取代另一个港口。虽然有这样的浮动，但该地区还是较为辉煌，这首先是因为它仍然生产许多纺织品，销往东南亚。

葡萄牙人从西方来，和泰米尔地区的多个港口及内陆地点维系着丰富多彩的关系，在这里我们无法一一描述。在这个过程中，也出现过紧张的局面，特别是在葡萄牙人和大多来自卡利卡特并在马纳尔湾经商的马皮拉穆斯林（Mappillas）①之间。16世纪30年代前后，这些矛盾对立在吠达莱（Vedalai）多次激化，促使较大规模的战争爆发。

另外，这片区域本身也有葡萄牙人定居。卡亚勒、吉赖格赖（Kilakkarai）、普奈卡亚勒（Punnaikayal）、杜蒂戈林（Tuticorin）等保克海峡以南各地都是他们去过的地方。这些港口的收入来

---

① 马拉亚利穆斯林当中两大民族－宗教群体之一，分布于马拉巴尔地区和科钦。

源之一是向当地采珠人征税，另一财源是贩卖西亚马匹。保克
海峡以北的葡萄牙人活动中心是纳加帕蒂南、德梵那帕蒂纳姆
（Devanapattinam）、麦拉坡（Mylapore/São Tomé）、布利格德
（Pulicat，西方文献中，该地名有多种写法）等聚居地。葡萄牙人
在此买卖的主要是纺织品，是他们印度同行船上也有的货。有时，
他们也买入硝石，参与大象贸易，在海上运输大米，将其卖往马
六甲等地。

　　这些活动大多数只持续了几年，贸易航线经营权利的发放也
只有几年之限。此类航线很多，这里仅举两例：连接马苏利帕特
南和缅甸沿海等地区的航线，麦拉坡和马六甲之间的航线等。整
个体系还包括孟加拉地区，它的吉大港、胡格利（Hughli）、比布
利（Pipli）等地是葡萄牙人活动的主要区域。贸易的货物仍然是
纺织品，周期性的商品有大米、硝石等物。同时一直存在的是孟
加拉和马尔代夫群岛以及孟加拉和东南亚之间的传统航线。由此，
印度东北部不仅接上了葡萄牙人的网络，还和伊斯兰教的大交通
线相连。这条线绕开了葡萄牙人的航线，连接着亚齐和印度洋西
部各地区。

斯里兰卡："两可之境"

　　16世纪初期，孟加拉湾西南缘的斯里兰卡构成了一个相当特
殊的领域。当时，在这个盛产肉桂的小岛上存在多个王国，那些
马皮拉穆斯林主要在西海岸活动，和卡利卡特及印度沿海地区合
作。葡萄牙人很早就认识到，斯里兰卡由于占据了印度洋的中心
位置而具有重要的地缘战略意义，所以他们很快就试图在这里站
稳脚跟。这不仅导致了许多冲突，也催生了有趣的合作关系，特

PLANTA DA CANELA

肉桂属于斯里兰卡经典的出口商品。图中的描绘遵照加尔西亚·达·奥尔塔的文献。

别是科提国君还曾于1542年或1543年向里斯本遣使。

　　在某种程度上斯里兰卡在16世纪构成了一个分界区。对于从东方来的人，这里是葡萄牙"官方"统治空间影响范围的开端。许多固定或者不固定的据点形成了一张网络，构成了这个统治空间，其政府所在地位于印度西岸的果阿。除马六甲之外，孟加拉湾周边及以东地区的几乎所有殖民点的建立都没有经过里斯本或果阿的指示。甚至澳门也只是在葡萄牙人登陆多年之后才在形式上被纳入现存的体系。因此，到现在为止，我们所遇到的小型葡萄牙贸易点和斯里兰卡以东类似海外聚居区的组织所构成的网络，也许只能看作"本体"葡萄牙"帝国"的非正式附庸，相当于某种内部存在少量"官方渗透"的影子帝国（shadow empire）。当然，文献里所说的大多是一个错综复杂的整体，比如"葡萄牙的亚洲"、"葡萄牙的印度"，或更简单地称之为"葡属印度"（Estado da índia）。

斯里兰卡的特殊性还体现在另一方面：首先，天主教和佛教在这里第一次并存（不考虑马可·波罗等中世纪旅行家）；其次，许多对自己在葡属印度的任务和地位感到不满的葡萄牙人，把这座小岛当作进入他们可独立自主的"非官方"世界的跳板，可见斯里兰卡的作用相当于社会的闸门；第三，葡萄牙人后来一反葡属亚洲地区内部的旧习，致力于控制这座岛屿更大的部分，比如平原地带，而不仅局限于沿海据点；第四，有些观点试图把斯里兰卡抬高到葡属印度的核心地位，但没有成功；最后，斯里兰卡是17世纪荷兰与葡萄牙的利益产生激烈碰撞的地区之一。

马拉巴尔、马尔代夫和古吉拉特

在16世纪向西经过科摩林角的人会进入一片区域，在那里，他能更明显地感受到葡萄牙的影响，这种影响比在东方更具官方色彩。但让我们先来观察那里的亚洲势力。马拉巴尔海岸的很大部分处于卡利卡特的控制之下，该地的穆斯林精英阶层一再挑战着葡属印度。在很长一段时间里，他们指挥的灵活轻便的沿岸小船能够很容易地从葡萄牙的大船旁边溜走。卡利卡特还经常把胡椒等货物运往腹地，再从那里经陆路继续运到科罗曼德尔的各大港口。此外，它也和其他伊斯兰海上贸易势力维持着关系。但和古吉拉特的船相比，马拉巴尔的船很少出现在外洋。

如果说在达伽马的时代，葡萄牙人和卡利卡特打交道的经历并不好，那么相比之下，他们在科钦的境遇就理想多了。从葡萄牙人的视角来看，科钦是一个可以依赖的货源地，一部分运往欧洲的胡椒就出自这里。当然，信奉伊斯兰教的竞争者感到葡萄牙在科钦的势力是一种麻烦，因为这个地方不仅"侵吞"了珍贵的货物，还恰好位于卡利卡特和科摩林角附近的穆斯林势力范围之间，切断了漫长的海岸带。

我们无法列举马拉巴尔海岸剩下的所有港口，但是要在此提一下坎纳诺尔。它同样和穆斯林群体有关系，活跃于拉克代夫和马尔代夫群岛，并一度控制着那里的一些环礁。这使它与当地其他势力形成了竞争关系。

在16世纪，中心位于马累的拉克代夫和马尔代夫是多条航线汇集之地。古吉拉特人、孟加拉人和马拉巴尔人都利用了这一点。我们早就接触过的古吉拉特人有时从坎贝或苏拉特（Surat）前往马累，他们选取的航线远离印度西岸，和在果阿及科钦的葡萄牙人保持着安全距离，以便随后伴着有利风向继续驶向东南亚。在这种情况下，连接马累和马拉巴尔海岸穆斯林商人的各条横向航线只能是有利无害。葡萄牙人意识到了这个问题，知道对手的船只和货物通过这个漏洞流向四面八方，但对于控制马尔代夫这片区域，葡属印度最多也就做了一些敷衍了事的尝试。

1511年之后，马尔代夫在西亚和东南亚之间发挥着桥梁的作用，仅凭这一点，它对穆斯林的货物交通而言就具有重要意义。因此，东印度尼西亚的香料首先被运到爪哇北部或万丹，再从那里沿着苏门答腊岛西侧运输，或穿过马六甲海峡，经过亚齐抵达马累，随后到亚丁或者霍尔木兹，最终再从那里运往开罗、大马士革或阿勒颇。而且从马累出发可以直接去东非。

在马累的主顾当中，古吉拉特人维持的关系网范围最大。他们的交流远及孟加拉、缅甸、苏门答腊、爪哇，有时还包括盛产香料的岛屿，在阿拉伯海内部则涉及康坎、马拉巴尔各港口，直至阿拉伯半岛以及东非。但古吉拉特人维系的网络受到了葡萄牙人的威胁。一系列的战斗就在自家海岸上打响。尽管伊斯兰阵营投入了巨大的船队，比如1508年，马穆鲁克王朝动用了一整支舰队来援助古吉拉特，但最终的结果仍然有利于葡萄牙。对伊斯兰势力不利的是，葡萄牙人暂时封锁了红海的入海口，并且占领了霍尔木兹。但在另一方面，事情也有一些转机。一些对葡属印度感到失望的葡萄牙人暗中和坎贝合作，而且葡属印度本身也出具付费的通行证（cartazes），持证者可接受护送。尤其是在后来的时代，古吉拉特人从中得到了一定的好处，在莫卧儿政权入侵时，甚至还和葡萄牙人形成了某种联盟关系。

然而，莫卧儿帝国和南亚次大陆的大多数内陆帝国一样，对航海几乎没有兴趣，因此几乎没有侵扰沿海的统治者。但在1574年，莫卧儿帝国皇帝阿克巴（Akbar）第二次征服古吉拉特，不久收服孟加拉，驱逐居住在胡格利的葡萄牙人，于是局面似乎出现了新的动向。不仅跨印度的陆路可以更好地用于贸易目的，还有许多人支持各大伊斯兰势力共同对付葡属印度。但莫卧儿帝国在这里采取了守势，葡萄牙人的各据点仍然繁盛如前。直到17世纪，特别是在奥朗则布（Aurangzeb）治下，德里才在海岸区表现得比较积极，但这已经属于另一个时代了。

莫卧儿帝国时期，苏拉特已经超过了作为古吉拉特主要商业中心的坎贝，成了莫卧儿帝国在印度西海岸上最重要的港口。在后来的时代，和葡萄牙人竞争的欧洲西北部势力在这里留下了许多影响。苏拉特的另一个特点在于，前往麦加的朝圣者经常在这里上船，因此这里有活跃的通往阿拉伯半岛的客运航线。

萨法维帝国（Safawid）和奥斯曼帝国

16世纪初西亚的命运主要由三股力量决定：马穆鲁克、奥斯曼和萨法维。长期的混乱之后，萨法维帝国崛起为安纳托利亚高原东部、伊朗和高加索南部的一个区域性政权，很快就多次计划在伊朗之外进一步扩张，和多个邻国陷入了纷争。但不久以后，什叶派的萨法维帝国不得不承受逊尼派的奥斯曼帝国的反击。战争中，萨法维帝国失去了两河流域（约1530年），这意味着巴士拉也落入了奥斯曼人手中。

由于葡萄牙人占领了波斯湾出口处的霍尔木兹，萨法维帝国只能有限地参与海上贸易。但无论如何，经过霍尔木兹向西的货流还是给他们带来了利益。局面的根本性改变出现在阿巴斯一世统治时期，萨法维帝国和当时出现的来自欧洲的其他竞争者开展了合作。1622年，霍尔木兹落入英国人手中，因此更多的货物直接到达伊朗，这给奥斯曼人造成了极大的损失。

16世纪初，马穆鲁克王朝还试图援助古吉拉特人，但如今，奥斯曼人从北方不断向南挺进，导致马穆鲁克王朝自身难保。1517年，苏丹塞利姆一世（Selim I）最终完全灭掉了马穆鲁克王朝，不久，奥斯曼人又控制了北非、阿拉伯半岛上的汉志（Hijaz）和也门。也就是说，里斯本和葡属印度又面临着一个强大的敌人，它不仅统治着东地中海，还在波斯湾附近和沿红海地区施加影响。不出所料，奥斯曼人在东非以及印度西海岸多次对葡萄牙人采取行动，还支持亚齐等遥远的地方。同时，他们还推动印度洋上那些服务于其自身利益的贸易关系发展，削弱了竞争对手。这一切都增强了葡属印度与萨法维帝国开展有限合作的意图，以便遏制奥斯曼帝国的进一步扩张。

葡萄牙人的贸易体系

由于印度洋周边地区的人群，如阿曼人、哈德拉毛人，以及某些东非人，在印度洋整体架构中只居于次要地位，我们在这里终于可以转换一下视角，更进一步地讨论葡萄牙人。葡萄牙最初的意图是把印度洋区域的胡椒和奢侈品引向好望角航线，运往里斯本，其中一个用意是削弱取道埃及和黎凡特的威尼斯。其次是为了从背后对伊斯兰势力构成威胁，这在一定程度上是伊比利亚半岛上的**收复失地**（Reconquista）运动的继续。第三是为了寻找散落的基督徒，传播天主教信仰。这最后一个因素不容低估，我们以后将更深入地论述。可见必须强调，占领大片领土并非葡萄牙的意图，这与西班牙截然相反。

为了实现这些目标，葡萄牙人建立了许多据点，它们大多位于环西印度洋那些重要的或在战略上有利的港口城市。有些地方被他们完全占领，并建起了防御工事。从1510年开始，果阿成为葡属印度这一体系的中央所在。该体系的财政支持最初主要来自里斯本，后来它自负的份额越来越多。它收入中基本的一部分来自贸易，但也来自关税和上文提及的通行证的发放。贸易的利润取自数条航线（所谓的"carreiras"），其中最重要的是好望角航线。这些航线的经营和葡萄牙宫廷规定的权利和义务相关，随着时间的推移，在对一般财政情况以及政治、人力等范畴的考虑之下，其形式也发生了变化。因此在这个领域，既有王室用来为自身利益服务的固定"路线"，也有那些在不断变化的条件下分配给特许经营者的航线。特别是好望角航线就属于第一种情况，而特许经营者的利益主要来自亚洲内部的交流。分摊在所有收入项上的亚洲内部利润按比例增加，从保护服务和关税中定期产生的进款也在增长，所以葡属印度对亚洲空间的兴趣很快自然而然地超过了对其原来的命脉——好望角航线的兴趣。

常为人所引述的另外一个特点和货流相关。葡萄牙人为欧洲市场购置马拉巴尔的胡椒，所用的交换手段并不只是橄榄油、葡萄酒、水银、红珊瑚等葡萄牙或其他欧洲产品，而是非洲的黄金。在其他地方，他们同样有能力使用复杂的再分配措施赚钱，有些措施还往往符合亚洲的传统。因此有人声称，葡属印度发展成了一种"再分配"系统。在某种意义上，这个标签甚至还是正确的，只需参考跨孟加拉湾的泰米尔纺织品贸易。从这种贸易中得到的利润可以投资到中国生意中去，于是丝绸流入东南亚，东南亚的产品流向印度。我们还能零星地观察到一些不同的格局。比如远东的白银和丝绸交易不单纯是亚洲内部事务，因为向这个系统注入白银的还有美洲新大陆和遥远的欧洲（经过里斯本）。在这里，全球的各种力量共同发生作用，而明朝就像一个黑洞，从四面八方吸引着白银。

凡葡属印度出现的地方，都存在一些机构性变化，透露出了一定程度的灵活性。比如埃及—波斯—翼就是如此。最初，葡萄牙人意在使货流改道至里斯本，从而打击各伊斯兰王国和北意大利各城市，因此才有我们上文所述的封锁亚丁一事。但要完全控制海运却是不可能的。于是他们转而在要害位置征税，和竞争对手妥协。霍尔木兹在这方面扮演了尤其特殊的角色。此处利润极高，毕竟很快就有更多的胡椒和其他可征税的商品经过波斯湾抵达巴士拉，再从那里运往黎凡特和意大利。此外，为了遏制奥斯曼帝国，葡属印度一直和萨法维王朝保持着友好关系，因为后者所需的印度和东南亚产品也经过霍尔木兹。这些不同的局势虽然意味着葡属印度背离了实现广泛垄断的初衷，但因为避免了不必要的战争，最终似乎反而更节约成本。

其他一些观察可以补充上文所勾勒的图像，它们不仅表明了各种变化，而且还揭示了葡萄牙体系更细化的做法，这再次展现了其灵活性。我们在这里至少还需要列举某些特征。随着时间的推移，果阿的垄断计划落空，而且在发放通行证的调节措施框架下，妥协成为可能，这惠及了穆斯林群体，尤其是古吉拉特商人。于是，伊斯兰势力的贸易变得更强，如亚齐和阿拉伯世界之间经过马累的商贸即是一例。由此，不管是否愿意，葡属印度在区域和跨区域的层面上都促进了整个亚洲贸易空间的复苏。但它的中心仍然在印度洋的西部领域。在这里，我们最容易感受到多种内部转变。该地以东，特别是在南海与东海所在区域，葡萄牙完全走了另一条道路。在那里，它已不像在斯里兰卡以西地区一样鹤立鸡群；如果这里有佼佼者的角色，那么大概应该由福建人充当。而且从16世纪中叶，或稍后时期开始，最大的利润显然来自日本和爪哇之间的地带，而不再来自西印度洋。对许多人而言，葡萄牙人活动的重心正在东移。确实，如果有增长数据，它们很可能会表明，福建人、葡萄牙人、西班牙人在南海及东海的贸易活力，要比在阿拉伯海、波斯湾和红海的贸易活力大。

当然，葡属印度也经历了各种影响其方针的内外危机，同时也存在关于原则的争论，比如内部结构改革等。此外，在16世纪后半叶，我们可以发现里斯本很快就对巴西表现出了更大的兴趣，超过了对亚洲附属地区的关注。最后，葡萄牙在亚洲的教会事务上一直固守其立场，但此时宗教事务的表决却发生了一些细微的变化，而且还出现了类似社会变革的现象。葡属印度体系在17世纪开始衰落，这显然更多并非由于内部问题，而是因为它灵活而成功的组织结构引发了荷兰人和英国人极大的嫉妒，进而用极端的暴力去对抗来自伊比利亚半岛的势力。

第二节　明朝国家航海活动与葡属印度之比较

寡头、军事、暴力

如前所述，本节将探讨15世纪初明朝国家航海系统和葡属印度之间的异同。对这一内容的阐释可能会指出两者之间的延续或断裂。让我们从动机开始。

我们还能想起，葡萄牙最初的目标之一是建立一种寡头统治，但这从来没有实现过。要实现垄断，葡属印度还过于弱小，即使在权势鼎盛之时，它也只拥有数十艘船，定居亚洲的葡萄牙人也只有一万到两万。而在明代早期的航海活动中，我们很难证明存在类似的寡头构想，但史料里中国船只那极具压迫感的数量也许意味着类似的构想。在某些领域实行垄断的想法，也许存在于潜意识之中。

对战略上重要的地点和地区，这两个体系都表现出了特别的兴趣：马六甲、苏门答腊岛北部、卡利卡特和科钦、马尔代夫、霍尔木兹和亚丁。葡萄牙人征税或力求实现全面控制，但他们不能永远成功，也没能到处如愿。中国满足于朝贡关系或名义上的臣服，但这也只是一方之见，因为我们并不知道进贡者如何看待中国。显然，明朝也维系着有官方代表驻扎的据点。但和葡萄牙治下的一些地方不同，中国的这些贸易分部无论具体形态如何，均不需建立军事防御工事。

在其他意图之外，中国和葡萄牙都有对扩张的追求。我们可以设想，两国追求扩张的方法其实是一种大范围的夹击战略。根据某一观点，明帝国把目光对准了帖木儿帝国，因此试图通过和霍尔木兹接触，绕到其后方，如果明朝视帖木儿帝国为盟友，那么该行为的目标就是蒙古人的后方。在葡萄牙的算计之中，霍尔木兹所起作用的性质虽然与此不同，但也扮演着核心的角色。此外，葡属印度还试图抑制经过红海的货流，希望以此在"咽喉"处削弱穆斯林竞争对手。但结果证明，这个愿望并不现实。

欧洲列强之所以有能力在亚洲立足，占据远东贸易的一部分并获取据点，是由于其技术优越性。这是一条众所周知的论据。装备大炮，便于驾驶的船只，探索大西洋世界过程中获得的全面的航海知识，都可算是它们手中重要的王牌。但我们在下结论时必须谨慎，因为在军事上，葡萄牙人和其他欧洲人并非在任何地方都胜过亚洲人。16世纪初有足够多的报道说明，中国沿海船队非常善于应对葡萄牙人与荷兰人的船只。事实证明，欧洲人的据点绝非不可战胜，比如17世纪的荷兰人就在台湾遭遇了失败。因此，把扩张能力单纯归结于军事优势并不恰当。

15世纪初明朝的国家船队呈现的是一幅局部不同的画卷。和其他船只相比，如果论及船队的强大，则中国船无疑具有优势，特别是在数量上。可是我们对船上的武器装备一无所知，但有证据表明，郑和在远离故土的情况下仍有军事干预能力。至于当时是否像葡萄牙时代那样出现过海战，相关记载没有流传下来。因此，总体来看，中国在技术上的优势地位或许不如之后的葡萄牙人那么突出。最后，中国主动退出了航海，没有经历军事挫折，但17世纪的葡属印度却被其欧洲敌人严重削弱。

对双方军事力量的追问，导致了另一场更重要，至今为止也更棘手的讨论。暴力在明朝和葡萄牙所代表的这两种体系当中究竟有何意义？历史已经证明，在亚洲的海洋语境当中，战争、掠夺、海盗等现象古已有之。朱罗王朝、元朝入侵未遂、倭寇问题都是这方面的例子。明朝的国家航海活动尽管大多和平进行，也不能完全脱离这些问题，更不必说葡萄牙人的体系了。也许是为了展示自身的强大，葡萄牙的一些史料甚至好战地大肆吹嘘和渲染某些冲突。但如果像最近某些文献那样，把这些暴力称为"恐怖统治"，或意图将其阐释为驱动力，显然是把结论建立在了错误的假设上，或者带有倾向性。

然而，我们可以想象，运用暴力的形式、作用、目标以及时代对暴力的感知和与之相随的修辞表达，经常处于波动之中。因此，我们今天也许不得不这么表述：与早先的葡萄牙人不同，荷兰人和英国人更愿意隐瞒甚至掩饰其暴力行为，而事实上他们却连续发动战争，实行大屠杀，不断抢夺新的领地。紧随前欧洲时代的是葡萄牙人的时代，但要定义两者之间的区别，似乎必须冒一定风险。因为前者并不宁静和平，后者也不是只有动荡和暴力。

宗教与"文明的使命"（mission civilisatrice）

葡萄牙扩张的特点是其背后既有世俗目的，也有宗教动机。其实，这种双轨制和欧洲的两极有关：里斯本和罗马。在所谓**教会资助**（Padroado）的框架下，罗马给葡萄牙委以特权，随之而来的是各种义务。这些特权和义务的重要性不容小视。此外，教会还有其自身的"机关"，它利用葡萄牙的航海网络深入亚洲，影响范围往往超出葡萄牙贸易势力之外。西班牙方面的情况也类似。对我们而言，重要的是：亚洲沿海地区此前从未出现过这样的现象。至少，佛教和伊斯兰教的传播从未如此有目的性地推进，要做到这一点，必须有上级权力机关来协调统摄。因此，伊比利亚半岛两国所体现的这种机构化的双轨制，亚洲各国完全不具备。

来自基督教欧洲的荷兰人、英国人和其他非天主教群体在1600年前后才出现在亚洲，对他们而言，传教工作最初只处于次要地位，只在自身队伍中进行，后来才时而发展到外界。由于天主教阵营是他们的敌人，所以从前根植于宗教的欧洲内部矛盾，即宗教改革与反宗教改革，就转移到了亚洲的海洋世界。由欧洲引导的"全球化"，也投下了"全球性"的阴影。

与欧洲相反，明朝没有使异族归化的意图；其原初状况完全和葡萄牙及西班牙不同。不过我们可以设想，其中必定存在某种由国家发起的**文明的使命**。据《明实录》记载，朝廷曾下令印制发行汉代著名的教化作品《列女传》，以便在"蛮夷"之中推广此书。形形色色的线索甚至可以证明，相对于冷静的政治和经济目标，明代早期航海框架下占优势地位的是思想因素，简而言之，它涉及的是道德、秩序、和平共处。然而，这个观点纯属理论推测，也许和上文考虑过的其他动机存在一定矛盾（即使这种对立也并非完全不可逾越）。

在葡萄牙的航海活动中，上帝和金钱上演着二重唱。在这里，宗教取代了"文明"的位置。虽然很多学者认为经济因素最重要，或者两种因素在某些时期有着相似的重要性，但有时宗教因素甚至占主导地位，而我们只是把目光移向了他处。无论情况如何，为了用一种乏味简化的论断结束本节内容，我们几乎可以继续往下完成这幅图像：在荷兰人和英国人当中，"玛门朋友"（Freund Mammon）①成了宗教的替代物，一切道德销声匿迹，这是否是进化论意义上的一种失足（Fauxpas）？

金融与组织

有观点认为，商贸实践及其背后的银行体系、信贷体系等，为欧洲人在亚洲贸易的成功做出了根本性贡献。在葡萄牙语境中，我们很喜欢参照意大利北部和德国的商业家族，包括掌握大量资本的富格尔（Fugger）家族和韦尔泽（Welser）家族。在亚洲，似乎也存在可与之相比较的体系，比如宋朝，也有经营范围广、掌握相当信息、富有"创新性"、经手巨额财富的组织，但对其作用方式，我们普遍所知不多。很久以来，这方面一直没有最终定论。葡萄牙体系内部以及后来的其他欧洲人筹措资本之快速，是否应被看作一种独特现象，是否应被看作让欧洲人领先于其亚洲

---

① 玛门在《圣经》中是司掌财富的伪神，贪婪原罪的象征。此处指财富。

竞争者的要素，似乎仍然有待商榷。在这种语境下，我们不能忘记：几乎一切在亚洲的欧洲组织都周期性地缺乏资本，必须依赖亚洲资助方的贷款。

显然，葡属印度的行政和管理存在某些新的、至少是不同寻常的元素。但直到荷兰人和英国人登上舞台，才出现了巨大的转折。他们长期把在亚洲的事业当作追求利润最大化的公司来经营。荷兰东印度公司是一种被赋予各种法权的股份制公司，这些法权堪比一个主权国家的权利。而葡属印度虽然是一个非常灵活的工具，但却不能像后来的荷兰人那样，用同样的方式把私人和上层的利益结合起来。与荷兰人相比，葡萄牙人内部的离心力更加突出。

我们无从了解明朝国家航海体系的金融设施和行政技术机构，但可以肯定的是，其背后没有大银行的支持，而且由于存在时间短，也没有机会进行内部调整。这恰与葡属印度相反。因此，也许明朝的国家航海活动只和葡萄牙航海的最初阶段有可比性：里斯本赖以进入商业的好望角航线主要惠及葡萄牙王室，正如传统的西航路有利于中国朝廷。葡萄牙在亚洲活动所需的资金有多个来源，而明朝航海活动的投资人只有一个，就是朝廷。里斯本著名的**印度之家**（Casa da índia）在一些前身机构的基础上成立，负责颁发授权书、为来自东方的货物办理手续等事务。它虽然在某些方面和主管商品发送情况、征收税款的中国市舶司有相似之处，但不同的是，市舶司没有私人元素，这对整个体系产生了相应的影响。

我们还可以补充，即使中国的航海体系存在更长的时间，但在制度上也几乎不可能脱胎换骨，向类似葡属印度的组织发展，因为政府的缰绳收得太紧，很少甚至没有给民间利益留下空间。而葡萄牙握着一手好牌走回了起点。进行适度调整的能力仿佛是基因决定的，明朝未能具备这种能力，至少没有资料表明它具有这种能力。在某种程度上，明代早期的航海活动始终没有超越"王朝贸易"的阶段，也未能跳出追求"王朝垄断"的局限。

官方与非官方

无论是明朝还是葡萄牙，都存在两大分层：一方面是官方的国家部门，另一方面是非官方的领域。那些潜入所谓影子帝国的非官方领域的葡萄牙人也有意愿从远方支持葡属印度，如果利润在招手，他们甚至准备回归官方。我们可以推断，东南亚的海外华人当中可能也有类似的现象。他们不像葡萄牙人那样离开其国家建立的海外体系，而是在明朝开始国家航海活动之前就因蔑视中国法律而直接背井离乡，去了爪哇、苏门答腊或泰国，但他们当中至少有些人曾与郑和及其他明朝代表有过合作。在东南亚华人的集体记忆中，郑和始终维持着积极正面的形象，仅这一点就可以佐证官方和民间两个层面之间存在一定程度上的合作。

在这里，我们可以重新提出"再分配"特征的问题。葡属印度的收入，来自亚洲产品在亚洲内部的再分配，在这个过程当中，它遵循着传统的惯例。那些属于非官方层面的葡萄牙人也同样在"再分配"范畴之内。但正如上文所述，也有一些领域不适用这个标签。中国的航海体系则完全不同，其货物交易很可能要直接得多。一方面是来自东南亚或印度的进口货物，另一方面是出口的丝绸、铜、陶瓷和其他历来受亚洲各地欢迎的中国商品。因为郑和的船队似乎承担过将东南亚商品输往印度的大部分业务，所以

"再分配"作为额外的收入来源不能完全被排除在外，但总体印象是，体现这种特点的更多是东南亚的海外华人，而不是中国的官方贸易。

将航海体系分为官方和非官方两个层面的方式，为更多假说打开了空间。其中一种假说涉及人们经常讨论的葡萄牙体系的多元文化特征。批判者强调这种特点完全是虚构的，认为在事实上，白人殖民者肆无忌惮地剥削其他一切人。确实，该体系中存在等级制度，但同时我们也能发现很强的社会流动性和对外来者的宽容与欣赏，此外，在葡属印度的总人口当中，民族杂居的人群在增加。也许在葡属印度的非官方层面，官方层面才具备的限制最大限度地消失了。随着对外来者的接纳，葡属印度的官方部分发生了因地而异的多层次的同化过程，而非官方层面则走了一条相反的道路，在一定程度上适应了亚洲的条件。

明朝的航海体系在这方面情况如何，我们不得而知。蒙古人曾经逼迫外邦人为自己服务，包括在海上军事行动中服役。明朝海上将领和官方使团在海外的做法也可能非常"务实"，并维持着森严的等级秩序。无论如何，中国作为"中央帝国"，自认为有责任使天下和谐，从中可能会产生领导他国或至少用自身的标准去衡量他国的诉求。在非官方层面，在海外华人聚居区构成的网络当中，流行的显然是不同的观念和条件。这里需要的是同化能力，但并非所有人都能够适应。特别是后来，在郑和之后很久，我们可以发现海外华人与故乡之间有坚固的纽带，其中有一部分是受传统家族结构决定的。相反，许多葡萄牙人被亚洲吸纳，成为在那里工作和生活的勤奋的个人主义者，天主教极富弹性的纽带构成了他们回到源文化的重要撤退线。

严格来说，葡属印度还和另外一层组织有关，即传教区域，其影响范围超出了非官方层面的空间外延，在中国尤其如此。当然，教会有自己的结构。作为超越国家的组织，它一方面利用葡属印度，另一方面又帮助在果阿的当局。此外，也许暂且可以这样表述，教会从它位于亚洲的外部据点（葡属印度以外的据点）反作用于葡属印度，同时影响着官方与非官方层面。简而言之，教会提供了精神启发（geistige Anregungen），而且，用现代的话说，起到了跨文化桥梁的作用，经常缓和潜在的冲突，促进了两个领域的融合。内部存在的不和谐要求各方面做出灵活的反应，这些反应最终又促进了这一体系的继续存活。

类似的情况在中国的语境下很难得以确证。明朝的国家航海活动虽然有一种规范和价值的共同架构，使各部分互相联系，但缺少世俗之外的更高的精神机构。有些中国人是穆斯林，有些是佛教徒或道教徒，另一些则信仰民间众神，如中国航海者的守护神妈祖或天妃。人们把郑和与多种信仰联系起来，他将一切元素"集于一身"，象征性地构建起了桥梁。因此，提醒各部分注意相互调适的内部对话似乎并无必要，至少没有被记录下来。尽管在这个体系当中必然也存在一定程度的宽容，但和葡萄牙人相比，明朝人缺乏那种因精神和物理约束而产生的灵活性。

真实与虚构

无论是明朝人还是葡萄牙人，他们的要求和现实之间的不一致非常明显，类似于中世纪晚期的特征。明帝国的朝贡体系和特定的理想相关。朝廷必须巩固自己的政权。海上的日常状态也许完全不同，对进贡者而言，中国的观念世界（Vorstellungswelt）

往往不可理解。最初，葡萄牙国王也常常远离为后世确立了标准的现实，奉行不切实际的愿景。有观点认为，葡萄牙宫廷对亚洲发生的事情没有充分的了解，和果阿的葡萄牙当局恰好相反。在这两个体系各自的中心，南京和里斯本，有针对性地使用象征、图像和权力诉求等宣传与论证工具，已成为日常政治（Tagespolitik）的一部分。

但在这方面，葡属印度也绝不是静止不动的。不仅目标和工作方式时常发生更易，要求和现实之间的鸿沟也同样变动不居。从各层面呈现出来的内部批判，证明葡萄牙人对亚洲的看法日益变得现实。中国的航海体系似乎没有经历过相应的变革，因为它存在的时间过短。现实和要求之间的裂缝始终难以弥合。要让两者相互接近毕竟非常艰难，因为会触及关于巩固政权诉求的敏感问题，有时甚至可能要求进行全面的政治转向。

在报道和记载上，明朝和早期的葡萄牙人也表现出相应的差异：文字看起来近乎冷静客观，但却很容易辨认出幻想的特征。不久以后，葡萄牙的记载呈现出一种丰富无比的多样性。而中国却对文本上的一切变化关上了大门。国家航海行动结束几十年之后，所有档案均葬身火海；只有注解郑和航海的少量文献得以幸存。

停滞还是发展，延续还是断裂？

上文所述的一些特征表明，第一批在亚洲建立的欧洲体系和15世纪早期的固有体系相比，没有显著的差异，另一些特征则指向非常重要的区别。如果我们以类似的方式去比较葡属印度和后来的欧洲体系，或者比较明朝的国家贸易和它在亚洲的一些"先驱"，那么得出的结果很可能是相似的：无论是这里，还是那里，都是既有相同之处，也各有特点。抽象地表述：我们可以拟定一份各元素的列表，其中许多元素都可能或不可能在各体系当中得到确证。那些从某一个时间点开始，超过很长一段时期都可被证实存在的特征在被引入时就具备革新的性质，特别是当从中产生了其他质变的时候。有些时期，在这样一个"母体"当中，我们必然能感受到许多"首次登台"的事物，但在另一些时期则没有。当然，这些考虑始终是直观的，因而具有模型性质。

在这里，我们不必向读者展示进一步的理论构思和相应的分类。相反，我们要得出一个假设性和暂时性的结论。早期的明朝所创造的一整套工具体系，虽然在某些方面是新的，但对后世的影响却很有限。此外，它很不灵活，因此并不真正具备发展的能力。夸张一点说，迈向殖民地系统的脚步，在"原始殖民"阶段就停住了。葡萄牙开始发展的结构与明朝略有不同，其本身拥有更大的调适能力，能够应对许多挑战。进一步看，尽管我们在这里无法详细描述，但仍然可以假定：后来欧洲西北部的体系带来了更多的革新，几乎在一种线性的变化过程中，以自己的方式推动了亚洲海洋空间的发展。因此，自15世纪初以来，在整体架构的不同地方，一再出现带有不同特色的质的变化。谁要是不觉得"变形"（Transformation）这个标签过于老旧，也许恰好可以将其用来概括1400年以后的整个时期。实际上，适用这个标签的不仅是欧洲人主导的这个或那个时代，转变在远早于1400年的各个时期就已发生了。

然而，还有一个问题：我们已经说明，从明朝国家航海活动结束到葡萄牙人登台的这段时间似乎隐含着暂时对传统结构的回归。因此，我们所假设的发展链条中间存在一个"凹陷"。这也就可以解释，为何短命的明帝国航海体系至今没有被恰当地纳入更长的"演变线索"之中，而大多只被划为纯亚洲特色的静态的初步阶段。纠正了这个观点，我们就可以把亚洲海洋语境下中世纪和近代之间的分界线往前推进到1400年前后。但是分界线始终是人为的，因为它会掩饰发展的延续性，而在这里，作者希望至少在某些地方能够展现出延续性。

附录1：贸易商品

我们在引言中已经注明，亚洲海洋空间深受那些变化缓慢或毫无变化的因素影响。本书的最后一部分也响起了类似的声音。交易关系的某些维度，比如货流，就属于这一范畴。在几百年里，前面几章一再述及的特定产品始终来自同一些区域。当然，人工栽培的植物有时会从一个地方"漫游"到另一个地方，甚至在新区域成为本土植物，但这些过程往往非常漫长，并不总是容易辨认。此外，我们可以看到，由于需求的增长，生产也在有目的性地扩大了。对于替代效应以及其他经济学领域频繁探究的现象，我们也并不陌生。最后，初级产品和次级产品、原材料和制成品、奢侈品和大众货，甚至商品和服务之间的基本差别也很明显。形形色色的思考促成了大量的研究，探讨自然、术语、栽培和生产工艺、供需、各类商品或整个货物大类的价格结构和用途等。这类工作遵循考古发现，但更多仍然是参考相应的文献。直到15世纪，汉语文本也许是我们大致评价"海上丝绸之路"上重要货流所参照的核心作品。这些文献经常提到的中国进出口货物有数百种。后来谈到这些货物的是欧洲的史料。接下来，本书将对那些我们至少在贸易中经常遇见的商品作一列表式的介绍。

据推测，在古代，**丁香花干**只有在马鲁古群岛北部方可获取。早期的产地有特尔特纳、蒂多雷、马吉安（Makian）和莫蒂（Moti）等岛屿，有时也包括哈马黑拉岛（Halmahera），但比较少见。无论是中国人、印度人，还是希腊人，都了解未开放的丁香花苞的芳香和药用价值。尽管古代的史料对丁香花干的起源有着模糊的记载，但长时间内，能够进入真正产地的只有当地的商人。经过爪哇北部各港口，这些丁香进入了国际贸易，其余有少量经过苏禄海流向北方，但相关的线索后来才形成。

肉豆蔻同样来自印度尼西亚，特别是班达群岛。这里展示的是一幅类似的画面：爪哇北部港口是主要的提货点，和丁香花干一样，肉豆蔻经过印度和黎凡特被带到欧洲。

许多不同的物质都被称作"Kampfer"。它们大多是指油脂和类似结晶的小块。其中最贵的一些是从一种叫作龙脑樟（Dryobalanops aromatica）的树里提取的。在古代，这种树主要生长在加里曼丹岛和巴鲁斯腹地，马来半岛上也有零星分布。另一种叫樟脑（Cinnamomum camphora）的产品性质略有不同，它最初产于华南、日本南部、台湾，以及越南某些地区。最后，还有一种提取物叫作艾纳香脑（Ngaicamphor / Blumea camphor），它为英语国家居民所熟悉。从丹那沙林等地开始，这些物质进入了商品贸易。这些物质似乎在一定程度上均可相互替代，但龙脑香始终独占鳌头。其价格之高，让人们有充足的理由沿着苏门答腊岛西侧一直开到巴鲁斯。巴鲁斯主要面向印度洋周边的市场，而加里曼丹岛，特别是其北部港口，大多向东亚供货。

白檀的原产地主要在小巽他群岛和印度南部。它多用于木刻、香料、膏药以及一般的医疗。长期以来，帝汶岛是其最重要的产区。这种商品经过爪哇，后来又经过望加锡出口到中国和东

沉香木，多产自中国大陆南部。海南岛也产优质沉香（右图），广州所产沉香品质稍低（左图）。图出自《证类本草》(1249年版)。

北亚。其他檀香木种的价格大多低于白檀。

　　沉香木名称很多，是指一系列珍贵的热带植物，其中一些被归于沉香属（Aquilaria），大多也作药用。根据传统观念，最好的沉香产自今天的越南和柬埔寨。另外，海南也是重要的出口地。除了在马来世界部分地区和南亚发现的许多种类之外，还有些分布在非洲的树种。在葡萄牙时代，常出现的**迦南香**（calambac）一词渐成一时之风，特指格外珍贵的沉香木。其价格极高，常用等重的黄金交换。

　　红木，在欧洲又称巴西木，是纺织工业最重要的颜料来源之一。热带区分布着不同种类的红木。在历史上，今天泰国、菲律宾某些岛屿和印度尼西亚的红木尤其重要，它们被中国、朝鲜和日本大量进口。在明朝，红木甚至被用来支付官员的俸禄，作为薪金的替代物。在欧洲时代，主要是荷兰人从暹罗进口红木，他们经常将其运往日本。

乌木产于印度、斯里兰卡和东南亚，主要用于生产家具、小物件、筷子，在传统的处方中也是一味药材，但大多研磨成粉之后使用。汉语史料中记载的产地主要是东南亚大陆。至于乌木是否和红木一样属于大宗货物，似乎已无法确定；没有任何地方有大量运输的记录。

记录最完整的商品是**胡椒**。在历史上，它的主要产地是马拉巴尔海岸和马来世界的某些地区。印度的胡椒出口西亚、东非和欧洲，而东南亚的胡椒则卖给中国、朝鲜和日本。我们可以认定，买方不断增加的需求，很早就刺激了各产地的胡椒种植业，并且导致了新种植区域的开发。在远东，这一现象早在宋朝就已出现。多个群体参与到胡椒贸易中，除了福建人和琉球商人之外，尤其重要的还有古吉拉特人和葡萄牙人。当然，好望角航线的勘探也和获取胡椒的愿望不无关系。

小豆蔻（Kardamom）给历史学家制造了术语上的难题，因为这个名称之下是一系列性质类似，但却必须被归为不同植物的事物。因此，在东南亚大多被当成香料交易的马拉巴尔小豆蔻与汉语文本所载的东南亚或华南山区的小豆蔻不一定是同一种事物。显然，印度和东南亚的小豆蔻有一小部分出口到了中国。马拉巴尔小豆蔻同样也出口到了西亚和欧洲。

肉桂，在8世纪或9世纪的欧洲就已经常被提及。"最有名"的产地一直是斯里兰卡，该地向不同市场输送了大量肉桂。葡萄牙人通过好望角把一部分货物分流到了里斯本，后来，其他欧洲大国也开始参与肉桂贸易，比如西班牙。但中国和其他东亚国家

桑布克帆船（Sambuk），这种阿拉伯帆船被用于采珠业。其结构说明它受到过欧洲的影响。

对斯里兰卡的肉桂大多没有兴趣。

玳瑁，一般取自玳瑁海龟，是深受喜爱的装饰品生产原料，此外也可入药。玳瑁的加工最初大概主要在中国进行，后来更多在古吉拉特。在宋朝，玳瑁可算是中国最重要的进口货物之一。大多数捕捞海龟的区域分布在东南亚、南亚周边、马尔代夫地区以及亚丁湾和东非的某些海岸带。

珍珠，主要在四片区域采捕：苏禄群岛附近、海南岛沿岸、马纳尔湾和波斯湾。在中国，珍珠在古代就是昂贵的异国奇珍，而且和众多传说联系在一起。某种观念认为，最美最大的珍珠产自苏禄群岛。珍珠历来是各地热烈追求的首饰，作为这种珍贵商品最重要集散地之一的霍尔木兹因此享有盛誉。

琥珀，主要来自波罗的海地区和今天的罗马尼亚，西西里似乎也是产地，西亚的琥珀均来自这些地区。经常有少量的琥珀从霍尔木兹出发，经过印度到达中国。在古代中国的文献里，琥珀是一种常被提到的贡品。

宝石或**半宝石**主要和斯里兰卡及缅甸联系在一起，包括红宝石、蓝宝石、猫眼石等。但在术语方面始终存在一定的困难，因为我们提到的物品和物质往往无法清晰归类。类似"蓝宝石"这样的名称，可能指天青石（Lapislazuli），也可能不是。我们不知道具体有多大的交易量，但肯定的是，参照销售额，货物价值有时非常之高；我们只需想想印度的钻石贸易就可理解。另外，有人推测，许多珍品是从孟加拉湾域经过缅甸和云南到达中国的。

珊瑚，指的是红珊瑚，主要产自地中海，很早就途经黎凡特和波斯湾，运抵印度和中国。在中国，珊瑚常被用于制作人造珍珠、项链、护身符和小偶像，也做佛像的装饰。除了红珊瑚之外，汉语文本还提到了其他种类，如黑珊瑚，但我们对黑珊瑚的贸易规模几乎一无所知。在东亚，生长姿态完整而均匀的"珊瑚树"被视为特别奇异的物件。因此，红珊瑚一再出现在文学作品当中。

象牙和**大象**的贸易各处都有，而中国显然是这方面的大主顾。供应这两种货物的，主要是东南亚大陆国家。但珍贵的象牙也从非洲和印度流向东方。几百年间，中国本身的大象存量有所减少，但象牙作为制作小型艺术品和首饰的原材料却依然深受喜爱，这种状况或许可以解释中国对象牙的大量需求，特别是在宋代。当然，象牙也和犀角一样可以入药。在印度、斯里兰卡和东南亚，情况略有不同。这些地区发展出了驯养野生大象的特殊技术，把大象用于耕作、骑乘和战争。在此期间，特别是在沿海地区，出现了大象的大范围海运。从社会学角度来看，驯养和买卖大象是很有趣的，因为相应任务大多落在特定种姓的身上。

马匹的贸易量同样巨大。几百年间，中国是世界上最重要的马匹进口国。印度诸侯对坐骑也有大量需求，于是形成了横跨阿拉伯海的定期供货现象，他们进口的主要是纯种马。相反，远东主要海运小型马，这种马和蒙古矮种马类似。一般来说，这种运输活动只在短途进行，相关的例子有琉球群岛、海南和东南亚一些地区的朝贡活动。直到15世纪初，才有马匹经过西亚和印度南部运到中国。另一个角度涉及军事内容：水师船队的甲板上常配有战马，用于登陆作战。我们可以想到汉蒙联合在东北亚的军事行动。日本和朝鲜之间的一些小岛由于曾被忽必烈军队短暂占领，发展出了数量可观的马群。因此，海上运输还促进了某些马种的传播，但具体细节还有待详细研究。

在最古老的时代，史料就提到了**异国鸟类和鸟羽**。虎皮鹦鹉、大鹦鹉、绯鹦鹉以及其他能说话的鸟类作为家养宠物，不仅在古代西方使人欢乐，在中国、印度和西亚也同样受到喜爱。产自印度尼西亚的天堂鸟羽毛是海上贸易货物之一。翠鸟的羽毛主要从中南半岛流向中国，被用来制作发饰和装点贵重的衣服。各种犀鸟的头和喙上的角质部分也是受人追捧的原材料。小说、歌谣、诗歌以及医学或历史地理文本当中也存在关于各种鸟类的线索，如孔雀、隼和雉鸡等。

麝香，一种流行的香料，产于云南和西藏的高原地带。麝香首先经过陆路到达中国和缅甸的港口，然后才运到海外的最终买主手里。汉语和后来的葡语文本经常称麝香为昂贵的中国出口品，将它们与丝绸和陶瓷并列。日本史料也记载过这种物质，并认为它有药用属性。

锡和**铅**，在后来的时代属于传统商船的压舱货。但这个现象未见于更早时期。锡大多产自马来半岛，史料提到的产地还有印度。重要的是：印度货币的锡含量经常很高。邦加岛（Bangka）的锡储量很大，其开采大多记载在欧洲史料中。铅的开采也和印度相关，其他的铅产地包括今天缅甸的掸邦等地。

铜和在中国铸造的**铜币**，最晚至唐代就已遍及亚洲的许多市场。在国际上，中国铜币所享有的地位大致相当于今天的欧元和美元。至少考古发现可以证明日本和东非之间到处都有中国铜币流通。但要找出运输者，却很困难，他们很可能大多不来自中国。其他的产铜国有印度和日本等。在一些时代，某些国家和地区在贸易中输送了过多的铜，反而导致输出地区缺铜，因此，铜的价值一度超过了与之竞争的其他金属。

白银很早就是几个货币体系的固定组成部分，包括在中国的。16世纪，明朝需要大量白银，不仅从日本，而且还经过马尼拉从美洲新大陆进口。同时，通过欧洲，白银渗透进了现存的贸易体系中。市场上流通的除了银币还有银条，以及银盏等银器。特别是在东南亚，包括首饰在内的银制品深受喜爱。

黄金和白银一样，从不同的地方进入贸易。大量的黄金始终来自非洲内陆。另外一处萦绕着许多传说的黄金产地是苏门答腊岛。黄金产量的一大部分消耗在印度，包括东南亚的黄金。铸币和其他考古发现证明，在罗马世界和南亚次大陆的关系中，黄金起着核心作用。

铁和青铜一样，和参与国际海上贸易的一些沿海文化的崛起有关。中国是重要的出口国之一。但出于战略原因，中国有时禁止铁的出口。铁以各种形式流通到远方的市场上，如用来保存货物的大铁罐和其他容器。

阿拉伯半岛南部和索马里产的**乳香和没药**，自古就经常见载于史料。产量的一部分经过红海和不同的商路运抵埃及和小亚细亚，另一部分经印度往东卖到中国和日本。宋朝进口了大量乳香，但后来进口量有所下降。中国等地的药方认为这两种物质是治疗各种疾病的原料。

棉花产品主要产自印度，并从那里出口。孟加拉和泰米尔地区是这方面的主将。关于不同的织物种类、工艺和质量，文献记载了无数的名称。我们并不总是能够清楚地重构这些术语的来源和历史。棉花产品传播的相关情况也一直没有定论。贸易的许多层面也是如此，比如各种棉花产品驱逐类似产品的时间和条件，或者普遍的如棉制品及丝绸与其他材料之间可能存在的替代效应等，都是还不确定的重要问题。大多数商人群体都参与纺织品贸易，在横跨阿拉伯海和孟加拉湾的生意当中，印度商人所占比重最大，东南亚人和中国人主要控制东部地区。

从日本到东非的大海路因**丝绸和丝织品**而得名。这主要是因为中国，它不仅为东南亚市场提供绸缎、织锦和纱罗等织物，而且还供应南亚的一系列地区，甚至南亚以外的地方。除了中国，还有许多地区生产丝绸或类似丝绸的材料来进行贸易。宋代文献提到的产地就有巴格达、科罗曼德尔海岸各地、今天的越南和爪哇等。这些国家和城市是在什么情况下掌握相应工艺的，当然已无从考证。相关技术很可能是经过海洋从一个地区传到了另一个地区。

大米、糖、鱼干、水果和**其他食品**也是海上贸易的重要货物。随着数个世纪的流逝，它们在一切海上运输和沿海运输中所占的份额似乎逐渐增加，但是也存在强烈的区域性波动。从长江流域运输稻米，以供应元大都，就是一个例子，但在整个情况下，这只是一个暂时性现象，特别是在其他时期，运输往往避开海洋，退到内部水系。另外，马六甲等港口是否真的如声称的那样依赖遥远地区（勃固、爪哇等）的大米进口，今天几乎已无法查明。糖的情况也与之类似。中国南部和印度东海岸都产糖，很晚以后的台湾也是产地，但糖在海上贸易当中究竟有多重要，特别在中世纪或16世纪是什么状况，已经无法重构了。

陶瓷主要来自中国东部和南部。有些瓷窑甚至专门烧制出口瓷器，远早于欧洲人来亚洲之前。尽管如此，东南亚、印度和西亚的制造商也不容轻视。在南海打捞出来的许多船只上，除了中国瓷器之外，还有越南、泰国等地的瓷器。在印度洋海域，中国瓷器主要出现在印度南部、斯里兰卡、马尔代夫、波斯湾周边和东非。在接下来的几年当中，水下考古学必将发掘出更多的惊喜，艺术史家脚下是一片广阔的天地。

正如开头所指出的，上面的清单可任意改变。史料中提到的无数产品，大多来自日本、朝鲜、中国和印度，但要全部列举必然是不可能的。漆器、武器、雨伞、笼子、墓碑、乐器、纸张、著作、家具和席子、篮子和绳索、建筑构件和船体零件等，都只是其中一些例子。药用品和享乐品也不可尽数，如茴芹、龙涎香、槟榔、鸦片等。而有些"仙药"还和趣闻轶事相关。较新的一种观点认为，中国从葡萄牙人手中购买龙涎香的迫切愿望加速了澳门的诞生。简单地说，龙涎香曾是一种具有强身保健作用的珍稀之物，是皇帝寝宫中迫切需要的香料，尤其用于天子求嗣之时。但欧洲和中国之间的早期接触并不总是带有这种多产的特征，留下富有启发性的价格和数量说明的，只有极少案例。在这个事实上，韦伯学派（Weberianer）是可以参考的。贸易当中的这些商品和事物似乎并不重要，细看之下却完全值得注意，而贸易本身的景象也永远无法精确，这给热爱遨游的思想者带来了极大的欢乐。

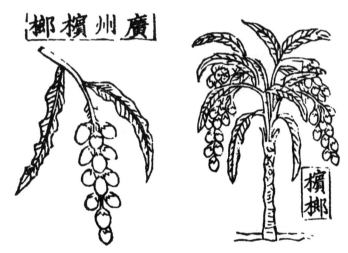

槟榔是亚洲，包括中国南方最喜爱的商品之一。插图出自《证类本草》（1269年版）。

附录 2：船只与造船

尽管有考古发现，但直至今天，我们依然无法为亚洲各船只类型的发展勾勒出一幅哪怕差强人意的图像。特别在印度洋世界，我们缺乏相应的书面材料。在远东，历史学家毕竟还可以追溯到某些较古老的插图，它们大多源于中国的史料，但凭借这些，历史学家始终也只能得出一些不完整的说法。类似宋代《武经总要》等著作当中的插画，往往过于粗糙，无法告诉读者古代船只的真正面貌。即使绘画、墓葬文物和浮雕，也不能引我们走得更远，因为其中表现的一般只是行驶在河流湖泊的小船，而不是纵横大海的巨舰。因此，专家们有时至少从后世的描述和插图出发，预设16世纪前后可断定的基本特征，这样的预设同样可推移至更古的时代。这构建了一种表象，似乎船型方面的变化十分缓慢，好像在我们可辨认的海船类型学上，发生的是一种**长时段**现象。

无论如何：大多数专家一致认为，航海活动当中存在一种东亚传统，与东南亚"圈子"（无论其特征如何）和印度－阿拉伯"领域"并立。中国的海船，我们称之为"中国帆船"（Dschunken）。这类船装着巨大的帆，帆由横向的木条隔成小段，增加了牢固程度，另外，帆不挂在桅杆的横桁上，而是穿在环上，升降快捷且方便。这种结构的帆不仅不需要绳梯，为船员省去了危险的爬杆作业，而且可以围绕桅杆转动，高度贴合风向。在印度洋传统中，船帆没有切分；大多数船型有横桁或类似横桁的结构，如阿拉伯帆船（Dhau）。这里的惯例是拉丁帆和斜桁吊帆（Luggersegel）。当然，凭我们掌握的知识完全无法知道各种帆型是在何时何地引入的。

相对而言，我们对不同船身构造的了解要更加完善一些，因为水下考古发现提供了一些推论。中国的船只一般都有壁舱，可让船体更坚固，木制的各部分用钉子固定。根据通行的看法，印度洋上的船只大多没有横隔板，此外船舱板、龙骨等部件经常用

中国双桅船，图出自麟庆《河工器具图说》（1836年）。船尾（图右）高于平坦的船头。船帆收于最前面的桅杆上，由于船帆由横向结构的各部分构成，所以船帆各部分上下相叠。

椰壳纤维"缝合"。普遍看来，这类海船在抗水压方面不如中国帆船牢靠，但却更有利于堆装货物，因为船体内部空间没有分隔。在东南亚，我们还发现了具有舷外桨架的各色船只。中国帆船的长宽比例有不少是4:1，船显得笨重，相反，东南亚的这类海船修长而灵活，但却不一定适用于跨越大洋的长途航行。此外，其上部构造也远少于中国海船，后者有时甚至高达数层。

　　本书的导论曾经讲到，几百年来，季风的节律决定着海上的生活和各地之间的贸易。这当然没错，但另一方面，我们也知道，除了依赖风力的帆船，许多地方还存在同时或者单纯用人力驱动的船。中国的史料里就有插图，展示了类似橹舰的结构。相应的

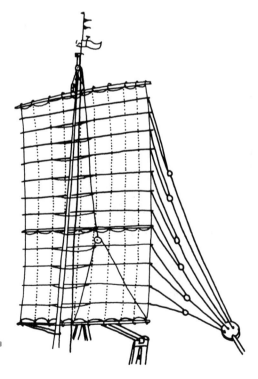

分段的船帆，带控制伸
缩的缭绳。

描述载于16世纪的《南船纪》和《龙江船厂志》二书。这些橹舰或大帆船（Galeone）^①被用于贸易、沿海安全和海战。即便是西班牙人和葡萄牙人也不能完全放弃用桨驱动的海船。我们所不知道的有两点：第一，这种设计的海船（不是帆船）所承载的海运份额有多高；第二，造船业发展的方向是什么，帆船技术何时何地逐渐取代了桨船工艺，或者相反。

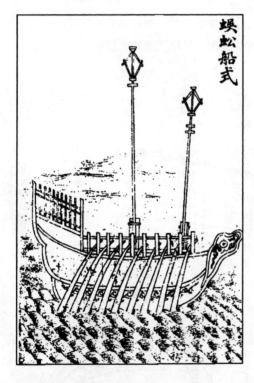

"蜈蚣船"，见胡宗宪《筹海图编》（1562年）。与之非常类似的插图在明代和清代早期的其他史料中也有分布。蜈蚣船让人想到欧洲的桨帆船和东南亚的某些船型。它很可能受到过葡萄牙范例的影响，从16世纪开始在中国建造，并装备轻型火炮。

---

① 一般特指西班牙和葡萄牙的武装帆船。

造船所需原料的购置给我们提出了更多的问题。宋代以来的汉语文本提供了关于东亚地区的线索，但缺少印度和阿拉伯海相关的书面材料。一般来说，我们可以认为，中国本身拥有船身、上层构造、帆具索具、缝隙填充等环节所需的一切原料。波斯湾和红海的船就不一样了，那里一直缺乏木材。因此打造船只所用的原料不得不从远方进口。也有观点一再认为阿拉伯的船是从印度订制的。印度的技术诀窍逐渐漂洋过海，向外传播，惠及了阿拉伯半岛的造船工匠。

可以肯定的是，印度的柚木是一种深受喜爱的原料。葡萄牙人航行于好望角航线的许多船只都是依照他们的吩咐在印度打造和维护的。这类海船的使用寿命有时可达数十年。当然，这也意味着欧洲的工艺随着葡萄牙人到了亚洲。但各种古老的传统生存于各处，有时甚至焕发出更强的生命力。中国是一个具有说服力的例证。当葡萄牙人、西班牙人、荷兰人和英国人在东南亚四处扩散时，福建人的贸易网络也在壮大，他们几乎只依靠自身在造船技术和航海上的经验成长，并在欧洲势力的阴影之下将其进一步发扬光大。我们可以猜想，这个过程也带来了很多技术上的优化。

一直需要新船的欧洲人也经常雇用亚洲的海船。在果阿、马六甲、澳门和长崎之间的航线上，常有属于葡萄牙人的中国帆船航行。但这些船有一个劣势：它们的形制很少允许在船上装备火炮。另一方面，研究已经证明，中国沿海的水军配有火炮。16世纪的多种文献都谈及这方面的问题，此外，从史料中可知，中国曾有过关于改变武器装备和引进新式船型的内部讨论。因此，在某种程度上，中国把握住了时代的脉搏。

配图出自献给中国各类航海守护神的祷文。图中出现了多桅船，根据有些专家的观点，这些船和明代早期被派往东南亚和印度洋的船类似。

船只的规模自然因地而异。在有些不一定能按照字面理解的史料提到过巨大的海船。比如郑和著名的"宝船"。有时也提及运马船。但这样或那样的船只，其外形究竟如何，至今是个秘密。各博物馆乐于用装有多达九根桅杆的模型来展现其宏大，但模型的依据是文学源头，可能与事实不符。

最后一个想法仍然是关于海上贸易"本身"的。正如我们所见，海船经常是在异国订制的，而且技术从一个地方传播到另一个地方，工匠也为外国诸侯或商人服务。琉球群岛以这种方式从

福建人的经验中获益，中国建筑师似乎也活动于东南亚。形形色色的发展自然也推动了船只部件的贸易。跨越重洋的不仅是木材（比如从印度西海岸到阿拉伯世界），还有椰壳纤维，甚至似乎有出口的船锚。

　　对于许多人都赖以生存却并非到处都可取用的物质的交易，自然而然会引起一定程度的竞争，这涉及整个体系的"物流保障"。有些地区拥有丰富的资源，可以迅速地扩大其建造计划，如中国沿海各省，另一些地区则比这些地方脆弱得多。可以料想，如果没有印度的造船匠人，多个穆斯林商人群体将无法出海。因此，各港口的发展潜力似乎在一定程度上依赖其周边的造船技术环境。在这方面，相对于西亚的沿海地区，印度和中国显然占据了优势，但另一方面，印度总是一再陷入纷争，特别是葡萄牙人到来之后，这反过来可能提升了中国在国际角逐中维持竞争力的机遇。明代中国私人贸易的迅速扩张也许和这种局势恰好符合。

　　总体来说，我们会产生这样一种印象，中国在很长一段时间里都处于造船业的前沿。最晚在9或10世纪，远东似乎完成了许多巨大的技术革新，这些革新把本土和外来的传统融为一体，而且从长远来看，它们有利于实现那项在明代早期达到顶峰的发展。本书按照时间顺序撰写的部分，论述了从中国出发向亚洲海洋空间的其他广大部分扩散的向心效应，在这里，它又多了一个元素。

参考文献

不同语种的一般性和专题性学术参考文献浩如烟海，下面的文献目录仅包含选自其中的一小部分。《费舍尔世界史》（Fischer-Weltgeschichte，系德国Fischer出版社于1965—1983年出版的36卷本世界历史，译注）和《剑桥经济史》（Cambridge Economic Histories）等大规模出版的现代正史、百科全书、专业杂志（如《海交史研究》《南洋学报》《郑和研究》《郑和研究与活动简讯》等）、历史工具书、图书目录、地图学与地理学资源、航海历史著作以及网络文献，在这里无法列出。同样不能列出的是原始文献、史料汇编、游记及其翻译，如伊本·白图泰、马可·波罗、法显等人的记载，费兰德①的《阿拉伯人、波斯人、突厥人（……）地理文献与旅行汇报》（*Relations de voyages et textes géographiques arabes, persans et turks...*），以及碑刻材料、档案史料和其他藏品。

关于较大区域和时期以及地中海模型的概论性著作：

Abu-Lughod, Janet L.: *Before European Hegemony. The World System A. D. 1250–1350.* New York etc. 1989.

Braudel, Fernand: *La Méditerranée et le monde méditerranéen à l'époque de Philippe II.* Paris 1949.

Chaudhuri, Kirti N.: *Trade and Civilisation in the Indian Ocean. An Economic History from the Rise of Islam to 1750.* Cambridge 1985.

Chen Yan: *Haishang sichou zhi lu yu Zhongwai wenhua jiaoliu.* Beijing 1996.

Das Gupta, Ashin, und Michael N. Pearson (Hg.): *India and the Indian Ocean, 1500–1800.* Calcutta 1987.

Feldbauer, Peter: *Die islamische Welt 600–1250. Ein Frühfall von Unterentwicklung?* Wien 1995.

Haarmann, Ulrich (Hg.): *Geschichte der arabischen Welt.* 4. erw. Aufl. München 2001.

Hall, Kenneth R.: *Maritime Trade and State Development in Early Southeast Asia.* Honolulu 1985.

Höllmann, Sabine: «Arabische Seereisen vom 9. bis zum 15. Jahrhundert», in Wolfgang Stein (Hg.), *Kolumbus oder Wer entdeckte Amerika?* (München 1992), S. 100–110.

---

① Gabriel Ferrand，1864—1935年，法国外交家、东方学家。

Horden, Peregrine, und Nicholas Purcell: *The Corrupting Sea. A Study of Mediterranean History*. Oxford 2000.

Hourani, George F.: *Arab Seafaring in the Indian Ocean in Ancient and Early Medieval Times*. Princeton 1991.

Liu Yingsheng: *Silu wenhua. Haishang juan*. Hangzhou 1995.

Lombard, Denys: «Une autre ‹Méditerranée› dans le Sud-Est asiatique», *Hérodote* 28 (1998), S. 184–193.

Magalhães Godinho, Vitorino: *Os descobrimentos e a economia mundial*. 4 Bde. Lissabon 1991.

McPherson, Kenneth: *The Indian Ocean. A History of People and the Sea*. Delhi etc. 1993.

Pearson, Michael N.: *The Indian Ocean*. London 2003.

Reid, Anthony: *Southeast Asia in the Age of Commerce, 1450–1680*. 2 Bde. New Haven etc. 1988–1993.

Risso, Patricia: *Merchants and Faith. Muslim Commerce and Culture in the Indian Ocean*. Boulder 1995.

Sutherland, Heather: «Southeast Asian History and the Mediterranean Analogy», *Journal of Southeast Asian Studies* 34.1 (2003), S. 1–17.

Toussaint, Auguste: *Histoire de l'Océan Indien*. Paris 1961.

Wong, Roy Bin: «Entre monde et nation: les régions Braudéliennes en Asie», *Annales* 66.1 (2001), S. 9–16.

交叉主题和跨区域的文集：

Begley, Vimala, und Richard Daniel De Puma (Hg.): *Rome and India. The Ancient Sea Trade*. Madison 1991.

Boussac, Marie-Françoise, und Jean-François Salles (Hg.): *Athens, Aden, Arikamedu. Essays on the Interrelations between India, Arabia and the Eastern Mediterranean*. New Delhi 1995.

Chandra, Satish (Hg.): *The Indian Ocean. Explorations in History, Commerce and Politics*. New Delhi etc. 1987.

Cimino, Rosa M. (Hg.): *Ancient Rome and India. Commercial and Cultural Contacts between the Roman World and India*. New Delhi 1994.

Conermann, Stephan (Hg.): *Der Indische Ozean in historischer Perspektive*. Hamburg 1998.

Chittick, Neville, und Robert I. Rotberg (Hg.): *East Africa and the Orient. Cultural Syntheses in Pre-Colonial Times*. New York etc. 1975.

Guillot, Claude, Denys Lombard und Roderich Ptak (Hg.): *From the Mediterranean to the China Sea. Miscellaneous Notes*. Wiesbaden 1998.

Lombard, Denys, und Jean Aubin (Hg.): *Marchands et hommes d'affaires asiatiques dans l'Océan Indien et la Mer de Chine, 13ᵉ-20ᵉ siècles*. Paris 1988.

Mollat du Jourdin, Michel (Hg.): *Sociétés et compagnies de commerce en Orient et* dans l'Océan Indien. Actes du Huitième Colloque International d'Histoire Maritime (Beyrouth, 5–10 Septembre 1966). Paris 1970.

Prakash, Om, und Denys Lombard (Hg.): Commerce and Culture in the Bay of Bengal, 1500–1800. New Delhi 1999.

Ptak, Roderich: China and the Asian Seas. Trade, Travel and Visions of the Other (1400–1750). Aldershot etc. 1998.

Ptak, Roderich: China, the Portuguese and the Nanyang. Oceans and Routes, Regions and Trade (c. 1000–1600). Aldershot etc. 2004.

Ptak, Roderich, und Dietmar Rothermund (Hg.): Emporia, Commodities and Entrepreneurs in Asian Maritime Trade, c. 1400–1750. Stuttgart 1991.

Rao, S. R. (Hg.): Marine Archaeology of Indian Ocean Countries. Proceedings of the First Indian Conference on Marine Archaeology of Indian Ocean Countries, October 1987. Goa 1988.

Ray, Himanshu P., und Jean-François Salles (Hg.): Maritime Communities of the Ancient Indian Ocean. Lyon 1996.

Ray, Himanshu P., und Jean-François Salles (Hg.): Tradition and Archaeology. Early Maritime Contacts in the Indian Ocean. Proceedings of the International Seminar Techno-Archaeological Perspectives of Seafaring in the Indian Ocean, 4th cent. B. C. – 15th cent. A. D., New Delhi, February 28 – March 4, 1994. New Delhi 1994. Lyon etc. 1996.

Reade, Julian (Hg.): The Indian Ocean in Antiquity. London 1996.

Rothermund, Dietmar, und Susanne Weigelin-Schwiedrzik (Hg.): Der Indische Ozean. Das afro-asiatische Mittelmeer als Kultur- und Wirtschaftsraum. Wien 2004.

Salles, Jean-François (Hg.): L'Arabie et ses mers bordières. I. Itinéraires et voisinages. Lyon etc. 1988.

Scott, Rosemary, und John Guy (Hg.): South East Asia & China. Art, Interaction & Commerce. London 1995.

Sprengard, Karl A., und Roderich Ptak (Hg.): Maritime Asia. Profit Maximisation, Ethics and Trade Structure, c. 1300–1800. Wiesbaden 1994.

Thomaz, Luís Filipe F. R. (Hg.): Aquém e além da Taprobana. Estudos orientais à memória de Jean Aubin e Denys Lombard. Lissabon 2002.

Zhongguo yu haishang sichou zhi lu. China and the Maritime Silk Route. 2 Bde. Fuzhou 1991–1994.

贸易货物与贸易流，金属、货币、陶瓷：

Alves, Jorge M. dos Santos, Claude Guillot und Roderich Ptak (Hg.): Mirabilia Asiatica. Produtos raros no comércio marítimo, produits rares dans le commerce maritime, seltene Waren im Seehandel. 2 Bde. Wiesbaden etc. 2003–2005.

Atwell, William S.: «International Bullion Flows and the Chinese Economy, circa 1530–1650», Past and Present 95 (1982), S. 68–90.

Brown, Roxanna: *Guangdong Ceramics from Butuan and Other Philippine Sites.* Manila 1989.

Brown, Roxanna M.: *The Ceramics of South-East Asia. Their Dating and Identification.* Kuala Lumpur etc. 1978.

Burkill, Isaac H.: *A Dictionary of the Economic Products of the Malay Peninsula, with Contributions by William Birtwistle et al.* 2 Bde. London etc. 1935.

Chattopadhaya, B. D.: *Coins and Currency Systems in South India, c. AD 225–1300.* New Delhi 1977.

Donkin, R. A.: *Beyond Price. Pearls and Pearl Fishing. Origins to the Age of Discoveries.* Philadelphia 1998.

Donkin, R. A.: *Dragon's Brain Perfume. An Historical Geography of Camphor.* Leiden etc. 1999.

Francis, Peter: *Asia's Maritime Bead Trade, 300 B. C. to the Present.* Honolulu · 2002.

Glahn, Richard von: *Fountain of Fortune. Money and Monetary Policy in China, 1000–1700.* Berkeley etc. 1996.

Goddio, Franck, et al.: *Lost at Sea. The Strange Route of the Lena Shoal Junk.* London 2002.

Groom, Nigel: *Frankincense and Myrrh. A Study of the Arabian Incense Trade.* London etc. 1981.

Guy, John S.: *Oriental Trade Ceramics in Southeast Asia, 9th to 16th Century.* Singapur 1986.

Guy, John S.: *Woven Cargoes: Indian Textiles in the East.* London 1998.

Hamashita Takeshi: «Ryukyuan Merchants and their Pepper Trade under the Tribute Trade System, 15th to 17th Centuries», in *Chinese Culture and Adjacent Nations (Papers from the Third International Conference on Sinology, History Section)* (Taibei 2003), S. 115–172.

Ho Chuimei (Hg.): *New Light on Chinese Yue and Longquan Wares. Archaeological Ceramics Found in Eastern and Southern Asia, A. D. 800–1400.* Hong Kong 1994.

Kellenbenz, Hermann (Hg.): *Precious Metals in the Age of Expansion. Papers of the XIVth International Congress of the Historical Sciences.* Stuttgart 1981.

Kobata, Atsushu: «The Production and Uses of Gold and Silver in Sixteenth and Seventeenth Century Japan», *Economic History Review* 18 (1965), S. 245–266.

Küster, Hansjörg: *Kleine Kulturgeschichte der Gewürze. Ein Lexikon von Anis bis Zimt.* München 1987.

Laufer, Berthold: *Sino-Iranica; Chinese Contributions to the History of Civilization in Ancient Iran, with Special Reference to the History of Cultivated Plants and Products.* Ndr. Taibei 1967. Ursprünglich in Field Museum of Natural History, Anthropological Series 15.3 (als Nr. 201; 1915).

Martinetz, Dieter, Karlheinz Lohs, und Jörg Janzen: *Weihrauch und Myrrhe; Kostbarkeiten der Vergangenheit im Licht der Gegenwart.* Berlin 1989.

Pelliot, Paul: *Notes on Marco Polo. Ouvrage posthume*. 3 Bde. Paris 1959–1973.

Pirazzoli-t'Serstevens, Michèle: *La céramique extrême-orientale à Julfar, dans l'émirat de Ra's al-Khaimah (XIVᵉ-XVIᵉ s.), indicateur chronologique, économique et culturel* (Beijing 2003).

Potts, D. T.: *The Pre-Islamic Coinage of Eastern Arabia*. Kopenhagen 1991. Supplement dazu: Kopenhagen 1994.

Ptak, Roderich: *China's Seaborne Trade with South and Southeast Asia (1200–1750)*. Aldershot etc. 1998.

Richards, John F. (Hg.): *Precious Metals in the Later Medieval and Early Modern Worlds*. Durham 1983.

Rosu, Arion: «La girafe dans la faune de l'art indien», *Bulletin de l'École française d'Extrême-Orient* 71 (1982), S. 47–61.

Schafer, Edward H.: *The Golden Peaches of Samarkand. A Study of T'ang Exotics*. Berkeley etc. 1963.

Schafer, Edward H.: *The Vermilion Bird. T'ang Images of the South*. Berkeley etc. 1967.

Tampoe, Moira: *Maritime Trade between China and the West. An Archaeological Study of the Ceramics from Siraf*. Oxford 1989.

Thomaz, Luís Filipe F. R.: *A questão da pimenta em meados do século XVI. Um debate político do governo de D. João de Castro*. Lissabon 1998.

Tsao Yung-ho: «Pepper Trade in East Asia», *T'oung Pao* 68.4–5 (1982), S. 221–247.

Turner, Paula M.: *Roman Coins from India*. London 1989.

Warburg, O.: *Die Muskatnuss. Ihre Geschichte, Botanik, Kultur und Verwerthung sowie ihre Verfälschungen und Surrogate, zugleich ein Beitrag zur Kulturgeschichte der Banda-Inseln*. Leipzig 1897.

Watt, George et al.: *A Dictionary of the Economic Products of India*. 6 Teile in 9 Bdn., Indexband. Calcutta 1889–1990. Ndr. Delhi 1972.

Wheatley, Paul: «Geographical Notes on Some Commodities Involved in Sung Maritime Trade», *Journal of the Malayan Branch of the Royal Asiatic Society* 32.2 (1959), S. 5–140.

Wicks, Robert S.: *Money, Markets, and Trade in Early Southeast Asia. The Development of Indigenous Monetary Systems to AD 1400*. Ithaca, N. Y. 1992.

Wiesner, Ulrich: *Chinesische Keramik auf Hormoz. Spuren einer Handelsmetropole im Persischen Golf*. Köln 1979.

Wisseman, Jan Christie: «Money and Its Uses in the Javanese States of the Ninth to Fifteenth Centuries», *Journal of the Economic and Social History of the Orient* 39 (1996), S. 243–297.

Yamada Kentaro: *Kôryô hakabutsu jiten*. Tokyo 1979.

Yamada Kentaro: *Nankai kôyaku fu: supaisu-rûto no kenkyû*. Tokyo 1982.

Yamada Kentaro: *Tôzai kôyaku shi*. Tokyo 1956.

船只、沉船、水下考古：

Abu Ridho und E. Edwards McKinnon, hg. v. Sumarah Adhyatman: *The Pulau Buaya Wreck. Finds from the Song Period*. Jakarta 1998.

Blake, Warren, und Michael Flecker: «A Preliminary Survey of a South-East Asian Wreck, Phu Quoc Island, Vietnam», *The International Journal of Nautical Archaeology* 23.2 (1994), S. 73–91.

Brown, Roxanna, und S. Sjostrand: *Maritime Archaeology and Ship Wreck Ceramics in Malaysia*. Kuala Lumpur 2002.

Brown, Roxanna, und S. Sjostrand: *Turiang. A Fourteenth Century Shipwreck in Southeast Asian Waters*. Los Angeles 2000.

Church, Sally K.: «Zheng He: An Investigation into the Plausibility of 450-ft Treasure Ships», *Monumenta Serica* 53 (2005), S. 1–43.

Flecker, Michael: «A 9th Century AD Arab or Indian Shipwreck in Indonesian Waters: First Evidence for Direct Trade with China», *World Archaeology* 32 (2001), S. 335–354.

Flecker, Michael: *The Archaeological Excavation of the 10th Century Intan Shipwreck*. Oxford 2002.

Goddio, Franck et al.: *Sunken Treasure: Fifteenth Century Chinese Ceramics from the Lena Cargo*. London 2000.

Goddio, Franck, und Christian Tröster: *Weißes Gold. Versunken, entdeckt, geborgen*. Göttingen 1997 (übers. aus dem Franz.).

Green, Jeremy, und Rosemary Harper (Hg.): *The Maritime Archaeology of Shipwrecks and Ceramics in Southeast Asia*. Victoria (Australien) 1987.

Horridge, George A.: *The Design of Planked Boats of the Moluccas*. London 1978.

Horridge, George A.: *Sailing Craft of Indonesia*. Singapur 1986.

Manguin, Pierre-Yves: «Late Medieval Asian Shipbuilding in the Indian Ocean. A Reapprisal», *Moyen Orient et Océan Indien* 2.2 (1985), S. 1–30.

Manguin, Pierre-Yves: «The Southeast Asian Ship: An Historical Approach», *Journal of Southeast Asian Studies* 11.2 (1976), S. 266–276.

Manguin, Pierre-Yves: «Trading Ships of the South China Sea: Shipbuilding Techniques and their Role in the Development of Asian Trading Networks», *Journal of the Economic and Social History of the Orient* 36 (1993), S. 253–280.

Moreland, W. H.: «The Ships of the Arabian Sea about A. D. 1500», *Journal of the Royal Asiatic Society of Great Britain and Ireland* 2 (1939), S. 173–192.

Needham, Joseph et al.: *Science and Civilisation in China*. Bd. IV/3. Cambridge 1971 (darin Sektion «Nautical Technology», S. 379–695).

Scheuring, Hans L.: *Die Drachenflußwerft von Nanking. Das Lung-chiang ch'uan-ch'ang chih, eine Ming-zeitliche Quelle zur Geschichte des chinesischen Schiffbaus*. Frankfurt a. M. 1987.

Turnbull, Stephen, und Wayne Reynolds: *Fighting Ships of the Far East*. Bd. 1: China and Southeast Asia, 202 BC – AD 1419. Oxford 2002.

Turnbull, Stephen, und Wayne Reynolds: *Fighting Ships of the Far East*. Bd. 2: *Japan and Korea, AD 612–1639*. Oxford 2003.

Underwood, Horace G.: «Korean Boats and Ships», *Journal of the Korea Branch of the Royal Asiatic Society* 23 (1933), S. 1–100.

黄海和东海：中国大陆、日本诸岛、朝鲜半岛、琉球岛链：

Amino Yoshihiko: *Môkô shûrai*. Tokyo 1974.

Batten, Bruce L.: *Gateway to Japan: Hakata in War and Peace, 500–1300*. Honolulu 2006.

Farris, William W.: *The Evolution of Japan's Military, 500–1300*. Cambridge, Mass. 1995.

Hazard, Benjamin H.: «Creation of the Korean Navy during the Koryo Period», *Transactions of the Royal Asiatic Society, Korea Branch* 48 (1973), S. 10–28.

Kerr, George H.: *Okinawa. The History of an Island People*. Ndr. Rutland etc. 1970.

Kreiner, Josef (Hg.): *Ryûkyû in World History*. Bonn 2001.

Kuroda Toshio: *Môkô shûrai*. Tokyo 1965.

Mueller, Gerhard: *Wohlwollen und Vertrauen; die Investiturgesandtschaft von Chen Kan im Jahr 1534 vor dem Hintergrund der politischen und wirtschaftlichen Beziehungen des Ming-Reiches zu den Ryûkyû-Inseln zwischen 1372 und 1535*. Heidelberg 1991.

Nakamura Hidetada: *Nihon to Chosôn*. Tokyo 1966.

Ptak, Roderich: «The Ryukyu Network in the Fifteenth and Early Sixteenth Century», *Revista de Cultura / Review of Culture* (internationale Ausg.) 6 (2003), S. 7–23.

Robinson, Kenneth R.: «Centering the King of Chosôn. Aspects of Korean Maritime Diplomacy, 1392–1592», *Journal of Asian Studies* 59.1 (2000), S. 109–125.

Robinson, Kenneth R.: «The Haedong Chegukki (1471) and Korean-Ryukyuan Relations, 1389–1471», *Acta Koreana* 3 (2000), S. 87–98, und 4 (2001), S. 115–142.

Schottenhammer, Angela (Hg.): *Trade and Transfer Across the East Asian ‹Mediterranean›*. Wiesbaden 2005.

Seyock, Barbara: *Auf den Spuren der Ostbarbaren. Zur Archäologie protohistorischer Kulturen in Südkorea und Westjapan*. Münster 2004.

So Kwan-wai: *Japanese Piracy in Ming China during the 16th Century*. East Lansing 1975.

Tamura Hiroyuki: *Chûsei Nitchô bôeki no kenkyû*. Tokyo 1967.

Verschuer, Charlotte von: *Le commerce extérieur du Japon. Des origines au XVIᵉ siècle*. Paris 1988.

Wang Yi-T'ung: *Official Relations between China and Japan, 1368–1549*. Cambridge, Mass. 1953.

Wang Zhen-ping: *Ambassadors from the Island of Immortals. China-Japan Relations in the Han-Tang Period.* Honolulu 2005.

Wiethoff, Bodo: *Die chinesische Seeverbotspolitik und der private Überseehandel von 1368–1567.* Hamburg 1963.

Xie Bizhen: *Zhongguo yu Liuqiu.* Xiaman 1996.

Yamashiro, José: *Okinawa, uma ponte para o mundo.* São Paulo 1993.

Zhong Liu wenhua jingji xiehui (Hg.): *Di yi (er, san …) jie Zhong Liu lishi guanxi guoji xueshu hui.* Taibei 1988– (mehrere Bände, fortlaufend).

中国概况：各历史时期和海上交流：

Bielenstein, Hans: *Diplomacy and Trade in the Chinese World, 589–1276.* Leiden etc. 2005.

Chang Pin-tsun: *Chinese Maritime Trade. The Case of Sixteenth-Century Fu-chien (Fukien).* Princeton 1983 (unveröffentl. Diss.).

Chen Gaohua und Wu Tai: *Song Yuan shiqi de haiwai maoyi.* Tianjin 1981.

Chen Jiarong (Aaron Chen, Chan Kai Wing): *Zhongwai jiaotong shi.* Hong Kong 1987.

Chin, James K. (Qiang Jiang): *Merchants and Other Sojourners. The Hokkiens Overseas, 1570–1760.* Hong Kong 1999 (unveröffentl. Diss.)

Dars, Jacques: *La marine chinoise du Xe siècle au XIVe siècle.* Paris 1992.

Deng Gang: *Chinese Maritime Activities and Socioeconomic Development, c. 2100 B. C. – 1900 A. D.* Westport etc. 1997.

Deng Gang: *Maritime Sector, Institutions and Sea Power of Premodern China.* Westport etc. 1999.

Din Ta-san, José, und Francisco F. Olesa Muñido: *El poder naval chino desde sus origines hasta la caída de la dinastia Ming (siglos VI a. de J.C. – XVII d. de J.C.)* (mit Pao Tsen-peng et al.). Barcelona 1965.

Höllmann, Thomas O.: «Das Reich ohne Horizont: Berührungen mit den Fremden jenseits und diesseits der Meere (14. bis 19. Jahrhundert)», in Wolfgang Bauer (Hg.), *China und die Fremden. 3000 Jahre Auseinandersetzung in Krieg und Frieden* (München 1980), S. 161–196.

Huang Chunyan: *Songdai haiwai maoyi.* Beijing 2003.

Kobata Atsushi: *Hainandao shi.* Taibei 1979 (übers. aus dem Jap.).

Kuwabara, Jitsuzô: «P'u Shou-keng; a Man of the Western Regions, who was the Superintendent of the Trading Ships' Office in Ch'üan-chou towards the End of the Sung Dynasty, together with a General Sketch of the Arabs in China during the T'ang and Sung Eras», *Memoirs of the Research Department of the Toyo Bunko 2* (1928), S. 1–79, und 7 (1935), S. 1–104.

Liao Dake: *Fujian haiwai jiaotong shi.* Fuzhou 2002.

Lin Tien-wai (Lin Tianwei): *Songdai xiangyao maoyi shigao (A History of the Perfume Trade of the Sung Dynasty).* Hong Kong 1960.

Lo Jung-pang: «The Emergence of China as a Sea Power during the Late Sung and Early Yüan Periods», *The Far Eastern Quarterly* 14.4 (1955), S. 489–505.

Lo Jung-pang: «Maritime Commerce and Its Relation to the Sung Navy», *Journal of the Economic and Social History of the Orient* 12 (1969), S. 57–101.

Reischauer, Edwin O.: «Notes on Tang Dynasty Searoutes», *Harvard Journal of Asiatic Studies* 5 (1940), S. 142–164.

Schottenhammer, Angela: *Das songzeitliche Quanzhou im Spannungsfeld zwischen Zentralregierung und maritimem Handel. Unerwartete Konsequenzen des zentralstaatlichen Zugriffs auf den Reichtum einer Küstenregion.* Stuttgart 2002.

Schottenhammer, Angela (Hg.): *The Emporium of the World. Maritime Quanzhou, 1000–1400.* Leiden 2001.

Schottenhammer, Angela, und Roderich Ptak (Hg.): *The Perception of Maritime Space in Traditional Chinese Sources.* Wiesbaden 2006.

So, Billy K. L.: *Prosperity, Region, and Institutions in Maritime China. The South Fukien Pattern, 946–1368.* Cambridge, Mass., etc. 2000.

Sun Guangqi: *Zhongguo gudai hanghai shi.* Beijing 1989.

Xu Xiaowang et al.: *Fujian tongshi.* 5 Bde. Fuzhou 2006.

Yu Changsen: *Yuandai haiwai maoyi.* Xi'an 1994.

Zhang Tieniu und Gao Xiaoxing: *Zhongguo gudai haijun shi.* Beijing 1993.

Zhang Wei und Fang Kun (Hg.), *Zhongguo haijiang tongshi.* Zhengzhou 2003.

Zhongguo haiyang fazhanshi lunwenji. Taibei 1984– (mehrere Bände, fortlaufend).

南海、苏禄地区、印度尼西亚东部诸海：

Andaya, Leonard: *The World of Maluku. Eastern Indonesia in the Early Modern Period.* Honolulu 1993.

Bellwood, Peter: *Prehistory in the Indo-Malaysian Archipelago.* 2. Aufl. Honolulu 1997.

Breazeale, Kennon (Hg.): *From Japan to Arabia. Ayutthaya's Maritime Relations with Asia.* Bangkok 1999.

Brown, D. E.: *Brunei, the Structure and History of a Bornean Malay Sultanate.* Brunei (Bandar Seri Begawan) 1970.

Charnvit Kasetsiri: *The Rise of Ayudhaya. A History of Siam in the Fourteenth and Fifteenth Centuries.* Kuala Lumpur 1976.

Chen, Chingho A.: *Historical Notes on Hoi-an (Faifo).* Carbondale 1974.

Chen Jiarong (Chan Kai Wing, Aaron Chen): *Sui qian Nanhai jiaotong shiliao yanjiu.* Hongkong 2003.

Coedès, George: *Les états hindouisés d'Indochine et d'Indonésie.* Ndr. Paris 1964.

Graaf, H. J. de, und Th. G. Th. Pigeaud: *De eerste moslimse vorstendommen op Java. Studiën over de staatkundige geschiedenis van de 15de en 16de eeuw.* Den Haag 1974.

Guida, Donatella: *Immagini del Nanyang. Realtà e stereotipi nella storiografia cinese verso la fine della dinastia Ming*. Neapel 1991.

Hutterer, Karl (Hg.): *Economic Exchange and Social Interaction in Southeast Asia. Perspectives from Prehistory, History and Ethnography*. Ann Arbor 1977.

Jacq-Hergoualac'h, Michel, et al.: «La région de Nakhon Si Thammarat (Thaïlande peninsulaire) du Ve au XIVe siècle», *Journal Asiatique* 284.2 (1996), S. 361–435.

Jacq-Hergoualac'h, Michel: *The Malay Peninsula. Crossroads of the Maritime Silk Road (100 BC – 1300 AD)*. Leiden etc. 2002.

Jiang Zuyuan, Fang Zhiqin et al.: *Jianming Guangdong shi*. Guangzhou 1987.

Lombard, Denys: *Le carrefour javanais. Essai d'histoire globale*. 3 Bde. Paris 1990.

Maspero, Henri: *Le royaume de Champa*. Paris etc. 1928.

National Committee for the International Symposium on the Ancient Town of Hoi An (Hg.): *Ancient Town of Hoi An. International Symposium Held in Danang on 22–23 March 1990*. Hanoi 1999.

Noorduyn, J.: «Majapahit in the Fifteenth Century», *Bijdragen tot de Taal-, Land-en Volkenkunde* 134.2–3 (1978), S. 207–274.

Manguin, Pierre-Yves (Hg.): *Sriwijaya. History, Religion, and Language*. Kuala Lumpur 1995.

Marr, David G., und A. C. Milner (Hg.): *Southeast Asia in the 9th to 14th Centuries*. Singapur 1986.

Meilink-Roelofsz, M. A. P.: *Asian Trade and European Influence in the Indonesian Archipelago between 1500 and about 1630*. Den Haag 1962.

Müller, Shing, Thomas O. Höllmann und Putao Gui (Hg.): *Guangdong. Archaeology and Early Texts, Archäologie und frühe Texte (Zhou-Tang)*. Wiesbaden 2004.

Pelliot, Paul: «Le Fou-Nan», *Bulletin de l'École française d'Extrême-Orient* 3 (1903), S. 248–303.

Reid, Anthony: *Charting the Shape of Early Modern Southeast Asia*. Chiang Mai 2000.

Saleeby, Najeeb M.: *The History of Sulu*. Manila 1963.

Salmon, Claudine: «Srivijaya, la Chine et les marchands chinois (X^e-XIIe siècles). Quelques réflexions sur la société de l'empire sumatranais», *Archipel* 63 (2002), S. 57–78.

Salmon, Claudine, und Roderich Ptak (Hg.): *Hainan. De la Chine à l'Asie du Sud-Est, von China nach Südostasien*. Wiesbaden 2001.

Sandhu, Kernial S., und Paul Wheatley (Hg.): *Melaka. The Transformation of a Malay Capital, 1400–1800*. 2 Bde. Kuala Lumpur 1983.

Schaffer, Lynda N.: *Maritime Southeast Asia to 1500*. Armonk etc. 1996.

Slametmuljana: *A Story of Majapahit*. Singapore 1976.

Suebsang, Promboon: *Sino-Siamese Tributary Relations, 1282–1853*. Madison 1971 (unveröffentl. Diss.).

Tibbetts, G. R.: *A Study of the Arabic Texts Containing Material on South-East Asia.* Leiden etc. 1979.

Wada Sei: «The Philippine Islands as Known to the Chinese before the Ming Period», *Memoirs of the Research Department of the Toyo Bunko* 4 (1929), S. 121–166.

Wade, Geoffrey P.: *The Ming shi-lu as a Source for Southeast Asian History. Fourteenth to Seventeenth Centuries.* Hongkong 1994 (Diss., nicht gedruckt, aber im Netz).

Wang Chuan: *Shibo taijian yu Nanhai maoyi. Mingdai Guangdong shibo taijian yanjiu.* Hongkong 2001.

Wang Gungwu: «The Nanhai Trade. A Study of the Early History of Chinese Trade in the South China Sea», *Journal of the Malayan Branch of the Royal Asiatic Society* 31.2 (1958), S. 1–135.

Wheatley, Paul: *The Golden Khersonese. Studies in the Historical Geography of the Malay Peninsula before A. D. 1500.* Kuala Lumpur 1961.

Whitmore, John K.: *Vietnam, Ho Quy Ly, and the Ming (1371–1421).* New Haven 1985.

Wisseman, Jan Christie: «Javanese Markets and the Asian Sea Trade Boom of the Tenth to the Thirteenth Centuries A. D.», *Journal of the Economic and Social History of the Orient* 41 (1998), S. 344–381.

Wolters, O. W.: *Early Indonesian Commerce. A Study of the Origins of Srivijaya.* Ithaca, N. Y. 1967.

Wolters, O. W.: *The Fall of Srivijaya in Malay History.* Ithaca, N. Y. 1970.

孟加拉湾、安达曼海：

Abraham, Meera: *Two Medieval Merchant Guilds of South India.* New Delhi 1988.

Aiyangar, Krishnaswami S., et al.: *Vijayanagara. History and Legacy.* New Delhi 2000.

Aung-Thwin, Michael: *Pagan. The Origins of Modern Burma.* Honolulu 1985.

Bandaranayake, Senake, et al. (Hg.): *Sri Lanka and the Silk Road of the Sea.* Colombo 1990.

Begley, Vimala (Hg.): *The Port of Arikamedu. New Excavations and Researches, 1989–1992.* Paris 1996.

Drakard, Jane: «An Indian Ocean Port. Sources for the Earlier History of Barus», *Archipel* 37 (1989), S. 53–82.

Eaton, R. M.: *The Rise of Islam and the Bengal Frontier, 1204–1760.* Berkeley 1993.

Frasch, Tilman: *Pagan. Stadt und Staat.* Stuttgart 1996.

Glover, Ian C.: *Early Trade between India and Southeast Asia. A Link in the Development of a World Trading System.* Hull 1989.

Gommans, Jos, und Jacques Leider (Hg.): *The Maritime Frontier of Burma.* Exploring Political, Cultural and Commercial Interaction in the Indian Ocean World, 1200–1800. Leiden 2002.

Guillon, Emmanuel: The Mons. A Civilization of Southeast Asia. Bangkok 1999.

Guillot, Claude (Hg.): Histoire de Barus. Le site de Lobo Tua. 2 Bde. Paris 1998–2003.

Hall, Kenneth R.: Trade and Statecraft in the Age of the Colas. New Delhi 1980.

Jacq-Hergoualac'h, Michel: La civilisation de ports-entrepôts du Sud-Kedah (Malaysia), V^e-XIVe siècles. Paris 1992.

Jacq-Hergoualac'h, Michel: The Malay Peninsula. Crossroads of the Maritime Silk Road (100 BC – 1300 AD). Leiden etc. 2002.

Kulke, Hermann, und Dietmar Rothermund: Geschichte Indiens. Von der Induskultur bis heute. München 1998.

Lombard, Denys: Le sultanat d'Atjéh au temps d'Iskandar Muda, 1607–1636. Paris 1967.

McKinnon, E. Edwards et al.: «A Note on Aru and Kota Cina», Indonesia 26 (1978), S. 1–42.

Pathmanathan, S.: The Kingdom of Jaffna, I (ca. 1250–1450). Colombo 1978.

Ray, Haraprasad: Trade and Diplomacy in India-China Relations. A Study of Bengal during the Fifteenth Century. New Delhi 1993.

Ray, Himanshu P.: The Winds of Change. Buddhism and the Maritime Links of Early South Asia. Delhi etc. 1994.

Sandhu, Kernial S., und Paul Wheatley (Hg.): Melaka. The Transformation of a Malay Capital, 1400–1800. 2 Bde. Kuala Lumpur 1983.

Sastri, K. A. Nilakanta: A History of South India. From Prehistoric Times to the Fall of Vijayanagar. 12. Aufl. Madras etc. 1994.

Sastri, K. A. Nilakanta: The Colas. 2. Aufl. Madras 1955.

Sastri, K. A. Nilakanta: The Pandyan Kingdom. From Earliest Times to the Sixteenth Century. 2. Aufl. Madras 1972.

Spencer, George W.: The Politics of Expansion. The Chola Conquest of Sri Lanka and Sri Vijaya. Madras 1983.

Stargardt, Janice: «Burma's Economic and Diplomatic Relations with India and China from Early Medieval Sources», Journal of the Economic and Social History of the Orient 14.1 (1971), S. 38–62.

Stargardt, Janice: The Ancient Pyu of Burma. Bd. 1. Early Pyu Sites in a Man-made Landscape. Cambridge etc. 1990.

Stein, Burton: Vijayanagara. Cambridge etc. 1989.

Subrahmanian, Nainar: A History of Tamilnad (to A. D, 1336). Madurai 1972.

Tibbetts, G. R.: A Study of the Arabic Texts Containing Material on South-East Asia. Leiden etc. 1979.

Weerakkody, D. P. M.: Taprobanê. Ancient Sri Lanka as Known to Greeks and Romans. Brepols etc. 1997.

阿拉伯海、波斯湾、红海：

Agrawal, A.: *Rise and Fall of the Imperial Guptas*. Delhi 1989.

Ahmad, Maqbul: *Indo-Arab Relations. An Account of India's Relations with the Arab World from Ancient up to Modern Times.* [New Delhi] 1969.

Alam, Muzaffar, und Sanjay Subrahmanyam (Hg.): *The Mughal State, 1526–1750.* New Delhi 1998.

Ashtor, Eliyahu: *The Levant Trade in the Later Middle Ages.* Princeton 1973.

Aubin, Jean: «L'apprentissage de l'Inde. Cochin 1503–1504», *Moyen Orient et Océan Indien* 4 (1987), S. 1–96.

Aubin, Jean: «Le royaume d'Ormuz au début du XVIe siècle», *Mare Luso-Indicum* 2 (1973), S. 77–179.

Aubin, Jean: «Les princes d'Ormuz du XIIIe au XVe siècle», *Journal Asiatique* 241 (1953), S. 77–138.

Barendse, René J.: «Trade and State in the Arabian Seas. A Survey from the Fifteenth to the Eighteenth Century», *Journal of World History* 11.2 (2000), S. 173–225.

Biedermann, Zoltán: *Soqotra. Geschichte einer «christlichen» Insel im Indischen Ozean. Vom Altertum bis zur frühen Neuzeit.* Wiesbaden 2006.

Boucharlat, Remy, und Jean-François Salles (Hg.): *Arabie orientale, Mésopotamie et Iran méridional de l'âge du fer au début de la periode islamique.* Paris 1984.

Bouchon, Geneviève: «Les musulmans du Kerala à l'époque de la découverte portugaise», *Mare Luso-Indicum* 2 (1972), S. 3–59.

Bouchon, Geneviève: *Mamale de Cananore. Un adversaire de l'Inde portugaise (1507–1528).* Genf etc. 1975.

Chittik, Neville: «Indian Relations with East Africa before the Arrival of the Portuguese», *Journal of the Royal Asiatic Society of Great Britain and Ireland* (1980), S. 117–127.

Chittick, Neville: *Kilwa. An Islamic Trading City on the East African Coast.* 2 Bde. Nairobi 1974.

Crone, Patricia: *Meccan Trade and the Rise of Islam.* Princeton 1987.

Dihle, Albrecht: *Antike und Orient. Gesammelte Aufsätze.* Heidelberg 1984.

Doumenge, Françoise: «L'halieutique maldevienne, une ethno-culture millénaire», *Archipel* 70 (2005), S. 67–138.

Faroqhi, Suraiya: *Geschichte des Osmanischen Reiches.* München 2000.

Gopal, Surendra: *Commerce and Crafts in Gujarat, XVIth & XVIIth Centuries. A Study in the Impact of European Expansion on Precapitalist Economy.* New Delhi 1975.

Gronke, Monika: *Geschichte Irans. Von der Islamisierung bis zur Gegenwart.* München 2003.

Jackson, Peter: *The Delhi Sultanate.* Cambridge 1999.

Jain, Vardhman K.: *Trade and Traders in Western India (AD 1000–1300).* New Delhi 1990.

Janaki, Vengalil A.: *The Commerce of Cambay from the Earliest Period to the Nine-teenth Century.* Baroda 1980.

Kreiser, Klaus: *Der osmanische Staat, 1300–1922.* München 2001.

Kulke, Hermann, und Dietmar Rothermund: *Geschichte Indiens. Von der Induskultur bis heute.* München 1998.

Lombard, Maurice: *Blütezeit des Islam. Eine Wirtschafts- und Kulturgeschichte, 8.–11. Jahrhundert.* Frankfurt a. M. 1992 (übers. aus dem Franz.)

Maloney, Clarence: *People of the Maldive Islands.* Bombay etc. 1980.

Matuz, Josef: *Das Osmanische Reich. Grundlinien seiner Geschichte.* Darmstadt 1985.

Munro-Hay, Stuart C.: *Aksum. An African Civilisation of Late Antiquity.* Edinburgh 1991.

Nagel, Tilman: *Timur der Eroberer und die islamische Welt des späten Mittelalters.* München 1993.

Piacentini, Valeria Fiorani: *L'emporio ed il regno di Hormoz (VIII – fine XV sec. d. Cr.), vicende storiche, problemi ed aspetti di una civiltà costiera del Golfo Persico.* Mailand 1975.

Piacentini, Valeria Fiorani: *Merchants, Merchandize and Military Power in the Persian Gulf (Sûriyânj / Shahriyâj-Sîrâf).* o. O. 1992.

Pigulevskaja, Nina V.: *Byzanz auf den Wegen nach Indien. Aus der Geschichte des byzantinischen Handels mit dem Orient vom 4. bis 6. Jahrhundert.* Berlin etc. 1969.

Potts, Daniel T.: *Archaeology of the United Arab Emirates. Proceedings of the First International Conference on the Archaeology of the U. A. E.* London 2003.

Potts, Daniel T. (Hg.): *Dilmun. New Studies in the Archaeology and Early History of Bahrain.* Berlin 1983.

Potts, Daniel T.: *The Arabian Gulf in Antiquity.* 2 Bde. Oxford 1990.

Pouwels, Randall L.: *Horn and Crescent. Cultural Change and Traditional Islam on the East African Coast, 800–1900.* Cambridge 1987.

Ratnagar, Shereen: *Encounters. The Westerly Trade of the Harappa Civilization.* Delhi etc. 1981.

Ratnagar, Shereen: *Trading Encounters. From the Euphrates to the Indus in the Bronze Age.* Delhi etc. 2004.

Rice, Michael: *The Archaeology of the Arabian Gulf, c. 5000–323 BC.* London etc. 1994.

Richards, John F.: *The Mughal Empire.* Cambridge etc. 1993.

Roemer, Hans R.: *Persien auf dem Weg in die Neuzeit. Iranische Geschichte von 1350–1750.* Wiesbaden 1989.

Sastri, K. A. Nilakanta: *A History of South India. From Pre-historic Times to the Fall of Vijayanagar.* 12. Aufl. Madras etc. 1994.

Savory, Roger: *Iran under the Safavids.* Cambridge 1980.

Schlingloff, Dieter: «Indische Seefahrt in römischer Zeit», in Hermann Müller-Karpe (Hg.), *Zur geschichtlichen Bedeutung der frühen Seefahrt* (München 1982), S. 51–85.

Serjeant, Robert B., und G. Rex Smith (Hg.): *Society and Trade in South Arabia*. Aldershot etc. 1996.

Spuler, Bertold: *Die Mongolen in Iran. Politik, Verwaltung und Kultur der Ilchanzeit, 1220–1350*. 3. Aufl. Berlin 1968.

Stein, Burton: *Vijayanagara*. Cambridge etc. 1989.

Vérin, Pierre: *The History of Civilization in North Madagascar*. Rotterdam 1986.

Williamson, Andrew: *Sohar and Omani Seafaring in the Indian Ocean*. Muscat 1973.

横跨多个区域的交流：

Cho Hungguk: «Early Contacts between Korea and Thailand», *Korea Journal* 35.1 (1995), S. 106–118.

Ferrand, Gabriel: «Le K'ouen-louen et les anciennes navigations interocéaniques dans les mers du sud», *Journal Asiatique*, 11. Ser., 13.2 (1919), S. 239–333, 13.3 (1919), S. 431–492; 14 (1919), S. 5–68, 201–241.

Ferrand, Gabriel: «Les îles Râmni, Lâmery, Wâkwâk, Komor des géographes arabes, et Madagascar», *Journal Asiatique*, 10. Ser., 10.3 (1907), S. 433–566.

Filesi, Teobaldo: *I viaggi dei Cinesi in Africa nel medioevo*. Rom 1961.

Filesi, Teobaldo: *Le relazioni della Cina con l'Africa nel medioevo*. Mailand 1963. Ursprünglich in *Annali della Facoltà di Scienze Politiche ed Economia e Commercio della Università degli Studi di Perugia* (1961–1962).

Guillot, Claude: «La Perse et le Monde malais. Échanges commerciaux et intellectuels», *Archipel* 68 (2004), S. 159–192.

Gunaratna, Rohan: *Sino-Lankan Connection. 2000 Years of Cultural Relations*. Colombo 1987.

Hirth, Friedrich: *China and the Roman Orient. Researches into their Ancient and Mediaeval Relations as Represented in Old Chinese Records*. Leipzig 1885.

Iwao Seiichi: *Nanyô Nihon machi no kenkyû*. Tokyo 1966.

Iwao Seiichi: *Shuinsen bôekishi no kenkyû*. Tokyo 1958.

Karashima Noboru: «Trade Relations Between South India and China during the 13th and 14th Centuries», *Journal of East-West Maritime Relations* 1 (1989), S. 59–81.

Kauz, Ralph: *Politik und Handel zwischen Ming und Timuriden. China, Iran und Zentralasien im Spätmittelalter*. Wiesbaden 2005.

Kauz, Ralph, und Roderich Ptak: «Hormuz in Yuan and Ming Sources», *Bulletin de l'École française d'Extrême-Orient* 88 (2001), S. 27–75.

Kobata Atsushi: *Chûsei Nantô tsûkô bôekishi no kenkyû*. Tokyo 1939.

Liu Xinru: *Ancient India and Ancient China. Trade and Religious Exchanges, AD 1–600*. Delhi etc. 1988.

Pelliot, Paul: «Deux itinéraires de Chine en Inde à la fin du VIIIe siècle», Bulletin de l'École française d'Extrême-Orient 4 (1904), S. 131–413.

Ray, Haraprasad: Trade and Trade Routes between India and China, c. 140 B. C. – A. D. 1500. Kalkutta 2003.

Reichert, Folker: Begegnungen mit China. Die Entdeckung Ostasiens im Mittelalter. Sigmaringen 1992.

Rose di Meglio, Rita: «Il commercio arabo con la Cina dal X secolo all'avvento dei Mongoli», Annali del Instituto Universitario Orientale, neue Ser. 16 (1965), S. 137–175.

Salmon, Claudine: «Les Persans à l'extrémité orientale de la route maritime (IIe A. E. – XVIIe siècles)», Archipel 68 (2004), S. 23–58.

Sen, Tansen: Buddhism, Diplomacy and Trade. The Realignment of Sino-Indian Relations, 600–1400. Honolulu 2003.

Shen Fuwei: Zhongguo yu Feizhou – Zhong Fei guanxi erqian nian. Beijing 1990.

Thomaz, Luís Filipe F. R.: «La présence iranienne autour de l'océan Indien au XVIe siècle d'après les sources portugais de l'époque», Archipel 68 (2004), S. 59–158.

Wheatley, Paul: «The Land of Zanj; Exegetical Notes on Chinese Knowledge of East Africa prior to A. D. 1500», in Robert W. Steel und R. Mansell Prothero (Hg.), Geographers and the Tropics. Liverpool Essays (London 1964), S. 139–187.

明朝国家海上贸易与郑和：

Chen Xinxiong und Chen Yunü (Hg.): Zheng He xia Xiyang. Guoji xueshu yantaohui lunwenji. Taibei 2003.

Ieong Wan Chong (Yang Yunzhong) (Hg.): Zheng He yu haishang sichou zhi lu (Zheng He and the Maritime Silk Route). Macau 2005.

Jiangsu sheng jinian Zheng He … (Hg.): Zhuancheng wenming, zouxiang shijie, heping fazhan. Jinian Zheng He xia Xiyang 600 zhounian guoji xueshu luntan lunwenji (Carry on Civilization, Open the World, for Peace and Development. Proceedings of the International Academic Forum in Memory of the 600th Anniversary of Zheng He's Expedition). Beijing 2005.

Ptak, Roderich: Cheng Hos Abenteuer im Drama und Roman der Ming-Zeit. Hsia Hsiyang: … Hsi-yang chi: … Stuttgart 1986.

Ray, Haraprasad: Trade and Diplomacy in India-China Relations. A Study of Bengal during the Fifteenth Century. New Delhi 1993.

Salmon, Claudine, und Roderich Ptak (Hg.): Zheng He. Images & Perceptions, Bilder & Wahrnehmungen. Wiesbaden 2005.

Su Mingyang: Seven Epic Voyages of Zheng He in Ming China (1405–1433). Facts, Fiction and Fabrication. Torrance 2005.

Zheng Yijun: Zheng He xia Xiyang. Beijing 1985.

Zhu Mingyuan et al. (Hg.): *Wang Jinghong yu Zheng He xia Xiyang.* Hongkong 2004.

16世纪的葡萄牙人、西班牙人和亚洲人：

Alves, Jorge M. dos Santos: *O domínio do norte de Samatra. A história dos sultanatos de Samudera-Pacém e de Achém e as suas relações com os Portugueses (1500–1580).* Lissabon 1999.

Borschberg, Peter (Hg.): *Iberians in the Singapore-Melaka Area and Adjacent Regions (16th to 18th Century).* Wiesbaden etc. 2004.

Bouchon, Geneviève: *Albuquerque. Le lion des mers d'Asie.* Paris 1992.

Bouchon, Geneviève: *Vasco da Gama.* Paris 1997.

Chaunu, Pierre: *Les Philippines et le Pacifique des Ibériques (XVIe, XVIIe, XVIIIe siècles). Introduction méthodologique et indices d'activité.* Paris 1960.

Dunn, Malcolm: *Kampf um Malakka. Eine wirtschaftsgeschichtliche Studie über den portugiesischen und niederländischen Kolonialismus in Südostasien.* Wiesbaden 1984.

Feldbauer, Peter: *Der Estado da India. Die Portugiesen in Asien 1498–1620.* Wien 2003.

Flores, Jorge M.: *Os Portugueses e o Mar de Ceilão. Trato, diplomacia e guerra, 1498–1543.* Lissabon 1998.

Gil, Juan: *Hidalgos y samurais. España y Japón en los siglos XVI y XVII.* Madrid 1991.

Jin Guoping: *Zhong Pu guanxi shidi kaozheng.* Macau 2000.

Jin Guoping und Wu Zhiliang: *Jing hai piao miao (História[s] de Macau. Ficção e realidade).* Macau 2001.

Lobato, Manuel: *Política e comércio dos Portugueses na Insulíndia. Malaca e as Molucas de 1575 a 1605.* Macau 1999.

Loureiro, Rui Manuel: *Fidalgos, missionários e mandarins. Portugal e a China no século XVI.* Lissabon 2000.

Manguin, Pierre-Yves: *Les Portugais sur les côtes du Viêt-Nam et du Campa. Étude sur les routes maritimes et les relations commerciales, d'après les sources portugaises (XVIe, XVIIe, XVIIIe siècles).* Paris 1972.

Marques, A. H. de Oliveira (Hg.): *História dos Portugueses no Extremo Oriente.* 4 Teile in 5 Bdn., Indexband. Lissabon 2000–2003.

Okamoto Yoshitomo: *Jûroku seiki Nichiô kôtsûshi no kenkyû.* Tokyo 1942.

Ollé, Manel: *La invención de China. Percepciones y estrategias filipinas respecto a China durante el siglo XVI.* Wiesbaden 2000.

Pearson, Michael N.: *Merchants and Rulers in Gujarat. The Response to the Portuguese in the Sixteenth Century.* Berkeley etc. 1976.

Pearson, Michael N.: *Port Cities and Intruders. The Swahili Coast, India, and Portugal in the Early Modern Period.* Baltimore etc. 1998.

Pinto, Paulo J. de Sousa: *Portugueses e Malaios: Malaca e os sultanatos de Johor e Achém, 1575–1619*. Lissabon 1997.

Subrahmanyam, Sanjay: *Improvising Empire. Portuguese Trade and Settlement in the Bay of Bengal, 1500–1700*. Delhi 1990.

Subrahmanyam, Sanjay: *The Portuguese Empire in Asia 1500–1700. A Political and Economic History*. London etc. 1993.

Thomaz, Luís Filipe F. R.: *De Ceuta a Timor*. Lissabon 1994.

编者的话

长期以来，在人们的普遍印象中，贯穿印度洋与太平洋的"海上丝绸之路"一直被西方主导的西地中海和大西洋海上航路所掩盖。这条航路历史悠久，对于印度洋与太平洋沿岸各文明的交流和构建有着至关重要的作用。自古至今，从东非到东亚的航海者们都遵循印度洋的季风节律，穿越极其遥远的距离彼此交流，互通有无，在经济、政治及文化等层面促使各个文明区域构成了一个庞大的多元综合体。

相比于大西洋航路，印度洋与太平洋的"海上丝绸之路"仍旧缺乏相关研究，在很多方面几乎仍是空白。而且由于记载稀少且混乱，当今人们对于历史上这条航路沿线的各个国家具体位置等信息知之甚少。尽管如此，对于这条航路的认识与研究仍旧有着深远的意义。本书聚焦于自远古到葡萄牙殖民时代的印度洋及太平洋各个海域历史，严谨分析了影响古代航路变迁的各种要素、"海上丝绸之路"沿线各文明兴衰的原因及彼此之间的联系。此外，本书作者也详细介绍了印度洋与太平洋沿岸的各种古代航海技术以及商路上流通的各种贸易商品，诸多内容层层相扣，为读者描绘了一幅条理分明的具体图景。

发端于太平洋，穿越整个印度洋的"海上丝绸之路"联通了沿线各个文明。这条航路跨越了众多复杂的海域，自17世纪全球航路连为一体起，往前可追溯至远古时代。众多史料文献与考古证据见证了这条航路的悠久历史，证明了自东非至东亚漫长而又密切的文明交流。传统上人们认为海上丝绸之路是路上丝绸之路在海上的延伸，但本书以东亚、东南亚和印度洋各海洋文明为主体，以自东向西的顺序，着重强调了沿岸文明的发展与"海上丝绸之路"的相互作用。本书内容主要涉及政治与经济等方面，并对各历史时期的航路情况进行了简要介绍。

另外，本书也强调了数千年来中国文化、印度文化与伊斯兰文化在东南亚发挥的影响作用以及东南亚各文明在长期历史进程中的区域交流状况，将一直以来缺乏关注的东南亚地区嵌入了"海上丝绸之路"所覆盖的广大领域。在这片领域里，南印度、东非海岸和亚丁湾、波斯湾等地区同样是必不可少的组成部分，本书在探讨以这些区域为代表的"西航路"部分时，也讲了地中海航路与日后西欧开辟的大西洋航路对于印度洋—太平洋的"海上丝绸之路"带来了怎样的影响。

最后，本书也提及了15—16世纪的印度洋—太平洋形势变化，着重强调了老牌航海大国中国与西欧新兴殖民国家葡萄牙在其中扮演的重要角色。随着葡萄牙人跨越好望角的远航和东方"新航路"的开辟，传统的"海上丝绸之路"也融入了来自大西洋的新元素。以明朝为代表的东亚国家却放弃了此前对海洋国家的影响，转移方向，主动地大规模退出了远洋事业，将重心转向自己国家的内陆。尽管明朝在15世纪初通过宏大的航海活动为东南亚和印度洋各国施加了强大的影响，但最终还是被葡萄牙所取代。而在不久之后，崛起的荷兰与英国又将这一历史航路并入世界航海体系。

本书笔法严谨，条目分明，逻辑明确。在从中世纪到16世纪的时间范围内，作者对于以中国为主的"海上丝绸之路"东端各国航海实践的分析格外详尽，对于相关历史的学习者来说十分有帮助。

但限于史料的使用和角度不同，有些观点有待商榷，敬请读者阅读时予以分析采纳。由于本书中专有名词和术语众多，编辑经验浅薄，难免会出现疏漏，如有错误还望读者指正。

服务热线：133-6631-2326　188-1142-1266

读者信息：reader@hinabook.com

2019年7月

图书在版编目（ＣＩＰ）数据

海上丝绸之路 / (德) 罗德里希·普塔克著；史敏
岳译 . -- 北京：中国友谊出版公司 , 2019.10（2021.4 重印）
ISBN 978-7-5057-4757-9

Ⅰ . ①海… Ⅱ . ①罗… ②史… Ⅲ . ①海上运输—丝
绸之路—历史 Ⅳ . ① K203

中国版本图书馆 CIP 数据核字 (2019) 第 108298 号

著作权合同登记号　图字 : 01-2019-6256
地图审图号 : GS（2019）1809 号

Die Maritime Seidenstrasse By Roderich Ptak
© Verlag C.H.Beck oHG, München 2007
本书中文简体版权归属于银杏树下（北京）图书有限责任公司。

书名	**海上丝绸之路**
作者	［德］罗德里希·普塔克
译者	史敏岳
出版	中国友谊出版公司
发行	中国友谊出版公司
经销	新华书店
印刷	北京盛通印刷股份有限公司
规格	889×1194 毫米　32 开
	11.75 印张　258 千字
版次	2019 年 10 月第 1 版
印次	2021 年 4 月第 3 次印刷
书号	ISBN 978-7-5057-4757-9
定价	78.00 元
地址	北京市朝阳区西坝河南里 17 号楼
邮编	100028
电话	（010）64678009